FRONTIERS OF CULTURAL
AND CREATIVE INDUSTRIES

【文化创意产业与新媒体论丛 CULTURAL AND CREATIVE INDUSTRIES AND NEW MEDIA FORUM】 厉无畏◎顾问 王学勤◎总编

文化创意产业前沿

第三辑 郭万超◎主编

经济日报出版社

图书在版编目（CIP）数据

文化创意产业前沿. 第三辑 / 郭万超主编. -- 北京：经济日报出版社，2017. 8

（文化创意产业与新媒体论丛 / 王学勤主编）

ISBN 978 -7 -5196 -0188 -1

Ⅰ. ①文… Ⅱ. ①郭… Ⅲ. ①文化产业 - 研究 - 中国 Ⅳ. ①G124

中国版本图书馆 CIP 数据核字（2017）第 203849 号

文化创意产业前沿. 第三辑

主　　编	郭万超
责任编辑	杨　頔
校　　对	薛银涛
出版发行	经济日报出版社
社　　址	北京市西城区白纸坊东街 2 号 A 座综合楼 710
邮政编码	100054
电　　话	010 - 63567683（编辑部）
	010 - 63588446　63567692（发行部）
网　　址	www. edpbook. com. cn
E - mail	edpbook@ 126. com
经　　销	全国新华书店
印　　刷	北京九州迅驰传媒文化有限公司
开　　本	710 × 1000 mm　1/16
印　　张	14. 125
字　　数	250 千字
版　　次	2017 年 8 月第一版
印　　次	2017 年 8 月第一次印刷
书　　号	ISBN 978 - 7 - 5196 - 0188 - 1
定　　价	46. 00 元

编委会

目　录

一、政策走向

二、文化金融

三、文化科技

四、文化消费

五、北京文创

一、政策走向

“十三五”开局之年文化产业政策重在细化与落实

杨传张[①]

“十二五”期末，国家在文化领域进行了密集的政策布局。在宏观政策方面，今后一段时期，坚持市场主导的文化改革发展路径、将文化产业融入国民经济体系、建立完善的文化法制体系，以及公共文化服务的社会化等发展布局基本确立。同时，与之相协调的金融、贸易、财税、产业等各项配套政策也相继出台，并紧抓市场体系完善、企业活力激发和消费潜力释放等重点领域，准确定位结构性改革方向。“十三五”时期，推动各项文化产业政策措施加紧落实，同时联合相关部门出台更多具有可操作性的配套政策，成为文化产业发展的重点任务（具体政策见表1）。

表1　2016年上半年文化领域政策表

发布时间	相关部门	政策文件
1月18日	文化部	《艺术品经营管理办法》
2月4日	国家新闻出版广电总局工业和信息化部	《网络出版服务管理规定》
3月4日	国务院	《关于进一步加强文物工作的指导意见》
3月30日	中国资产评估协会	《文化企业无形资产评估指导意见》
4月4日	国务院	《关于进一步深化文化市场综合执法改革的意见》
4月21日	财政部	《关于申报2016年度文化产业发展专项资金的通知》
4月28日	文化部　财政部	《关于开展引导城乡居民扩大文化消费试点工作的通知》
5月15日	国务院　文化部　国家发展改革委　财政部　国家文物局	《关于推动文化文物单位文化创意产品开发的若干意见》
5月24日	国家新闻出版广电总局	《关于移动游戏出版服务管理的通知》
6月8日	财政部等	《关于组织开展第三批政府和社会资本合作示范项目申报筛选工作的通知》

① 杨传张，博士，国家行政学院文化政策与管理研究中心研究人员。

续表

发布时间	相关部门	政策文件
6月19日	国家新闻出版广电总局	《关于大力推动广播电视节目自主创新工作的通知》
6月27日	文化部	《关于做好第三批政府与社会资本合作示范项目申报筛选工作的补充通知》

作为“十三五”开局之年，围绕细化落实各项改革政策这条主线，文化领域的政策措施大致呈现以下几个特征：

一是准确定位文化供给侧改革发展方向。当前我国文化消费水平总体不高，这在很大程度上是由于文化产品供给和需求存在结构性矛盾。文化发展过程中的供需矛盾问题，很难仅仅通过财税补贴、免费优惠等政策，进行单方面、短期性的消费刺激来解决。这种方式往往会带来产业结构不合理、产能过剩等问题。必须通过调整优化文化生产结构和资源配置，着力提升文化产品供给的质量和效益，完成文化供需适配。面对日益多样化和个性化的文化消费需求，如何从供给侧发力，通过更多高品质、适销对路的文化产品和服务来释放文化消费潜力，是文化产业健康持续发展的关键。2016 年，在推进文化供给侧结构性改革方面，文化部开展引导城乡居民扩大文化消费试点工作强调“从扶持创作生产、扩大有效供给、激发市场活力、提高公共文化服务水平和效能等多方面着手”，国务院强调引入社会资源，拓展公共文化机构职能，加强文化文物单位文创产品开发的政策举措，同样都是力图转变思路，通过从文化产品经营者的角度发力，来提升文化产品供给质量，让文化产品供给主体更加多元化和现代化。

二是逐步扩大社会力量参与文化建设的领域。长期以来，我国很多文化领域还存在较多的进入壁垒，特别是公共文化服务的建设，主要还是依靠政府财政投入。但对于公共文化设施后期的运营效益往往缺乏关注，导致公共文化产品和服务创新不足、供需脱节、使用效率低下等问题。“十二五”期间国家在文化领域特别是公共文化领域，强调通过政府向社会力量购买公共文化服务、鼓励社会力量参与公共文化服务设施的运营来扩大社会资本准入领域，这是我国文化领域放宽进入领域的重要突破。在 2016 年，这些政策得以进一步细化和落实，一是将文化文物单位的文化资源向社会开放，鼓励文化文物单位与社会力量合作开发文创产品；二是在第三批政府和社会资本合作示范项目申报中，继续将文化领域列入 PPP 的推广范围进行征选。这些政府投资方式的创新，一方面有利于拓宽文化领域建设的资金来源，降低民营企业的融资成本。另一方面更加有利于将政府的政策导向与社会资本的运营管理优势结合起来，进一步提升文化产品和服务的供给质量及效益。

三是更加注重扶持政策的间接化和市场化。从文化产业发展专项资金的使用上来看，现有各级各地的文化产业发展专项资金政策大都是“十一五”时期设立，建立的初衷就是为了扶持始处于起步阶段的文化产业。这对于发挥政府在文化产业发展过程中的引导、扶持和调控作用起到重要作用，促进了文化产业发展初期市场培育和功能引导，对社会资本起到了示范引导效应和杠杆效应。而经历了十多年的发展后，全国文化产业规模、结构和质量已今非昔比，政府角色也应适时转变。在新的发展阶段，文化产业发展专项资金的设立是否会影响市场机制配置资源的基础性作用的发挥，是否存在资金配给的信息不对称问题，专项资金投入方式、重点扶持的主体是否需要转变，甚至部分扶持资金的存废等，存在较大争议。2016 年，在文化产业发展专项资金的使用方式上做出改变，规定除保留部分资金继续用于落实党中央、国务院和宣传文化部门确定的重大政策、项目外，专项资金将逐步引入市场化运作模式，通过参股基金等方式，提高资源配置效率。这种“市场化配置资源 + 重大项目”的使用方式在一定程度上弱化了传统行政分配资源模式，强调专项资金使用的市场化、间接化和有偿化，将更有利于促进专项资金投向市场最直接需求的领域。

四是逐步优化监管方式，加大对新兴文化市场的规范管理。随着数字化、互联网等现代科技的迅速发展，互联网文化产业的迅速发展，各类文化新业态、新商业模式不断涌现，由于网络文化市场的虚拟、易变、交叉和点多、面广等特性，传统的管理方式和手段很难与之适应，迫切需要进一步创新管理方式和手段。从出台的《艺术品经营管理办法》《网络出版服务管理规定》《关于移动游戏出版服务管理的通知》《关于进一步深化文化市场综合执法改革的意见》等文件来看，（一）明确监管对象，增强网络文化市场监管的针对性，重点加强对网络艺术品、网络游戏、网络出版等网络文化领域的监管。但是需要强调的是，目前对于网络出版内涵和外延的界定过于宽泛，导致网络游戏、手机游戏等互联网新兴文化领域的管理存在部门职能交叉，多头监管，审批复杂等问题。（二）更加注重监管方式的优化，积极探索简政放权、放管结合、优化服务的监管制度。如建立文化市场信用监管制度、构建以信用监管为核心的事中事后监管体系、推进综合执法信息化建设、建立文化产品黑名单制度等。

“十三五”开局之年，文化领域的一系列政策对于落实“十二五”期间的宏观政策布局具有重要意义。但是从具体的实施细则和政策目标的实现来看，仍然存在需要进一步深化和调整的方面：

一是扶持政策需要进一步加强监管和绩效评估。虽然在文化产业专项资金的使用上，通过采用“市场化配置资源＋重大项目”的方式进行优化。但是，目前在各类扶持资金的配置上仍然存在信息不对称问题，在资金的使用过程中难以对规范性进行监督，在资金的效能发挥上缺乏科学的可参照的绩效考核标准。从实际运作来看，目前，文化产业发展专项资金的绩效评估整体上还是停留和局限于财政系统内部的财政支出绩效评价和审计系统的绩效审计，评估指标体系偏重于经济指标、产业指标、财务指标。没有针对新闻出版、文化娱乐、影视动漫、传统文化保护等文化行业的不同特点，构建通用的和专用的评价标准及指标体系，和专门的社会指标、文化指标。绩效考核往往只重视单个项目的开展进度和完成情况，而专项资金的实际使用对整个产业领域的影响效果的评价相对缺乏，且重视事前审核，轻事后绩效评价的问题普遍存在。因此，亟待把握文化产业特殊属性和发展规律，建立起既符合财政支出绩效评价要求，又体现文化产业政策绩效评估特点的评估指标体系，以及独立的第三方组织的绩效评估制度。将绩效评估结果与优化专项资金项目设置、调整投入结构、拓展投入领域、改进投入方式等充分结合起来。

二是准入政策仍需各项体制机制的创新和突破。目前我国图书馆、博物馆、文化馆等文化文物单位现行体制机制，还很难适应推动文化创意产品开发的要求。首先，是存在分配制度改革问题。例如，如何打破文化文物单位原有收支两条线的体制，理顺经营性收入与公益一类单位的财务管理问题，如何通过合理的分配机制对相关人员进行绩效激励等。其次，是存在文化资源的版权归属问题。例如，文化文物单位对于馆藏品是否拥有其版权，数字化的公共文化资源是否存在二次版权确权的问题，以及如何向社会进行授权开发和特许经营等。有关版权的有无、归属和授权等方面的问题仍需进一步理顺。第三，如何建立社会化的合作路子。目前，国外文化文物单位比较重视引入企业和社会力量进行文创产品开发，探索出授权开发、限量复制、加盟制造、委托代理等多种社会化合作的路子。但在国内文化文物单位文化资源的社会化开发模式还处于起步阶段，与企业等社会力量的合作关系还需进一步探索。第四，还需引入社会监督。文化文物单位馆藏资源是国有资产，在盘活国有资产，进行文创产品开发过程中，需要相关的资产管理和监督措施，避免国有资产收益流失，正确处理经营性和公益性、保护和开发的关系。总之，这些开发模式、收入分配和激励机制等方面的问题，仍需通过试点和实施细则进行创新和推广。

三是无形资产评估政策仍需加强金融政策配套。《文化企业无形资产评估指导意见》在中宣部和财政部组织和指导下，受到科技部、商务部、文化部等13个部门和单位的支持，可谓是对文化产业无形资源评估制度完善的重要突破。对于改变文化企业无形资产长期沉默、缓解文化企业融资难、规范文化企业无形资产评估准则等具有重要作用，具有较强的操作性。但是，很多业内人士认为，仅凭无形资产评估来突破文化企业融资难的问题，还是有些过于乐观。主要原因是无形资产即使通过评估进行合理定价，仍然存在有价无市、价值不确定性、是否可以转让等一系列问题，多数银行对于无形资产融资仍然会持非常谨慎的态度。要想打破文化企业和金融机构之间的融资障碍，还需要在质押融资风险分散机制、融资担保机制、文化产业金融产品创新和信贷支持、文化企业业务考评体系以及风险监控体系等方面，进行全方位的配套支持和探索创新。

新常态下中国文化金融政策的体系性探索

魏鹏举[①]

作为新常态下重要的国民经济发展目标，文化产业在实现“超常态”的发展任务当中，初步形成了具有中国特色的文化金融政策体系。这个体系架构是以国家文化产业发展战略为宗旨，通过政府的扶持引导，发挥资本市场的积极作用，建构中介发达、风险可控、富于创新的多元多层次文化金融政策体系。

在中国的“十三五”规划纲要里，明确提出文化产业在本规划期实现成为国民经济支柱性产业的目标。在新常态发展格局下，文化产业不仅要起到支撑国民经济增长、推动结构升级、实现融合发展的“支柱性产业”作用，更要作为“文化创新”的重要抓手，在市场经济和全球化的条件下，肩负起快速提升中国文化的发展活力、传播力与竞争力的战略使命。在中国特色社会主义市场经济发展进程中，面向全面建成小康社会的总目标，建构由政府主导并服务国家文化产业发展战略要求的金融政策体系，这是新常态语境下文化产业实现“超常态”发展的关键任务之一。

一、新常态下中国文化产业发展及投融资的总体研判

经济新常态的一个显著特征就是增速下行成为趋势。从 2005 年一直到 2014 年，GDP 的增速总体往下走，2012 年跌到 8% 以下，2015 年 GDP 增速跌破 7%，整体经济进入深度调整期。最近十年以来，中国文化产业的发展势头与宏观经济发展趋势呈现一致性。文化产业在 2005 年的增长数据曾经高达 37.1%，此后基本维持 20% 以上的增幅，2010 年以来增速持续下行，2013 年甚至低到 11.1%，它的增长震荡下滑速度比 GDP 还要剧烈。

尽管如此，预计在“十三五”时期中国文化产业会有逆势上扬的巨大潜能。从图 1 中可以看出 2013 年文化产业的增长率降到了历史低位，而 2014 年又开始上升到 12.1%，与继续下滑的 GDP 增速相比，文化产业的发展呈现一个比较温和的 V 型反弹的上升势头。在未来五年中国经济下滑趋势持续的背景下，“十三

---

① 魏鹏举，博士，教授，中央财经大学文化与传媒学院院长，研究方向：文化创意产业。

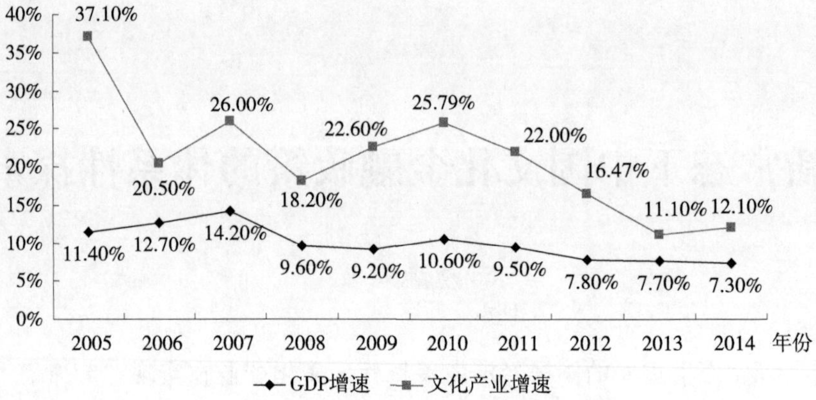

图1　文化产业与 GDP 增长的相关性

五”时期文化产业要实现成为国民经济支柱性产业的既定目标，预计年均增长率要达到15%甚至更高。这个目标的达成，既要有国家战略的支持，更要有市场力量的支撑。

新常态背景下，中国要保持6.5%以上的中高速增长，一定得找到新的经济增长点。当前，文化产业毫无疑问被视为是在传统经济下滑同时又要保持经济中高速增长的一个战略性支点，因此在国家政策层面上才会给予如此大的支持。从市场角度来看，我国对于文化产品和服务的需求潜力依然引而未发。通过我国近十年来的文化消费支出和发达国家的经验来看，人们在解决了衣食住行等基本生活需要以后，精神文化的消费需求会保持着比较快的增长速度。总体上可以判断，在未来五年，文化产业将进入一个大发展的战略机遇期，预计会在经济发展整体下行的压力下逆势而上，成为支持中国经济转型升级的重要生力军。

文化产业是中国特色文化建设的有机构成部分，是文化体制改革的重要着力点，长期以来政府投入及国有资产运营是文化产业发展的关键保障。但随着财政收入缩减及保民生的投入取向确定，政府的文化投入增长很难维持高比例，更多会通过改善财政投入机制，吸引社会资本参与文化建设。根据2015年财政收支情况统计，全国一般公共预算支出比上年增长15.8%，同口径增长13.17%。其中，文化体育与传媒支出3067亿元，增长9.3%。从增速来看，文化体育与传媒支出要低于一般公共预算的增长支出近4个百分点。在新常态条件下，可以预期的是，未来对于整个文化领域的国家投入会更强调财政的杠杆作用，更强调与社会的合作。长期以来，具有基础建设性质的大型文化旅游项目主要由政府投资，2015年由国家发改委披露的PPP（政府与社会合作）项目第一批和第二批中文化旅游类PPP项目已有47项，总金额2531亿，虽然占比很小，但随着PPP模式逐渐成熟，这种政企合作模式在未来会越来越多，而且会成为一个文化旅游基础设施建设的主要方式。这也就是说，新常态下中国文化产业的主要资本来源会更加倚重社会资本。文化金融政策日益成为文化产业政策体系的关键部分。

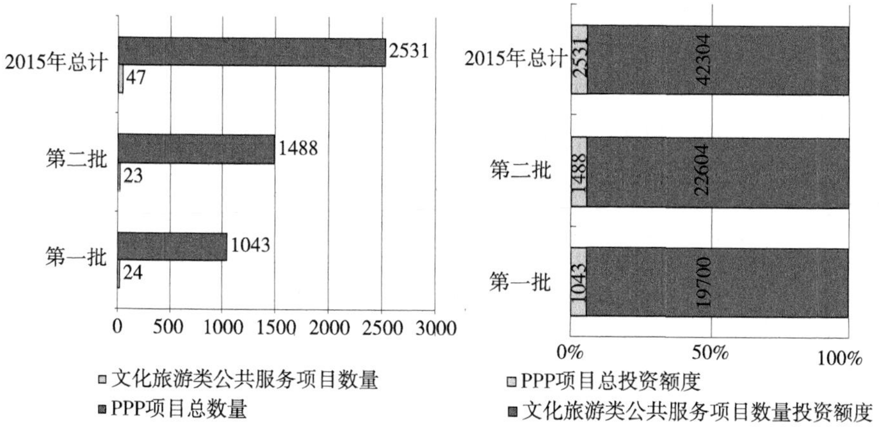

图 2　中国文化旅游类公共服务 PPP 项目数量与投资额度图

二、中国特色金融政策体系初步成型

在中国，文化产业是一个非典型产业领域，具有显著的社会主义市场经济特殊性，文化金融政策体系建构既要学习借鉴先发市场经济国家的经验，也更需要适应并契合中国的发展现实及其特殊性。

在欧美等典型市场经济国家中，文化传媒的资本准入一般没有特别的壁垒或独特规则，文化产业领域的投融资活动和其他市场经济领域的资本融通规则总体一致，迪士尼的投融资行为和麦当劳的投融资活动在规则上没有根本的区别。在典型市场经济国家，文化产业的金融活动从规则和体系上与一般的金融市场规则体系是相通的，在竞争性的市场领域，政府的干预很少，金融体系属于市场经济的重要组成部分，其游戏规则总体上遵从法律规制或行业自治。而在一些后发的市场经济国家，比如韩国、日本等，文化产业得到政府产业政策的重点支持，文化产业的投融资活动在国家制度上甚至也得到特别重视和扶持，这些国家在文化产业的金融支持方面有一些专门的探索。比如韩国在 1997 年亚洲金融危机之后致力于发掘新的经济增长点，1998 年 12 月韩国政府在经济政策调整会议上决定为加强文化产业的竞争力筹集政策资金并建立“文化产业振兴基金”，作为母基金吸纳整合社会资本投入文化产业领域，为此政府专门出台了《文化产业振兴基本法》。

在中国，与社会主义市场经济建设相适应，随着文化体制改革的推进和深化，文化产业发展日益活跃，相关金融政策体系逐步健全。在中共十一届三中全会为标志的改革开放之前，新中国在文化领域采取的是单一的事业制管理，其投融资机制一直保持由国家投资和计划审批为特征的高度集中统一的国有资本控制的格局。在这种体制下，文化传媒单位的主要经济来源是国家财政的直接拨款（如人头费、事业费等），或间接的政府补贴（如政府采购、项目补贴等）。这种资本格局在改革开放的进程中逐步改观。1978年年末，《人民日报》等多家新闻单位联合给财政部打报告，要求尝试实施“事业单位，企业化管理”的经营方式，希望通过适度的自主经营来拓展资金来源渠道，弥补政府投入不足的缺口。这意味着中国的文化传媒单位开始打破长期以来单一的财政拨款体制，逐步探索市场化的投融资方式。

随着中国社会主义市场经济体制的确立，国家对文化体制改革的推进日益深入，发展文化产业的思路也越来越清晰，文化金融的机制和体制创新也出现了难得的机遇。逐渐改变了长期以来过分依赖政府的文化投融资体制，打破投资主体单一的局面，社会资本与外资在文化发展中的比重和作用越来越显著。“十六大”以后，国家陆续出台了多项与文化金融相关的政策措施，社会资本与外资进入文化产业的方向日益明确，渠道也越来越通畅，非公有资本已经成为中国文化产业发展和壮大的一支重要力量。2003年12月31日，国务院颁发了《文化体制改革试点中支持文化产业发展的规定（试行）》。文件明确鼓励各类社会资本对文化产业进行投资经营，对于那些关乎文化安全和意识形态的重要文化产业领域，也降低了投资准入门槛。该文件对于中国文化产业投融资的发展起到了巨大的推动作用。2005年国务院10号文件《非公有资本进入文化产业的若干规定》可以说是在对中国文化产业的发展实践和文化体制改革进程中对于文化产业投融资的探索的一次总结和概括，标志着中国特色的文化产业投融资体制基本形成。2010年中宣部、文化部等九部委联合颁布《关于金融支持文化产业振兴和发展繁荣的指导意见》，2014年文化部、中国人民银行、财政部联合出台《关于深入推进文化金融合作的意见》，文化产业相关的金融政策体系逐步构建形成。一些地方政府比如南京市组建了具备综合功能的文化金融服务中心。在政策利好的推动下，文化产业投融资愈发活跃，文化传媒类上市规模不断扩大，资本市场对于文化产业的热情也日益高涨。

中国独特的文化体制与经济体制塑造了特定的文化金融格局，即政府主导市场形成的多元多层次文化产业资本体系。国有文化企业是中国文化产业的主力军，国有资本相对于民资或外资依然是大头。金融支持体系中，政府对文化产业扶持政策以及直接资助发挥着积极的主导作用。国有银行的文化产业信贷支持力度不断加大，配合国家相关政策许多银行成立了专门的文化金融事业部。国有文化企业上市曾经享受特殊的绿色通道待遇。资本市场文化产业相关的并购日益活跃，主要集中在非公资本准入程度高的互联网与内容领域，涉及国有文化传媒企业的资本运作依然一片沉寂。

总体来看，当前中国特色的文化金融体系架构初显，文化金融方面的创新层出不穷，尤其是在互联网的加持下，中国的文化金融呈现狂飙突进的势头。但在文化产业的金融活动繁盛的背后，风险日益滋生，弊端也日益显现。比如，2009年以后国内各类文化艺术品交易所风起云涌，成为中国特色文化金融创新的典型景观，为文化资源与金融资源的对接、为文化要素的流动配置、为文化产业拓宽融资渠道起到了积极作用，但同时诸如“艺术品份额化”交易这样的博傻资本游戏也以艺术的名义粉墨登场。再比如，中国电影市场发展迅猛，影视资本市场发挥了巨大作用，于此同时，电影票房的资本对赌问题也随之浮出水面。从简单的传统文化产品（艺术品）到复杂的现代文化产品（电影），资本炒作无所不在，这体现了中国文化产业的繁荣以及文化金融市场的活跃，但这其中隐含的风险问题必须高度重视。政府推动文化金融发展的根本目标是金融支持文化产业健康发展，但现在的问题是文化产业发展中最需要金融支持的环境得不到支持，比如文化产业链的整合并购，中小微文化企业的融资，而个别领域资本火热，比如文化地产、艺术品投资、电影投资等。文化金融的创新得到充分鼓励，而文化金融的风险防控机制几乎还是空白，文化艺术成了金融的工具，不仅在伤害金融业的健康发展，也会从根本上伤害文化艺术本身。

三、架构文化金融政策的系统性思考

本文关于中国文化金融政策体系建设的基本学术假设为：以国家文化产业发展战略为宗旨，通过政府的扶持引导，发挥资本市场的积极作用，建构中介发达、风险可控、富于创新的多元多层次文化金融政策体系。

（一）国家文化产业发展战略是决定金融政策体系的目标任务与结构逻辑的基础

在社会主义市场经济语境中，文化产业既是一个市场经济范畴，更是一个文化建设甚或政治建设的特定范畴。在“十三五”语境中，文化产业不仅要作为国民经济调结构转方式的重要抓手并成为国家的支柱产业，也要承担在市场经济条件下增强核心价值的吸引力，提升中国的文化软实力和国际竞争力的重要文化发展战略使命。国家文化产业发展战略要求是建构金融政策体系的根本圭臬，文化产业的社会效益和经济效益目标就是金融政策体系建设的目标任务。哪些金融支持模式要丰富和强化，哪些金融支持模式要限制甚或禁止，一切要以中国文化产业发展的战略利益为标准，不可将金融利益作为根本追求目标，要注意和防范借着文化或艺术的名义乱搞金融创新，大发文化金融横财却可能造成严重金融市场泡沫和文化艺术市场隐患的系统性风险问题。

（二）协调政府与市场的关系是中国文化金融政策体系建设的内在结构

政府的作为对于中国文化产业投融资的意义举足轻重，一方面国有文化企业还需要通过不断的改革释放文化生产力，十八届三中全会提出在完成转制的重要国有文化传媒企业探索特殊管理股制度，这样的改革发展探索需要对国有资本、非公资本进行特殊的制度设置，需要文化金融政策的特别支持；另一方面，政府的直接投入是中国文化产业发展的重要资本来源，也是示范和带动社会资本进入文化产业的重要杠杆性资本力量。市场机制是中国文化产业投融资的活力保障，一方面只有文化产业具有显著的市场活跃度和成长性，金融资本才会有进入文化产业的动力和积极性，文化产业才能实现跨越式发展，文化效益才会更充分地实现；另一方面资本市场本身就是市场经济的重要组成部分，是资源配置的高级形态，有效活跃的资本市场是建立文化金融支持体系的关键。

（三）健康有序富于创新是中国文化金融政策体系建设的重要使命

文化产业是一个新兴的经济领域，也是一个高风险高收益的典型轻资产、重创新行业，文化产业投融资在中国尚处于起步发展阶段，建立包括文化资本评估、法律服务、专业人才服务、风险分担机制、风险管理控制制度等中介与风控机制，是实现中国文化产业投融资健康发展的重要基础，也是建立文化金融政策体系的难点。文化金融体系需要借鉴融合科技金融、互联网金融等新兴金融模式，更需要基于文化创意资产特性的特色金融创新，融合与创新是中国文化金融成熟壮大的必由之路，是文化金融创出中国体系的重要机遇。

（四）多元多层次文化资本市场是中国文化金融政策体系的市场愿景

以国有资本为主导，吸引并带动各类资本有序进入文化产业，这是文化金融政策体系的题中要旨，这个目标，既符合国家关于文化产业发展以及资本市场的基本国策，也是实现文化产业成为国家战略支柱产业的必然要求。十八届三中全会《决定》及《国务院关于进一步促进资本市场健康发展的若干意见（国发〔2014〕17号）》（即“新国九条”）对于中国资本市场的改革目标设定都将发展多层次资本市场作为重要内容，这对于中国文化金融支持体系建设显然具有纲领性的长远指导意义。以银行为主体的间接融资体系是文化金融支持体系中规模最大、最为成熟稳定的部分，以各类证券市场为代表，辅之以产权交易、资产债券等资本市场，多层次直接融资体系是中国文化金融支持体系建设中最具战略价值的部分。

综上，本文关于中国文化金融政策体系的架构可以用一个坐标系来显示：以文化产业国家战略为原点，以政府与市场关系为横坐标，以管理与创新提升为纵坐标，由六个命题构成主体内容板块。

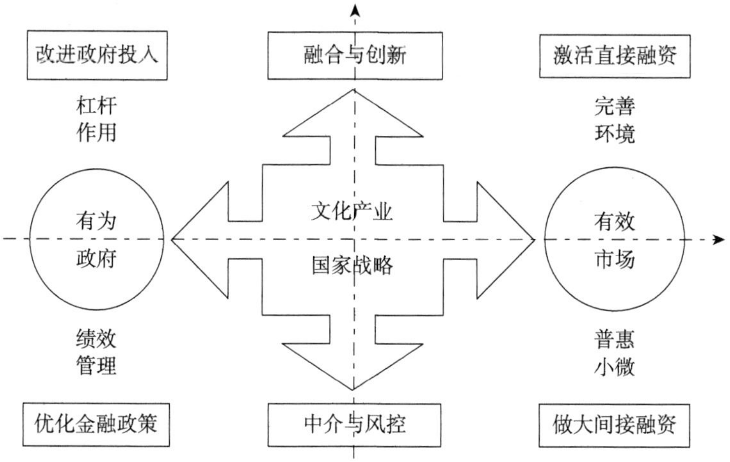

图 3　文化金融政策架构的坐标系

最后，也是最重要的，建构文化金融政策体系要贯彻如下原则：文化为体，金融为用，体用相生。经验表明，政府积极财政政策与宽松货币政策往往会引来市场更激进的反应。文化产业不断有政策轰炸，财政资金也大量投入，在文化市场急速膨胀的奇幻景观中，文化产业投融资的泡沫隐约浮现，资本热捧电影、游戏甚或邮币卡，艺术品份额化交易的阴魂不散，文化地产风生水起，而小微文创却资金干涸。因此，在中国建构文化金融政策体系，绝非简单地要鼓吹、推动和激励银行、债券、证券等各类金融资本投资文化产业，而是要扶持培育一个健康有序、科学合理、风险可控、富有创新活力的文化金融生态。

总体来看，若能进一步优化国家文化金融支持政策，改善政府的文化产业投入，建构政府引导、有序规范、风险可控、文化金融高度融合、富有创新活力的文化金融政策体系有着显著的战略必要性和现实可行性。

文化产业税收政策评析

邢树森①

我国文化产业税收政策对我国文化产业的发展有着重要的作用。关系到众多文化企业的福祉，如何切实发挥和完善文化产业的税收政策，推动文化产业更好地向前发展是需要人们认真研究的工作。对此，本文论述如下：

一、国家文化产业税收政策概览

税收政策是国家进行宏观调控的重要经济杠杆，大力扶持文化产业发展，离不开国家税收政策的支持。近几年，国家为支持文化体制改革和文化产业发展，出台了《关于印发文化体制改革中经营性文化事业单位转制为企业和进一步支持文化企业发展两个规定的通知》《关于大力支持小微文化企业发展的实施意见》等几十部文化产业政策，都提出了实施税收优惠政策要求，从国家政策层面为文化产业的发展创造了条件。

同时，国家还专门出台了覆盖文化产业诸多方面的系列税收优惠政策。我国现行的税收政策和税收制度在扶持和鼓励文化产业发展方面的激励措施主要体现在增值税、营业税、企业所得税、个人所得税、城镇土地使用税、车船使用税、房产税和关税等 8 个税种，其中的企业所得税是扶持文化产业发展税收优惠力度最大的税种。在优惠政策性上，主要采取减免税、税率优惠、费用扣除、先征后退、期限优惠等直接优惠形式。《关于支持文化企业发展若干税收政策问题的通知》（财税〔2009〕31 号）规定，文化企业自 2009 年 1 月 1 日至 2013 年 12 月 31 日可享受税收优惠政策。财政部、海关总署、国家税务总局发布《关于继续实施支持文化企业发展若干税收政策的通知》（财税〔2014〕85 号），自 2014 年 1 月 1 日至 2018 年 12 月 31 日，继续实施支持文化企业发展的若干税收政策。

《关于文化体制改革中经营性文化事业单位转制为企业的若干税收政策问题的通知》（财税〔2009〕34 号）规定，自 2009 年 1 月 1 日至 2013 年 12 月 31 日，对经营性文化事业单位转制可享受税收优惠政策。《财政部、国家税务总局

① 邢树森，北京歌华文化发展集团研发中心研究员、文化创意产业中心总监。

关于继续执行宣传文化增值税和营业税优惠政策的通知》（财税［2011］92号）在原有基础上明确和扩大了增值税优惠的适用范围。《财政部、国家税务总局关于延续宣传文化增值税和营业税优惠政策的通知》（财税［2013］87号），对宣传文化事业税收优惠执行到期后，在原优惠政策的基础上对增值税和营业税方面的税收优惠作出适当调整后延续执行，优惠期限为2013年1月1日至2017年12月31日。《财政部、国家税务总局、中宣部关于继续实施文化体制改革中经营性文化事业单位转制为企业若干税收政策的通知》（财税〔2014〕84号）执行期限为2014年1月1日至2018年12月31日。

为了扶持动漫产业发展，自《动漫企业认定管理办法（试行）》（文市发［2008］51号）出台以后，财政部、国家税务总局、海关总署相继发布了多个与动漫产业相关的税收政策文件，从财税［2009］65号，到财税［2011］119号、财税［2012］53号，再到财税［2013］98号、财税［2013］106号，对动漫产业税收优惠政策作了稳定性和延续性的规定，提出了包括增值税与营业税等优惠政策。《财政部、海关总署、国家税务总局关于动漫企业进口动漫开发生产用品税收政策的通知》（财关税〔2016〕36号），将在"十三五"期间继续实施动漫企业进口动漫开发生产用品税收政策。

为了持续刺激小微企业发展，2014年国家出台针对小微企业的减税政策。财政部、国家税务总局发布《关于小型微利企业所得税优惠政策有关问题的通知》（财税〔2014〕34号）规定，自2014年1月1日至2016年12月31日，对年应纳税所得额低于10万元（含10万元）的小型微利企业，其所得减按50%计入应纳税所得额，按20%的税率缴纳企业所得税。《关于小微企业免征增值税和营业税有关问题的公告》（国家税务总局公告2014年第57号），自2014年10月1日起，增值税小规模纳税人和营业税纳税人，月销售额或营业额不超过3万元（含3万元）的，按照规定免征增值税或营业税。财政部、国家税务总局发布《关于金融机构与小型微型企业签订借款合同免征印花税的通知》（财税〔2014〕78号），自2014年11月1日至2017年12月31日，对金融机构与小型、微型企业签订的借款合同免征印花税。

此外，国家制定多项出口退税政策措施为对外文化企业提高竞争力保驾护航。《国务院关于加快发展对外文化贸易的意见》（国发〔2014〕13号）提出对国家重点鼓励的文化产品出口实行增值税零税率。对国家重点鼓励的文化服务出口实行营业税免税。结合营业税改征增值税改革试点，逐步将文化服务行业纳入"营改增"试点范围，对纳入增值税征收范围的文化服务出口实行增值税零税率或免税。

二、北京市文化创意产业发展税收政策有效性分析

文化产业税收政策重在落实。北京市通过加强政策宣传、优化纳税服务、严格规范程序、强化政策监管等措施，将税收优惠政策不折不扣地落实到位，为文化产业繁荣发展营造了良好的税收环境。北京市文化创意产业领导小组办公室、北京市地方税务局共同编写了《文化创意产业税收优惠政策汇编》。收集了涉及各税的48条税收优惠政策，并按照《北京市文化创意产业分类标准》进行汇总。以每个行业优惠政策为一章，介绍现行各税优惠政策内容、文件依据、行政审批事项及审批流程，方便纳税人了解优惠政策和办理相关手续，进而享受税收优惠政策。

北京市严格落实国家文化产业税收优惠政策，并相续出台了《北京市推进文化创意和设计服务与相关产业融合发展行动计划》《关于促进文化消费的意见》《北京市文化创意产业功能区建设发展规划》《北京市文化创意产业提升规划》《关于进一步加强金融支持小微企业发展的若干措施》《北京市人民政府文化部关于加快国家对外文化贸易基地建设发展的意见》，北京市人民政府办公厅《关于加快发展对外文化贸易的实施意见》《“十三五”时期加强全国文化中心建设规划》《北京市“十三五”时期文化创意产业发展规划》等政策文件，提出加大财税力度支持文化创意产业，落实中央和国家有关部门支持文化发展的一系列政策措施。提出了要落实好文化产业技术支撑领域企业所得税优惠、国家重点鼓励的文化产品出口实行增值税零税率、暂免征收部分小微企业增值税和营业税、小型微利企业所得税减半征收等税收优惠政策。

从总体上看，税收政策对推动文化产业规模优化调整、促进文化产业结构优化与升级起到了重要作用，效果非常明显。“十二五”时期，北京市文化创意产业主动调结构、转方式、稳增长，有效克服了经济下行压力，全市法人单位实现收入和资产总额双双突破万亿元；产业增加值从2010年的1697.7亿元增加到2015年的3072.3亿元，年均增长12.6%，占全市GDP比重13.4%，居全国首位。从目前来看，我国文化产业税收扶持政策的主要集中在三个方面：其一，推动经营性文化事业单位转企改制。与文化体制改革相配套，这个方面的财税扶持力度一直很大。其二，培育文化产业的一些重点行业。比如广播电视、新闻出版等传统的核心文化产业行业，有比较明确的一些财税优惠政策；对于新兴文化产业行业的财税扶持力度也比较大，比较突出的就是动漫行业，近些年来先后出台了一系列专门的财税扶持政策。其三，支持文化产品和服务出口。为了扭转我国文化国际贸易的巨大逆差，作为“文化走出去”战略的支持手段，参照国际惯例，近几年我国先后出台了一些相关财税激励政策。客观地讲，北京市在以上三

个方面所采取的税收政策效果是非常好的，达到了预期目的。

但是，从“优化税制结构，公平税收负担，规范收入分配秩序，促进经济健康”的总体要求来看，我国支持文化创意产业的税收政策仍存在一些需要完善的地方。一是我国现行文化产业税收政策立法层次低，涉及文化产业的税收政策较少，且多以国家税务总局和相关部委的临时通知为主要形式，缺乏稳定性；二是支持文化产业发展的税收政策体系不够系统全面，优惠政策规定散乱，缺乏对文化产业的整体性优惠政策；三是扶持力度不够，政策适用范围过窄，影响公平竞争，与其他产业相比，文化产业的税收扶持政策和激励措施制约太多，没有体现税收激励措施的连续性；四是企业税负较重，部分文化创意行业的税负相对较高，还存在重复征税情况；五是税率的设计未能充分体现产业差别，未能突出应鼓励的文化产业，更不能对快速发展的文化产业形态做出相应的税收政策应对；六是缺少对小微文化企业的财税优惠扶持，国家针对小微企业的税收优惠政策标准低于很多小微文化企业的实际经营情况，使得大量小微文化企业并不符合或实际上难以享受税收减免优惠政策。

总而言之，关于文化产业的税收优惠政策，国家确实制定了很多政策，但由于体制机制等多种因素的影响，实施效果不尽如人意。如《国务院关于推进文化创意和设计服务与相关产业融合发展的若干意见》在执行落地方面不理想。国家出台的《国务院关于加快发展对外文化贸易的意见》提出了很多优惠政策，各地也都陆续出台了落实“意见”，但缺少文化贸易优惠政策的细化方案，限制了文化走出去。此外，还有比如艺术品交易行业等很多从事文化产品生产、文化服务的产业没有一点税收优惠政策，导致很多画家把画作拿到国外去卖，造成艺术品流失。

三、完善文化产业税收政策的对策建议

充分认识税收政策对大力发展文化产业的重要性 。发展文化创意产业对加快落实首都城市战略新定位，推进非首都功能疏解，构建“高精尖”经济结构，建设单位国际一流的和谐宜居之都都具有重要意义。要发挥财政税收等部门的作用，为文化产业发展提供保障。

一是切实加强文化产业税收政策的立法工作和“顶层设计”。要从立法高度考虑文化产业的发展。应强化对文化产业的立法工作，加快建立以“文化产业促进法”为统领，包括各种税收扶持政策相结合的法规体系建设。结合《产业促进法》的出台，高起点进行文化产业税制设计。文化产业税收政策法律位阶要高，全面系统，规划要长远。尤其是对国家具有战略意义的新兴文化产业，要加大税收政策支持力度，抢占未来发展制高点。

二是制定科学合理的税收制度和细化方案。加大财税支持力度，围绕重点研究制定相关财税扶持政策实施细则和相关配套政策。制定更清晰的文化创意产业发展税收政策体系。对现行税收优惠政策进行完善，对文化产品实施低税率。加强对试点单位、新办文化企业、新兴文化产业和符合高新技术条件的文化企业的税收支持，真正把文化产业应享受的国家税收优惠政策落实到位。完善文化创意企业的增值税政策，结合产业发展特点，增加来自人工和智力成本等的增值税抵扣项目。鼓励文化企业“走出去”，实行减免优惠，鼓励有实力的文化企业向国外发展。进一步研究完善文化产品与服务出口的税收优惠政策。出台扶持中小文化企业的税收政策。出台刺激文化需求的税收政策。

三是营造文化产业发展的良好税收环境。深化政策宣传，充分利用报纸、广播、电视、互联网等媒体抓好政策宣传。优化纳税服务，各级地税部门要转变服务理念，创新服务手段，优化服务方式，提升服务水平，为促进文化产业发展提供优质服务。建立动态财税支持机制，针对文化企业发展不同阶段实施动态税收管理。改进服务手段，加快地税信息化建设，提高税收管理和服务的科技含量。推动经济政策平台建设，为文化企业提供“一站式”政策咨询服务。强化政策统筹协调，建立健全政策评价指标体系。建设完善线上线下相结合的文化经济政策平台，促进政策发布和执行各环节有机衔接。要落实税收优惠政策监督机制，确保国家调整产业结构、支持文化产业发展的税收优惠政策不打折扣地落实。要完善税务公开制度，积极推进税务公开，加强部门协调机制，增强税收政策的可操作性和执法透明度，为文化产业发展创造公平、稳定的税收环境。

政策“东风”助推国有文化企业发展

吴　特

我国国有文化企业一年多来在体制机制改革、公共服务投资、文化市场建设等相关重大政策方面迎来了三股“东风”。对此，国有文化企业要进一步从以下方面实现自身的发展：一是完善企业管理机制，打造经营团队。二是建设公共文化服务体系，拓展新兴业务。三是加强无形资产运作，提升知识产权管理。

“国有文化企业是发展文化产业、建设社会主义先进文化的重要力量”。基于这样一种重要的战略定位和使命，“如何经营和管理好国有文化企业”成为我国文化体制改革和文化产业发展的重头戏，也成为一系列相关政策的重要主题。

纵观一年多来出台的国有文化企业发展相关重大政策，可以发现，主要有三股政策的“东风”，从体制机制改革、公共服务投资、文化市场建设等方面，推动着国有文化企业发展与改革的船帆破浪前进。具体如下：

一、体制机制改革，健全企业组织机体

国有文化企业体制机制改革一直是实践工作中的重点和难点，而2015年8月中共中央、国务院《关于深化国有企业改革的指导意见》的发布，为未来国有企业改革的发展方向定下基调，也成为国有文化企业改革发展的重要依据。《关于深化国有企业改革的指导意见》提出做强、做优、做大国有企业的战略目标，并着重强调了坚持党对国有企业的领导，尤其是提出了“将国有企业分为商业类和公益类”的新的分类管理思路，通过界定功能、划分类别，对国有企业实行分类改革、分类发展、分类监管、分类定责、分类考核。

这些重要的改革方针和举措，为国有文化企业新的改革路径提供了指引。随后，2015年9月，中共中央办公厅、国务院办公厅发布《关于推动国有文化企业把社会效益放在首位、实现社会效益和经济效益相统一的指导意见》，就是在国有企业改革大框架下，充分体现文化例外要求，描绘国有文化企业改革的蓝图，明确提出：建立健全确保国有文化企业把社会效益放在首位、实现社会效益和经济效益相统一的体制机制。

这一系列政策对国有企业改革做出总体部署，尤其是对国有文化企业做出

“社会效益优先”的明确定位，并对国有文化企业改革发展中有关内部组织架构、绩效和薪酬考核、股份制改造、兼并重组、资产监管运营、干部人才管理等都提出了具体意见和指导；同时，对法治建设、市场体系建设、政策业务培训等两个效益相统一的一些外部环境建设，也做出了原则要求。国有文化企业未来改革的路线图已经绘就。

与此同时，财政部《关于加强中央文化企业国有资本经营预算资金管理工作的通知》《中共中央关于繁荣发展社会主义文艺的意见》《关于2016年深化经济体制改革重点工作的意见》等政策文件的发布，也对国有文化企业出资人职责和管理、发挥骨干文化企业市场主体作用、推动中央各部门各单位已转企改制的出版社、非时政类报刊社重组整合等提出具体的改革要求，具有国有文化企业独有特点的现代企业制度日臻成熟，为其进一步开展经营管理工作提供了坚实的组织保障。

二、公共服务投资，开拓企业发展空间

近年来“构建现代公共文化服务体系”成为我国文化领域发展的重要战略任务。2015年1月，中共中央办公厅、国务院办公厅颁布《关于加快构建现代公共文化服务体系的意见》提出“以基层为重点，构建体现时代发展趋势、适应社会主义初级阶段基本国情和市场经济要求、符合文化发展规律、具有中国特色的现代公共文化服务体系”，到2020年要实现基本建成覆盖城乡、便捷高效、保基本、促公平的现代公共文化服务体系的发展目标。

而与之相应地，我国的公共服务领域投融资机制改革也展现出非常大的力度。从2013年年底，中央密集出台了一系列鼓励政策，在基础设施和公共服务领域推行PPP模式。2015年5月，财政部、国家发改委和人民银行发布《关于在公共服务领域推广政府和社会资本合作模式的指导意见》，明确提出在包括文化领域在内的公共服务领域中，鼓励采用政府和社会资本合作模式，吸引社会资本参与。而《关于加快构建现代公共文化服务体系的意见》中也指出：吸引社会资本投入公共文化领域；建立健全政府向社会力量购买公共文化服务机制；推广运用政府和社会资本合作等模式，促进公共文化服务提供主体和提供方式多元化；支持包括文化企业在内的社会各类文化机构参与提供公共文化服务。

这两类政策交汇，实际上标志着未来现代公共文化服务体系建设领域将迎来一个建设热潮和大规模发展空间，而国有文化企业则具有天然的优势，必须紧紧把握进军这一领域的投资和业务发展机会。

三、文化市场建设，完善企业成长环境

完善健全的现代文化市场体系是推动文化产业成为国民经济支柱性产业的重要

保障，也是国有文化企业赖以生存发展的重要土壤。近年来，我国在培育文化市场要素、完善市场机制等方面着力甚大，尤其是“无形资产评估”“知识产权”等关键环节更是成为政策关注的重点。2016 年 4 月，中国资产评估协会发布《文化企业无形资产评估指导意见》，针对我国文化企业在兼并重组、转型发展过程中经常遇到的“轻资产、融资难”，以及无形资产评估影响因素多、识别难度大、评估技术复杂等问题，根据文化企业的特点提出了具有可操作性的无形资产评估方法，为推动文化企业无形资产评估和对接资本市场提供了重要参考依据。

同时，在知识产权保护方面，2016 年 3 月国家知识产权局办公室发布《关于加强 2016 年度知识产权市场管理与服务工作的通知》，对专利市场管理、知识产权质押融资、专利保险、专利奖等领域都做出了专门部署和规定。在具体实践领域，则制定了《2016 年深入实施国家知识产权战略加快建设知识产权强国推进计划》，进一步深化知识产权领域改革，并专门提出实施“国家动漫品牌建设和保护计划”，加强对动漫产品的知识产权保护。

那么，对于今天的国有文化企业来说，如何乘这三股政策的“东风”，进一步实现自身发展的突破和跨越呢？主要应从以下三个方面着手：

一是完善企业管理机制，打造经营团队

文化产业是一个智力密集型行业，文化企业的经营需要一支高素质的核心团队。对于国有文化企业来说，要创造良好的社会效益和经济效益，乃至实现两者的有机统一，更离不开一个既懂政策、又懂市场的经营队伍。在新的改革部署之下，国有文化企业要按照相关政策要求，搭建新的组织管理体系，创建良好的制度环境，使企业员工发挥良好的工作效率和积极性。

在经营理念上，按照强化文化企业意识形态属性的要求，明确把社会效益的要求体现在企业宗旨中，纳入企业的战略规划，贯穿到生产经营管理各环节和全过程。在企业进行业务定位、产品设计、产品开发、市场推广等方面，打好“社会效益”这张牌，以社会效益为杠杆，积极撬动相关政府部门、社会团体、企业单位、广大受众的参与和积极性，寻找各方诉求的结合点，共同开展文化产品的生产、传播和消费。必须强调，创造“社会效益”也要有“经营意识”，否则社会效益和经济效益的有机统一就难以实现。

在治理结构上，要加强文化企业党组织建设，科学设置企业内部组织机构，健全党委领导与法人治理相结合的管理体制。治理结构是企业的顶层设计，当前，加强党的领导成为国有企业改革的一项重要内容，更是国有文化企业顶层设计的一项重要考量。未来，国有文化企业要实现党组织建设与企业组织建设的融合，充分发挥党组织的作用和优势，提升企业的组织水平，提升自身团队的凝聚力和治理水平。

在绩效考核上，要推动文化企业建立科学的内部绩效考核体系，实行差异化考核。激励机制和绩效考核体系是经营理念的具体体现，是员工工作的“指挥棒”。要按照“社会效益首位，社会效益和经济效益兼顾”的原则，设计企业的绩效考核制度。这其中，首先是要对企业内部各部门进行合理分类，主要关乎社会价值创造的部门，以“社会效益”考核指标为主；主要负责市场价值实现的部门，以“经济效益”考核指标为主。对于无法明确划分或社会经济效益职能交叉的部门，则采用综合绩效考核指标，根据情况设置不同的权重。

二是建设公共文化服务体系，拓展新兴业务

今后一段时间，现代公共文化服务体系的投资和建设，将会成为我国文化领域一个突出的工作重点和产业热点。从《关于加快构建现代公共文化服务体系的意见》来看，以下这些领域，国有文化企业都存在着进入的机会：城市社区和农村文化设施建设；公共文化机构数字化建设；“三农”出版物出版发行、广播电视涉农节目制作和农村题材文艺作品创作；学龄前儿童基础阅读促进工作和向中小学生推荐优秀出版物、影片、戏曲工作；青少年体育活动促进计划；网络文化运营商开发更多低收费业务；与公共文化服务相关联的教育培训、体育健身、演艺会展、旅游休闲等产业等。

国有文化企业积极参与到上述这些建设中，首先是能够实现社会效益，履行企业的战略使命，体现相关政策的精神。其次，在这个过程中，还能不断扩大自身企业、产品的品牌影响力，扩大受众面，为未来经营打下良好基础。第三，围绕着公共文化服务，还会衍生出一些相关的经营机会和市场化需要，这也是国有文化企业可以好好把握的业务发展良机。

而在投资机制和购买方式上，国有文化企业参与公共文化服务体系建设也有非常好的优势和保障。《关于加快构建现代公共文化服务体系的意见》已经明确：要建立健全政府向社会力量购买公共文化服务机制；出台政府购买公共文化服务指导性意见和目录，将政府购买公共文化服务资金纳入财政预算；推广运用政府和社会资本合作等模式，促进公共文化服务提供主体和提供方式多元化；鼓励和支持社会力量通过投资或捐助设施设备、兴办实体、资助项目、赞助活动、提供产品和服务等方式参与公共文化服务体系建设；采取政府购买、项目补贴、定向资助、贷款贴息等政策措施，支持包括文化企业在内的社会各类文化机构参与提供公共文化服务。这些相关政策都鼓励国有文化企业积极参与这一领域，企业管理层应当认真对这些机会进行战略谋划、精心布局，抓住这一新兴增长点，实现社会经济综合效益。

三是加强无形资产运作，提升知识产权管理

随着《文化企业无形资产评估指导意见》的出台，进一步明确了细分各文化行业不同类型无形资产的范围和特征，以及评估需要考虑的各方面因素，国有文化企业进行无形资产运作的空间将得到扩展。未来，国有文化企业在经营过程中，要认真研究无形资产如何估值、如何变现、如何质押融资等一系列资本经营课题，为未来必要情况下的企业资本运作做好准备。最大限度挖掘无形资产市场价值，发挥资本杠杆推动企业发展的作用。

在知识产权保护方面，国有文化企业要加强在知识产权质押融资、专利保险、专利奖申报等方面的业务能力和工作力度。相关企业要积极参与“国家动漫品牌建设和保护计划”以及类似的知识产权保护工程等，保护和开发企业核心资产，积极搞活产品市场和资本市场两个市场，确保企业资产保值增值。

随着一系列新政策的发布，我国文化领域正在形成新的“风口”，文化产业“万亿级”的市场正在蓬勃发展，国有文化企业要紧抓三大政策机遇，扎实推进三大领域的经营工作，真正实现社会效益和经济效益的双丰收。

附表：2015—2016年国有文化企业发展相关重大政策概览

类别	时间	部门	名称	与国有文化企业相关内容
体制机制改革	2015.7	财政部	关于加强中央文化企业国有资本经营预算资金管理工作的通知	明确将从预算编制、执行、绩效等多方面进一步加强对财政部代表国务院履行出资人职责的中央文化企业国有资本经营预算资金管理
	2015.8	中共中央、国务院	关于深化国有企业改革的指导意见	完善产权清晰、权责明确、政企分开、管理科学的现代企业制度，全面推进依法治企，加强和改进党对国有企业的领导，做强做优做大国有企业。将国有企业分为商业类和公益类。通过界定功能、划分类别，实行分类改革、分类发展、分类监管、分类定责、分类考核
	2015.9	中央办公厅、国务院办公厅	关于推动国有文化企业把社会效益放在首位、实现社会效益和经济效益相统一的指导意见	在国有企业改革大框架下，充分体现文化例外要求，积极推进国有文化企业改革。以建立有文化特色的现代企业制度为重点，以落实和完善文化经济政策、强化国有文化资产监管为保障，建立健全确保国有文化企业把社会效益放在首位、实现社会效益和经济效益相统一的体制机制

续表

类别	时间	部门	名称	与国有文化企业相关内容
体制机制改革	2015.10	中共中央办公厅	中共中央关于繁荣发展社会主义文艺的意见	发挥骨干文化企业和小微文化企业等各种市场主体作用。落实和完善对文化单位的配套改革政策，支持他们做大做强，助推文化产业成为支柱性产业
	2016.3	国务院批转国家发改委	关于2016年深化经济体制改革重点工作的意见	深化文化、体育改革：加快构建现代公共文化服务体系，推动中央各部门各单位已转企改制的出版社、非时政类报刊社重组整合，组建若干出版传媒集团等
公共服务投资	2015.1	中共中央办公厅、国务院办公厅	关于加快构建现代公共文化服务体系的意见	吸引社会资本投入公共文化领域。建立健全政府向社会力量购买公共文化服务机制。推广运用政府和社会资本合作等模式，促进公共文化服务提供主体和提供方式多元化。支持包括文化企业在内的社会各类文化机构参与提供公共文化服务
	2015.5	财政部、国家发改委、人民银行	关于在公共服务领域推广政府和社会资本合作模式的指导意见	在能源、交通运输、水利、环境保护、农业、林业、科技、保障性安居工程、医疗、卫生、养老、教育、文化等公共服务领域，鼓励采用政府和社会资本合作模式，吸引社会资本参与
文化市场建设	2016.3	国家知识产权局办公室	关于加强2016年度知识产权市场管理与服务工作的通知	加强专利市场管理，深化和拓展知识产权质押融资工作，深化专利保险工作，加大专利奖的宣传力度等
	2016.4	中宣部和财政部（指导）中国资产评估协会	文化企业无形资产评估指导意见	注重不同类型的文化企业产生的社会效益对其无形资产价值的影响；体现文化企业相对其他行业在无形资产评估方法上的特殊性等
	2016.6	国务院知识产权战略实施工作部际联席会议办公室	2016年深入实施国家知识产权战略 加快建设知识产权强国推进计划	严格保护知识产权，深化知识产权领域改革，夯实知识产权发展基础等。提出实施“国家动漫品牌建设和保护计划”，加强对动漫产品的知识产权保护

论文化创意产业的专利布局与管理

刘　蕾[①]

知识产权制度对文化创意产业的重要性已经普遍受到业界关注，但对我国许多文化创意企业来说，更多的注意力投注在商标、版权上，对专利并没有那么热衷。这与专利的授权要求、审查管理程序有一定关系：一方面，文化创意产业的许多创意并不能按照专利授权条件要求的那样，严格界定出一个与现有技术和设计存在区别的技术方案或者方法，这导致创意获得专利权的可能性降低；另一方面，现有的创意产品往往只有短暂的流行期，一旦潮流过去，产品也就不再有市场，相对于专利申请到授权的时间，流行期太短，企业投入专利成本并不划算。

鉴于文化创意产业的发展与包括数字媒体技术、互联网信息技术在内的新技术关系日益密切，我们认为，文化创意产业亟待提升对专利布局的重视，力争早日建立起专利管理制度，形成具有一定规模的专利组合，以应对数字技术发展趋势下的挑战。鉴于文化创意产业里产业链长、涉及面宽的特点，建议在政府和行业协会的引导下，采取多种措施提升文化创意产业的专利实力。

一、专利布局和管理为文化创意产业的发展提供技术保障

“文化创意和科技创新之于创意产业，就好比车之双轮、鸟之双翼”（厉无畏，2009）。这一表述无疑强调了内容和技术在创意产业发展中的同等重要地位，文化创意产业的发展既要重视内容的生产，亦应关注技术的进步和保障，这就是文化创意产业重视专利布局和管理的基本出发点。

当前，数字媒体技术的运用是文化创意产业发展的突出趋势。数字媒体技术以现代计算机网络为主要媒介，依赖相对完善的数字媒体服务体系，将数字化的作品发送到终端供用户消费。数字媒体形式多样，在表达、感知、存储、传输和显示等方面均有表现，这使得它可以从不同方面满足文化创意产业各类产业的展示与传播需求，同时也为文化创意产业表现形式的丰富和多变提供了技术支撑。正是从这个意义上，数字媒体被认为“是文化创意产业的主要技术手段”“文化

---

① 刘蕾，女，法学博士，北京市社会科学院法学所助理研究员，研究方向：知识产权。

创意产业发展的主要方向通过技术的发展来带动。”①

数字媒体技术对文化创意产业发展的根基性地位决定了其技术发展水平，将直接影响整个文化创意产业的上下游产业发展和利益分配。由于数字媒体技术并不是单纯的一项技术，而是一系列技术，其中涉及大量音频、视频处理技术，包括数字媒体处理技术、传输技术、内容管理技术等核心关键技术。经过多年发展，这些技术领域都分布有大量的专利，利用这些技术制作的文化创意产品所需传播、制作、存储工具直接受制于这些专利技术的格式、规则。在存在标准的领域，对包含标准的技术工具的使用更是直接决定了创意产品的规格、适用范围，也就会限制产业链下游对创意产品的运用、推广。因此，如果不从推动文化创意产业发展的数字媒体技术专利布局和管理入手，则文化创意产业的发展始终要受制于掌握有数字媒体技术核心专利的企业和组织，仅仅只能在细枝末节的环节发挥有限的影响。

二、文化创意产业专利布局和管理缺失的危机已经存在

数字媒体技术的专利和标准缺失存在的危害，产业界并不陌生，我国相关产业已经有深刻的教训。当年的 DVD 专利事件，由于产品涉及多个标准组织的技术，结果是中国出口的每台 DVD 机需要向国外多家企业缴纳 20 多美元的专利使用费，迫使许多建立起自有品牌的企业放弃了出口市场②。尽管 DVD 机只是播放磁盘形式音视频作品的硬件，但 DVD 机的流行直接引起音视频作品制作格式从 VCD 到 DVD 的升级，对这类作品的存储、播放效果都带来提升。因而这一事件实际不仅打击了本土 DVD 生产出口商，也对使用 DVD 机展示创意产品的生产者造成了影响。

数字创意产业对数字媒体技术的高度依赖，决定了整个产业内无论是硬件企业还是内容企业都需要关注数字媒体技术领域的专利形势，一个疏忽，就可能导致整个产品相关市场的损失。能不能避免重蹈 DVD 事件的覆辙，需要我国的数字媒体技术重视专利布局与管理，做好真正有效的专利防御和运用。以当下数字媒体技术发展的前沿技术虚拟现实技术（即 VR 技术）为例，虽然自 2016 年以来在国内被创意产业界热捧，但从相关的专利分析结果显示，“中国 VR/AR 相关专利申请起步比欧美要晚，从 2000 年才开始起步，2010 年后开始快速增长。与欧美相比，中国硬件类专利占比较高，达到 25%，这也是因为过去两年中国

---

① 周世明等：《浅谈数字媒体在文化创意产业发展中的地位及作用》，载《数码世界》2017 年第 1 期，第 42 页。

② DVD 每台再缴 2.5 美元专利费 众多企业或将转型：http：//tech.163.com/06/0428/07/2FPGND3B000915B2.html。

的 VR 企业大多以硬件为主的缘故。整体来看，中国企业在 VR 领域的专利布局相对薄弱和滞后，缺少基础性的核心专利。”① 如果我国企业在 VR 领域的专利布局状况不加速改进，未来我国 VR 相关的创意产品势必要也将受制于外国标准，无论 VR 内容企业如何从源头提升内容的丰富性，要使用 VR 基础专利，仍然逃不开支付专利费的束缚。从检索的结果看，在其他各数字媒体技术领域也都存在类似情形，基础专利的缺失导致技术独立性堪忧，不能保障产业的顺利发展。

另一方面，近年来的国际专利诉讼趋势也表明，我国企业面临的专利诉讼风险正在加大。当前，在与数字创意产业密切相关的，诸如移动互联网行业、智能手机领域，行业技术发展的特点决定了其中专利数量庞大，国内企业在研发的过程中不可避免地与国外企业的专利技术打交道，如何进行规避设计，避免研发和市场风险，是无法绕开的难题。中国企业实力的提升，使得外国竞争者亟需更彻底的武器抢夺市场，这种背景下专利诉讼将不再是简单的知识产权盈利的问题，而是市场份额与竞争力的维持问题，“专利战”成为企业间争夺市场的方式，被使用的频率会随之增加。如果没有足够的专利储备进行应对，不仅企业个体要被专利诉讼缠身，整个行业内都会为此付出代价。可见，我国文化创意产业重视专利布局和管理，已经成为极其紧迫的任务。

三、加强文化创意产业专利布局与管理的建议

文化创意产业对于专利布局与管理的加强，相对于传统制造业的专利布局与管理，有其特殊之处，主要表现在：

提升文化创意产业对于专利布局与管理的认识仍需时日。文化创意产业发展的这些年，由于各种宣传普及和实际案例的出现，大家对于版权、商标的重要性已经达到了一定高度，但对专利的重要性，除了外观设计专利之外，对其背后的技术需要的发明之类专利布局和管理的重要性还没有达到应有的高度。加上文化创意产品与技术表面上仍存在一定的距离，更使得发明专利与文化创意产业的密切关系不像制造业那样明显。

针对这一现实，考虑到文化创意产业可能面对的专利危机，我们认为，文化创意产业的专利布局和管理需要政府更主动地予以引导和作为，具体而言建议从如下方面加强文化创意产业专利布局与管理工作：

第一，政府加大宣传力度，引导文化创意企业提升专利意识。

文化创意产业的发展繁荣离不开表达技术和传播技术的创新发展，专利权保

---

① “一文看懂 VR/AR 专利现状，与巨头相比我国差距甚大”：http：//www.eefocus.com/component/375049/r0，2017 年 2 月 20 日最后访问。

护为这些与文化发展密不可分的技术创新提供着激励和保障。尤其在数字媒体技术使用频繁的领域，专利权会为创意企业和创意产品带来更强的保护力度。因此，政府应加大提升文化创意企业专利意识的宣传工作，引导其重视专利权的获得与运用，及时总结技术创新和改良进行专利申请。这样即使在可能出现专利风险的技术上不拥有核心基础专利，企业也可以具备一定的谈判资本，在涉及专利费用的问题上获得一定的主动地位，避免彻底陷入被动。

从提升企业专利意识的角度，引导企业将对专利和商标、版权的认识提高到同样高度也是题中应有之义。这需要改变文化创意产业知识产权各管理部门条块分割的分散状态，成立对文化创意产业知识产权综合管理机构，协调版权、商标、专利管理事宜，确保政策的一致性和持续性，同时也要求对文化创意产业建立综合立体的知识产权保护机制。

第二，鼓励行业协会牵头，帮助组建企业联盟合力应对专利风险。

文化创意产业涉及的产业、技术、文化内容广泛，单个企业在整个市场竞争和整个产业链条上日益显得渺小，企业之间互相依赖和联合协作的趋势日益突出。专利事务复杂且跨越多个领域，包括各种不同行业的经济、法律和技术要素，成本和回报都需要从长期视角来看。就具体专利而言，申请、维持和获得权利的成本显然要比从它获得的回报来得明显，因而也就决定了企业对专利的投入具有长期性的特点。但如果企业没有专利数量作为基础，动辄被提起侵权诉讼而无抗衡力量，企业的生存都将出现困难，因此，维持一定的专利数量储备是企业应对专利风险的必需品。而文化创意产业内的企业多数是中小企业，资金规模不大，专利管理经验有限，且与具体专利的关系因位于产业链的位置不同存在差异、却又都会因为专利风险受损，因此，需要整个产业联合起来“抱团”合作形成合力才可以增强抵御专利风险的能力。

基于此，我们认为可以探索建立文化创意产业同行业知识产权联盟，以联盟为基础，齐心协力应对专利挑战。可以集中多方力量了解目标市场国家技术性贸易措施的涉及领域、形式和特点，向同行业企业进行相关经验传递。由于企业所属行业相同或相近，发展水平接近，也便于组织开展分析教育。同时，在行业内可以积极推进行业标准的设立，掌握行业专利动态，建立行业的专利保护体制，推进联合创新。密切关注行业国际标准的制定，适时发出本行业的声音，防止全行业被排除市场。而且，联盟可以在法律服务方面共享资源和信息，一来减轻经济压力，通过企业知识产权联盟代表企业与专利权人、专利池进行集体谈判，把专利收费降下来同时促进联合创新，使行业拥有自主的知识产权，建立行业的专利池，并有效利用。二来也可以实现法律服务经验的分享，提升全行业的专利纠纷应对能力。

第三，推动文化创意产业多方位实施专利运营，提升产业专利综合实力。

专利运营是近年来知识产权界提倡促进知识产权运用的一个热点，对于文化创意产业的专利布局和管理而言，专利运营能够发挥出明显的积极作用。原因在于，专利运营有利于在短期内实现专利技术存量增加。专利运营解决了发明人由于缺乏市场经验和产业化能力导致专利无法实施，发明成果难以转化为经济价值的问题；也为发明人和发明成果零散、无法集中起来解决大问题的困难局面提供了解决之道。专利运营可以将特定技术领域的专利加以集中经营管理，有利于技术提升开发复杂产品。企业能够通过专利运营有效地利用内部和外部的技术创意，降低创新的时间和研发成本。企业通过专利运营手段，开拓了专利资源的外部获取渠道，能够在短时间内迅速提升企业专利储备。对于文化创意产业存在的专利布局不够的问题，专利运营提供了切实可行的布局措施。

考虑到专利运营的目的在于增加专利的经济价值，专利运营的存在一定时期会导致企业获得专利许可授权的成本大幅增加，文化创意企业除了通过交易和许可获得专利储备，也要加大对专利申请的投入，双管齐下，才能保障专利实力得到切实提升。

文化领域发展混合所有制经济的现状与思考

仇 博①

混合所有制经济是财产权分属不同性质所有者的经济形式，党的十八届三中全会作出《中共中央关于全面深化改革若干重大问题的决定》提出，“国有资本、集体资本、非公有资本等交叉持股、相互融合的混合所有制经济，是基本经济制度的重要实现形式”，并要求“积极发展混合所有制经济”。多年来文化体制改革工作以经营性文化事业单位转企改制为中心环节，推动国有文化单位公司制股份制改造，建立现代企业制度，培育文化市场主体，对混合所有制改革进行了积极探索，一批国有文化企业发展成为混合所有制企业，转换了经营机制，提高了运行效率，放大了国有资本功能，改革取得了阶段性成果。随着“四个全面”战略布局的提出，文化体制改革工作进入全面深化阶段，文化领域发展混合所有制经济面临新的更高要求，需要向纵深推进，这既是经济发展新阶段的客观需要和完善基本经济制度的必然要求，也是进一步深化文化体制改革，增强国有文化资本活力、控制力、影响力和抗风险能力的必经之路。

一、文化领域混合所有制发展现状和问题分析

以北京市为例，宣传系统各文化企业集团多为国有独资企业，集团所属的承担经营责任的二级、三级公司有相当数量已经股权多元化，成为混合所有制企业。各种类型企业中混合所有制企业约占 3 成，广泛分布于出版、发行、演艺、广播影视、文化投资等行业。其中出版行业中混合所有制企业占到出版企业的 3 成，发行行业中混合所有制企业不到 1 成，演艺行业中混合所有制企业约有 2 成，广播影视行业中混合所有制约有 4 成，文物相关行业中约混合所有制企业占近 3 成，文化投资类行业中混合所有制企业约占 1 成半。这些混合所有制企业中，注册资本不超过 500 万元的约有 4 成，注册资本在 1000 万元以上的接近 5 成，其中注册资本在 5000 万元以上的有十余家，出版、演义、广播电影电视等行业居多。

---

① 仇博，北京市社会科学院传媒研究所所长助理，研究方向：传媒经济。

据初步调查，国有文化企业发展混合所有制的目的涉及引入增量资金、盘活存量资金、引入先进的管理和运营经验、开发新业务或做大市场等，在企业发展中多数实现了当初发展混合所有制的目标。

（一）混合所有制文化企业发展优势

1. 发展混合所有制经济有利于国有文化资本扩大影响力。混合所有制经济是公有制经济实现主体地位的重要具体方式。在混合所有制企业中，国有资本可以通过控股实现对企业整体资本的控制，以较少国有资本管理大量非公资本，扩大了国有文化资本的支配范围。以北京市出版行业为例，出版集团公司同民营文化公司共同投资建立京版北教控股有限公司，吸引民营资本扩大生产经营规模，既保证了公司图书出版品质，市场影响力也随经营规模扩大而得到提升。

2. 发展混合所有制经济有利于国有文化资本实现经济活力。国有文化企业因投资主体多元化而改善公司治理，建立现代企业制度规范运行，成为更加适应市场化、国际化新形势的真正市场主体，从长期来看，可以解决规模小而分散，效益不高等问题。在具体投资项目中，非公有制参股，可以更好实现企业所有权和经营权分离，能提高项目运营效率。以发行行业为例，北京中关村图书大厦有限公司由新华书店、中国书店和民营企业共同出资组建，公司在管理机构、工资分配、用人机制、财务监管等方面不断创新，改善经营，提高了效益。

3. 发展混合所有制经济有利于激发非公有制经济活力和创造力。混合所有制经济有利于各种所有制取长补短，相互促进，共同发展，发挥更大优势。混合所有制可以促进优势技术、优秀人才等合理配置，推动要素价格更好地受市场调节，降低企业成本。混合所有制一定程度上还可以解决非公有制经济融资渠道窄、核心竞争力不强等制约发展的问题。中国木偶剧院是全国第一家民营控股的国有文艺院团，在发展中民营资本有效利用国有文化资源和国有院团较强的社会影响力，充分释放出生命力和创造力，实现了民营资本、国有资本双赢。

（二）混合所有制企业存在问题

1. 部分混合所有制企业盈利能力不高。

混合所有制企业在发展中大多发挥优势，激发出活力，也有部分企业规模较小，盈利能力不明显。原因有多方面，国有资本方面，投资决策不够科学，在选择合作方时，对其规模、优质资源等分析不足，没有实现优势互补，没有真正提高企业市场运营能力。民营资本方面，对长期战略性发展重视程度不够，与国有资本相比，更加注重企业中短期收益，导致一些经营决策未能充分发挥企业混合所有制优势，甚至短期内没有实现预期回报就放弃投入，影响了企业扩大规模和长远发展。

2. 部分混合所有制企业持续发展能力不足。

混合所有制企业多数取得了经验与成绩，发展前景良好，但也有部分企业显现出缺乏稳定发展的条件和基础的问题。如有的混合所有制企业，核心资源对政策依赖过强，政策调整会对企业生存和发展产生较大影响。还有的混合所有制企业，受专业性特殊人才影响较大，尤其在影视节目制作行业，社会资本对知名人才追捧明显，企业生存发展受人员去留影响较大。

3. 企业发展混合所有制的意愿有待提高。

据初步调查，还没有发展混合所有制的企业对发展股权多元化的意愿还不够强。这与企业发展阶段、对社会资本的需要程度、相关行业非公有制企业普遍规模和发展程度、市场准入等政策有关。如国有文化企业还未进行公司制改造，或现代企业制度不够完善无法有效控制风险；行业内非公有制企业发展水平不高，无法通过混合所有制实现技术、品牌等优势互补；还存在市场准入等政策限制，都会影响企业发展混合所有制的意愿。

二、文化领域发展混合所有制需要注意的问题

（一）深化国有文化企业改革，实现社会效益和经济效益相统一。在文化领域发展混合所有制经济，是文化体制改革的重要组成部分，需要遵照《国务院关于非公有资本进入文化产业的若干决定》（国发［2005］10 号）和《国务院关于国有企业发展混合所有制经济的意见》（国发〔2015〕54 号），积极稳妥推进。按照中央《关于推动国有文化企业把社会效益放在首位、实现社会效益和经济效益相统一的指导意见》（中办发〔2015〕50 号）精神，推动国有文化企业始终坚持正确文化立场，充分发挥示范引领和表率带动作用，在推动两个效益相统一中走在前列。

（二）坚持有效监管，防止国有资产流失。国有经济成分首次与其他所有制经济成分融合时，企业中的国有产权与非国有产权的界限是明确的，但当这类企业作为投资主体再次对外投资时，新形成的产权就变得复杂，不易明确产权性质。经过多次投资融合，产权链条越拉越长，其中的国有产权越来越少，而变成各种类型、不同层面的混合产权，如何界定其中的国有部分和有效监管这种混合产权，防止国有资产流失还需逐步探索和解决，混合所有制企业层级不宜过多，否则会极大增加监管难度。

（三）规范文化企业管理，强化责任追究。混合所有制企业中，民营股东对文化的导向和引领作用重视程度往往不如国有股东，对文化产品和服务的经济效益要求很高，而不关注社会效益。而且在企业内部决策程序方面，有些民营股东

不够重视决策程序的规范性，有时忽视有关制度和流程，甚至会损害国有股东的知情权和参与权。这些问题需要通过对文化企业加强内控机制建设，建立社会效益和经济效益考核，强化经营投资责任追究等解决。

（四）健全现代文化市场体系，激发混合所有制活力。要实现混合所有制经济活力，就要营造企业能够自主经营、公平竞争的市场环境。更好发挥企业家作用，提高文化企业市场活力。要完善文化要素市场，提高资源配置效率和公平性。强化企业市场主体地位，健全现代产权制度，完善企业破产制度，健全优胜劣汰市场化退出机制。

（五）全面正确履行政府职能，提高非公资本入股积极性。非公有资本入股国有文化企业存在顾虑，有时与非公资本担心政策限制、待遇不公有关。要尊重企业依法依规自主决策，坚持权利平等、机会平等、规则平等，消除各种隐性壁垒。同时，加强对文化市场监管，规范文化市场秩序，维护文化市场安全。

三、文化领域深化混合所有制改革的对策建议

（一）结合国有文化企业功能分类，深入推进混合所有制改革。

根据不同类别企业发展目标和发展重点，分类明确股份制改造的范围、股权结构和管理要求。在鼓励支持非公资本进入的文化领域，加大发展混合所有制经济力度，通过共同投资、挂牌上市等方式推进股权多元化。对出版物印刷、发行，新闻出版单位的广告、发行，广播电台和电视台的音乐、科技、体育、娱乐方面的节目制作，电影发行放映等领域文化企业，按要求国有资本控股51%以上。允许非公有制文化企业以控股形式参与国有影视制作机构、文艺院团改制经营。

（二）探索多种形式，充分实现混合所有制。

可通过加大技术服务、市场运营等岗位专业人才的市场化选聘比例，提高国有文化企业市场竞争力。探索在产业化项目中引入非公资本，提高项目运营效率。对国有资本参股的重要传媒企业，尤其是出版社、非时政类报刊社、重点新闻网站等，探索实行特殊管理股制度。

（三）利用资本市场，规范发展混合所有制。

利用多层次的资本市场发展混合所有制经济。在文艺演出、影视制作等领域，选择公司制股份制改造基础好，条件成熟的国有文化企业，积极推动主板、中小板、创业板上市融资，加强信息披露，完善治理结构。对市场化程度高，但不符合上市条件的文化企业，推动在新三板挂牌，拓宽融资渠道，增强企业影响力。建立健全文化产权交易市场，推动文化企业通过参股、收购、兼并、股权转

让、资产转让等方式，实现国有资本流动和退出。

（四）健全现代文化市场体系，激发混合所有制活力。

处理好政府和市场关系，发挥市场在文化资源配置中的作用，发挥政府在政策调节、市场监管、社会管理、公共服务等方面职能。营造企业能够自主经营、公平竞争的市场环境，建立健全无形资产评估体系，完善文化要素市场，提高资源配置效率和公平性。强化企业市场主体地位，健全现代产权制度，完善企业破产制度，健全优胜劣汰市场化退出机制，在市场化程度较高的文化企业探索职业经理人制度，在国有控股上市文化企业开展股权激励试点，更好发挥企业家作用，提高文化企业市场活力。

（五）加强风险防控，完善现代企业制度。

建立符合市场化要求的混合所有制结构，关键在于股权结构合理，董事会、监事会、股东会的作用能够有效发挥。健全协调运转、有效制衡的公司法人治理结构，为建立科学有效的决策、执行和监督机制提供有利条件。将监督机制融入内部管理，完善管理流程和内控机制，确保权责明确，落实董事、监事职能，对内部业务流程进行全过程的监控，切实维护出资人权益。建立以社会效益和经济效益为基础，考核结果与薪酬分配挂钩的业绩考核制度。建立长效激励约束机制，规范经营决策，加强对国有文化企业经营投资责任追究。

（六）加强对混合产权监管，健全国有文化资产监管体系。

以管资本为主加强国有资产监管，确保国有文化资产保值增值。探索研究混合产权中国有资本界定和监管问题，研究国有文化资产运营机制，探索适合国有文化企业的资本经营预算管理制度，建立企业重大决策事项审核管理制度体系。建立健全统筹两个效益的考核评价体系，对经济效益、社会效益差，管理不规范的混合所有制企业及时清理整顿。

新常态视角下广东文化产业发展：优势、挑战及战略思考

陈能军　詹双晖①

改革开放尤其是加入世界贸易组织以来，南粤大地成为港澳台和外国资本投资的热土，广东省秉承的务实作风以及相邻港澳的区位优势，使广东省在全国的经济强省地位凸显。据统计，2016 年广东省国民生产总值达 7.95 万亿元，比上年增长 7.5%；财政总收入达 2.28 万亿元，增长 9%；地方一般公共预算收入达 1.039 万亿元，增长 10.3%；居民人均可支配收入突破 3 万元，增长 8.7%。随着广东省进入高端制造业和现代服务业并驾齐驱的创新发展阶段，在新常态背景下，梳理广东省文化产业相关优势、直面相关挑战，正是助力广东省文化产业尤其是数字创意产业实现大跨越的必然选择。

一、新常态视角下广东文化产业发展概述

（一）新常态的总体阐述

2014 年 5 月，中共中央总书记习近平同志在河南考察时首次使用新常态概念；7 月 29 日，在中南海召开的党外人士座谈会上，习近平同志又一次用新常态来概括当前经济形势；11 月 10 日，在中国召开的“APEC”工商领导人峰会上，习近平同志集中阐述了我国经济发展新常态下速度变化、结构优化、动力转化三大特点，并集中表达了新常态将给中国带来新机遇的乐观预期；在 2014 年 12 月 9 日的中央经济工作会上，习近平同志翔实分析了中国经济新常态的表现、成因及发展方向，明确指出“我国经济发展进入新常态是我国经济发展阶段性特征的必然反映，是不以人的意志为转移的。认识新常态，适应新常态，引领新常态，是当前和今后一个时期我国经济发展的大逻辑”。

总书记对于新常态的阐述，意味着中国经济已进入一个与过去三十多年高速增长期不同的新阶段，为中国经济在复杂多变的世界经济形势下稳步发展指明了

---

① 陈能军，经济师，深圳大学理论经济学博士后，研究方向为文化经济、版权经济。詹双晖，副研究员，广东省社会科学院文化产业研究所副所长，研究方向为文化产业。

道路。广东必须全面把握和准确判断国际国内经济环境新变化，从产业升级和国际贸易规则变化中寻找发展之路，立足新常态抓住时代发展机遇、实现新常态背景下的新突破。

（二）广东文化产业发展的总体阐述

目前，广东省平面媒体、广播电视、数字出版、印刷复制、动漫网游、游艺游戏设备生产等优势产业集群领军全国，形成以珠三角为龙头，东西两翼、北部山区优势互补、错位发展的格局。广东省文化产业从小到大、由弱到强，产业规模不断扩大，产业门类逐步齐全。目前，广东省文化产业体系初步形成，广东文化产业以完整的产业体系和庞大的消费体量作为发展支撑，借助科技和互联网不断提升创新实力、借助文化金融快速展开文化与金融的跨领域合作。文化产业已经成为广东省国民经济新的增长点和支柱产业。

广东省文化产业增加值连续13年位居全国首位，2015年，广东文化产业增加值达3648亿元，占GDP比重超过5%。近年来广东省及主要城市的文化产业增加值如图1所示：

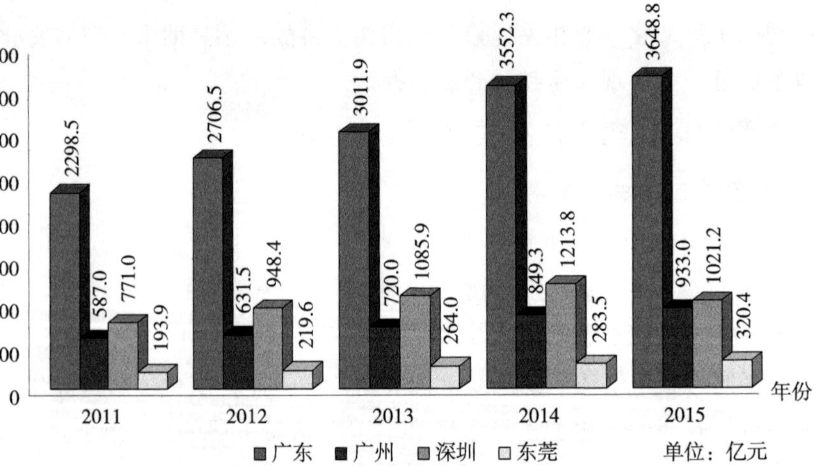

图1　2011－2015年广东省（市）地区文化产业增加值

数据来源：根据广东省统计局及相关城市统计局资料整理计算而得。

在文化金融领域，统计显示，近年来，广东深入开展“文化＋金融”创新，深入推进文化金融合作，连续多年与人民银行广州分行等联合召开文化金融合作对接会议，促成金融机构累计对文化企业授信超过2000亿元；2016年5月，第十二届深圳文博会期间，广东省文化厅、中国人民银行广州分行联合举办“文化金融合作发展推进会”，成功促成文化企业87个项目共获得银行授信498亿元，

13 家文化企业与 10 家银行机构现场签约。“文化 + 金融”的发展新模式必将推动文化产业的供给侧结构性改革，使广东加快形成以创新为主要引领和支撑的文化产业发展模式，推动文化产业转型升级、提质增效。

二、广东文化产业发展具备的优势及面临的挑战分析

（一）广东文化产业发展具备的优势分析

1. 经济实力雄厚。经济基础决定上层建筑，文化产业的发展需要一定的经济基础作为支持。近年来，广东省的经济数据取得了一系列喜人的成就。以财政收入为例，2016 年广东省财政收入为 10346.7 亿元，同比增长 10.5%。总量突破万亿元，成为全国首个地方公共财政收入跨入“万亿元俱乐部”的地区。与排名第二的江苏省继续拉大差距，且差距高达 2000 多亿，广东省总体经济实力雄厚。

2. 区域优势明显。广东毗邻港澳，而香港、澳门文化创意产业发展的宝贵经验，直接辐射广东地区尤其是深圳、珠海、东莞、广州等地。随着粤港澳大桥的开通，广东的区域优势会愈发明显。此外，高铁、城际轻轨等交通配套设施逐渐完善，粤港澳湾区的区域优势更能从要素流动上再次体现。值得一提的是，2017 年 3 月 5 日，国务院总理李克强在政府工作报告中指出，要推动内地与港澳深化合作，研究制定粤港澳大湾区城市群发展规划，把广东的区域优势提升至一个新的地位与功能，未来广东文化产业发展区域优势更加凸显。

3. 人才聚集动力强劲。21 世纪是人才竞争的世纪，文化产业发展需要大批具有国际视野、创意素质的优秀应用型人才。广东多年来凭借改革开放的窗口示范效应、发达的经济基础和现代的服务理念吸引了大批文化人才，也正是这样人才的集聚和交流，才使得广东文化产业具备良好的人力资源基础。现阶段，广东各地尤其是深圳、广州、佛山、东莞等地迎来了新的政策红利期，通过优厚的政策条件吸引了大批优秀人才集聚广东，服务文化产业发展。以深圳为例，优越的人才政策使得大批文化创意人才已经在腾讯、华强、雅昌、华侨城等企业集聚；罗湖国家动漫画基地、F518 等文化创意产业园也逐渐产生人才集聚效应。

（二）广东文化产业发展面临的主要挑战分析

1. 各地重复式文化产业发展容易产生挤出效应，不利于广东文化产业的可持续发展。近年来，广东各地纷纷大力发展文化产业发展，如果是科学谋划、严密论证的文化产业项目，那就是无可厚非且应该要大力支持的；但如果只是一哄而上、遍地开花、“挂羊头卖狗肉”且不符合经济发展规律的文化产业项目，一旦没有在新的业态落地和新的科技应用融合的推进，未来只会产生负面效应。根据资源稀缺性的经济学理论，如果不能科学谋划而纷纷盲目加大力度发展文化产

业，只会造成人力、物力、财力的巨大浪费，更严重的是，由于消费者的审美疲惫产生的反感效应和挤出效应，将会更加不利于广东文化产业可持续发展。

2. 文化产业发展理论研究还较为单薄、系统性不足、缺乏与相关学科的融合研究。自1947年法兰克福学派学者首次提出文化产业（又称文化工业）概念后，可以说文化产业理论开始诞生并逐渐发展和拓展，取得了系列成果，主要是从哲学、历史、文艺、美学、文化学角度研究文化产业，但事实上对文化产业的研究也需要结合产业经济学、金融投资学等经济学思维，来剖析区域文化产业运营及其内在机理、产业特性、基本规律等。就广东省而言，也需要配合粤港澳大湾区建设等多角度来思考文化产业发展的理论问题。例如文化与金融的融合理论研究、版权产业相关机制的研究、数字创意产业的相关理论研究等，这些既是广东文化产业迫切需要面对的现实问题，也是必须解决的产业发展与理论更新互为支撑的重大理论课题。

3. 互联网时代侵权盗版行为给文化产业发展带来挑战，相关治理还需模式创新。保护版权是发展文化创意产业的现实保障，按照文化经济学的理解，既然是产业思维，那么文化产业根本任务就应该是把优质的文化创意创作成为能实现其使用价值和交易价值的有用物，并通过市场机制实现产品的经济价值和社会价值。互联网及其新的技术革新，使文化产业的版权保护面临更多的新形势、新现象、新界限，也使得打击侵权盗版的法律界定和行政界定更加模糊。网络侵权盗版不仅损害了文化产业内容创造者的权益，也给文化产业尤其是整个数字文化创意产业的可持续发展带来不可估量的损害。所以，相关治理侵权盗版的法律模式、行政模式都需要创新思维，对新的问题予以新的破解，这也是广东文化产业发展的挑战之一。

三、新常态下广东大力发展文化产业的战略思考

“十三五”时期广东文化产业要进一步实现发展、继续走在全国前列、勇当全国文化产业发展“排头兵”，就必须充分把握经济新常态背景下经济转型、消费升级以及互联网生态大发展的机遇。此外，要发挥毗邻港澳地域优势，大力推进文化与科技、文化与金融的融合，形成“文化 + 科技”“文化 + 金融”的工具嫁接；大力推动文化与制造业、文化与旅游业的融合，形成“文化 + 制造”“文化 + 旅游”的有效对接；大力推进文化与设计、文化与创意的融合，形成“文化 + 设计”“文化 + 创意”的深度相连，通过“文化 + ”融合发展，在继续发挥现有优势文化产业发展同时，利用现有优势，大力发展数字创意产业，利用数字创意产业与世界先进地区文化产业同频共振，引领发展。

笔者以为，按照《文化部关于推动数字文化产业创新发展指导意见》，广东

省文化产业的发展需要从以下几个方面着手：一是深入推进文化领域供给侧结构性改革，培育文化产业发展新动能；以文化创意内容为核心，重视原创内容生产创造，把珠三角地区的先进的互联网产业优势和信息技术优势提升成数字内容优势；深度应用大数据、云计算、人工智能、VR 等科技创新成果作用于文化产业，在动漫游戏、网络文化、数字出版、内容产业、数字装备产业、演艺旅游等多领域发展，强化创新服务和人才支撑。二是通过制定并落实财税金融支持政策，积极呼应“一带一路”战略；参与文化产业国际分工与合作；策应“大众创业、万众创新”潮流，推进数字创意产业的创新创业。三是要整合相关要素，加强资源联动，形成产业发展集聚区、搭建展示交易平台实现交易价值。

参考文献

[1] 陈能军．“文化 + 金融”不是机械合作，而是新的产业动力机制［N］．南方都市报，2016 年 12 月 6 日．

[2] 金巍，陈能军，朱鹏炜．文化金融领域筹投贷模式研究［M］．北京：社会科学文献出版社，2017.

[3] 韩玉军，王丽．文化科技融合创新的金融支持研究—基于 1995—2013 年中国数据的实证分析［J］．深圳大学学报（人文社科版），2016（3）．

基金项目：广东省打造“理论粤军”2014 年重点课题《广东文化产业发展的优势及潜力分析》（项目编号：WT1418）；广东省哲学社会科学“十二五”规划项目《“互联网 +”背景下广东文化产业新兴业态研究》（项目编号：GD15XYS25）

二、文化金融

文化企业要运用好债券市场

张玉玲[①]

当有的文化企业把银行贷款当作缓解资金压力的“救命稻草”，拼命去挤银行的“独木桥”时；当有的文化企业把上市当作企业发展的终极目标，千方百计地去挤 IPO 的“独木桥”时，一些文化企业却尝试着另僻蹊径，通过债券市场来解决资金难题，特别是那些有一定规模和信用的企业更把债券这种直接融资作为解决资金瓶颈的主渠道。据中国银行间市场交易商协会统计，截至目前，已注册发行债券的文化企业达 112 家，总发行金额 2515.5 亿元。

尽管已有这样的发行规模，但“债券融资”对广大文化企业来说仍是一个陌生的新事物，除了“银行间债券”，还有“企业债”“公司债”等。“公司债”采取核准制，由证监会进行审核，证监会有权决定是否准许其发行，对总体发行规模没有一定的约束；企业债采取的是审核制，由国家发改委进行审核，发改委每年会定下一定的发行额度；但本文主要谈的是“银行间债券”，文化企业要主动了解债券融资的相关知识，要运用好债券融资这种金融工具，优化资金结构，撬动企业发展。

不挤银行信贷的“独木桥”

案例：“华侨城是国内最早发行企业债券的文化企业，从 2008 年开始，累计已发债 458 亿元，现在带息付债的资金占企业总资金的 40%。”据华侨城企业管理部总监何海滨介绍，债券融资对华侨城的帮助很大，使其利润总额从 19 亿元增长到目前的 45 亿元，年均增幅达到 24%。华侨城的债券发行品种多，超短期融资券、短期融资券，中期票据都有，而且发行量大，一次性就发行 20 亿 –30 亿元，满足了企业发展的资金需要。

无独有偶，西安曲江文化产业集团也基本是靠发债来解决融资问题，既有 10 亿元短期融资券、也有 20 亿元的私募票据，而贷款越来越少。

为什么要债券融资？最直接的原因是可以为文化企业节省融资成本。据中国

① 张玉玲，光明日报文化产研究中心副主任，主任记者。

银行间市场交易商协会初步统计，2015 年文化企业债券融资平均发行利率为 6.17%，低于同期银行贷款利率 8.53%，已累计为发债的文化企业节省资金 30 亿元。以西安曲江集团为例，通过发债，其综合融资成本降低了 42.16%，而深圳华强集团综合融资成本更降低 64.85%。

“企业发展到一定规模，资金使用量大，银行融资成本较高，而文化企业又不是房地产这类利润高的行业，所以必须考虑新的产品来降低融资成本。”何海滨分析说，“债券不用资产抵押，成本相对较低，很适合华侨城这类内部管理比较严格的国企，用企业的信用去融资。”

除了成本低，债券融资相对银行信贷还有一些“优势”。银行融资基本是“短贷长投”，短期贷款用于长期投入，与企业的要求很难匹配，因为一个项目从建设、运营到产生现金流和目标收益需要三到五年，可银行贷款以一年为限，掐头去尾，只有九个月可用，还没有效益就要考虑归还了，每年都得“倒腾调头”去还了再贷，扬州工艺集团财务经理朱世荣谈起了自己的财务管理体会。据他了解，发债的期限比较灵活，可以有短期融资的，比如演唱会和展会，时间短，能预期；超短融一般是三到六个月的期限，但最短的也有一两个星期的；时间长的有三五年中长期的，也有十年期的，能满足企业中长期资金的需求。

“债券发行，为文化企业广开源，在银行信贷外多了一个直接融资的新渠道，使一些企业能便捷、便宜地融到资，优化融资结构，也有利于建立一个多层次、多渠道、多元化的文化产业投融资体系。”文化部产业司原副巡视员施俊玲认为，财政对一个产业的支持资金也是有限的，更大量的融资还是要通过金融市场来解决。

据统计，目前，包含旅游业在内的文化休闲娱乐服务债券融资数额最多，达到 1350 亿元，占文化企业发债融资的 75%；其次是广播电视电影服务发债 226.82 亿元，占 13%；第三位是新闻出版服务发债 200.25 亿元，占 11%；工艺美术品生产、文化信息传输服务和相关文化产品生产只占 1% 左右。

发债相当于“小上市”

案例：2011 年，江苏凤凰集团通过上市募资近 45 亿元。但很少有人注意到，早从 2009 年开始，凤凰集团每年就有计划地发行债券，在上市前就已募集资金 40 亿元，由于企业运行稳健，发行人和投资人都得到了较好的回报。凤凰集团债券发行的主承销商北京银行按照交易商协会的规定不断对凤凰集团的管理提出规范要求，凤凰也逐步规范自己的公司治理、报表等各种内部控制，有利于投资者了解企业的运行，在债券市场逐渐树立起信誉。正是这种规范的管理，使凤凰集团能快速成功上市。

天下没有免费的午餐。发债能让企业低成本地融到资，但企业也要保证资金的安全，去适应市场的游戏规则。银行间交易商协会后督中心要求，发债企业要有季报、年报，真实反映企业经营情况，重大的收益损失和法律诉讼都要公告，还有资金到位后怎样使用，一定要用到申报的用途上，否则算失信，会影响企业的信用。发行债券相当于“小上市”，要求严格披露经营信息，该披露没有披露的，市场就会有反应，市场倒逼企业加强自律，这样就形成了市场和企业“双保险”的风险监控体系，有助于企业的规范运营。

“债券融资对于企业成长的帮助是由内而外的，要求企业必须建立强有力的组织保障体系，提高公司治理的透明度。不少文化企业以前依赖银行贷款，后来又把上市当作唯一奋斗目标，对债券了解的太少，文化企业要根据自己的发展需要，落实好发债的工作，改变资金结构。”江苏大风乐器有限公司董事长徐宝华，是位古筝演奏家，从一个家庭作坊的小企业起步，让公司一步步走上规模化的道路，现在公司要做好三件事：首先还掉原有的银行贷款，压缩财务成本，提高公司利润，利息可以直接变成收入，由贷款变为发债，每年可以为公司节省 500 万－600 万元的成本；其次继续推进公司的规范管理和上市工作；三是要加快发债的实践，根据公司的盘子，能争取得到 6 亿元左右的资金。过去企业每年以 15% 的速度发展，每年订单增 50%，连迪士尼等大公司都要来订购产品，现在企业发展急需资金，有 1 亿能撬动 10 亿元，如果发债能提供 6 亿元资金，就解了企业发展的燃眉之急，可以将资金用于打通音乐产业链，在教学、演奏、创作、制作多方面扩张，把中国传统文化用市场化手段传承传播，迅速提升公司在行业的影响力。

债券在中国还是一个新生物，但却是大势所趋，有调查显示，2009 年债务资本市场融资规模占社会融资结构的比例，美国达 50.7%，日本达 38.4%，韩国达 35.4%，而中国仅为 15.7%。中国银行间市场交易商协会注册办公室刘东鑫认为，未来中国债券市场将有一个新的发展空间，文化企业在这样的背景下更是大有可为。

2012 年 3 月，文化部文化产业司联合中国人民银行金融市场司、中国银行间市场交易商协会等部门开展了文化企业债券融资试点工作，鼓励优质文化企业勇于尝试新型融资工具，从融资打“单拳”，变为打“组合拳”。

中小文化企业也可以参与债券融资

案例：2011 年扬州工艺美术集团和大贺传媒联合发行中小企业集合票据。由于文化企业资产规模不大，最初信用评级只有 BBB，后来通过信用再担保公司，将征信提高到 AA 级，拖了近半年多时间，最终发行成功了 1 亿元三年期的债券，利率为5.95%，再加上1%的税，总体费用为6.95%，政府贴息了330万元，费用降到3.3%。据介绍，企业不仅总体成本下降，而且三年期的期限，可以提高资金使用率，除了对前期流通资金进行置换，还把资金用于改造工艺美术大楼、扩大生产经营和购置原料，储备了一批红木原材料，为以后的发展打下基础。

发债有一定的门槛和风险防范，比如有发债额只能是净资产40%的红线约束，固定资产多的大企业容易发债成功；发债要对企业信用进行严格评级，那些信用好、有过成功发债并偿还的企业，会得到认可，发行的利率和条件也会更优惠一些；发债要对企业的赢利模式进行很好的梳理和承诺，否则投资人不会认购。

那么轻资产的中小文化企业就被挡在发债大门外了吗？据介绍，针对新兴文化企业资产规模较小、单体债券难以成功发行的现状，相关机构已推出文化类企业中小企业集合票据，给优质的中小企业以机会。据文化部文化产业司投融资处介绍，这样，解决了单一企业因规模较小不能独立发债的矛盾，降低了融资门槛；对单一企业的要求较低，通过集合发债有利于提升单一企业的信用等级，降低融资成本。近年来，北京、陕西等地在推动中小文化企业发行集合票据的过程中开始尝试政府贴息等方式，进一步提高文化企业发债的活跃度。

北京三浦灵狐动画公司作为一家专业动画公司，虽然积累了不少无形资产，但由于动漫的赢利点不高，企业进入一个发展的瓶颈期。北京石景山金融办组织文化企业进行集合票据的培训，三浦灵狐董事长陈功了抱着试一试的态度开始接触发债，最初定1000万元额度，但由于对企业没有信心、对赢利模式也没有信心，他不敢要，怕还不上，就主动要求砍掉一些金额。后来由北京银行主承销、组织另两家公司成功发行4500万元的中小企业集合债，三浦灵狐得到了300万元资金。陈功了将这300万元用于动漫衍生品推广，开发了有动漫标识的500个饮料售卖机，很受孩子欢迎，赚到了1000万元，偿还了债务，起到了四两拨千斤的作用，公司走上发展的快车道，公司评级也从C+提高到了B+。还要争取发行5000万元的集合票据用于公司的扩张，陈功了说，对公司的发展很有信心，头脑中发展步骤也很清晰，财务报表都公开了，钱要用到哪里去明明白白，公司要有无形资产和固定资产的双轮驱动，把300多本动漫读物和十多部动画片的无形资产结合儿童游乐、培训一体化的中小主题公园，遍布全国的诸多小区，形成网络，做强自己的实力。

如何进行债券发行？文化企业没有例外，一视同仁，要求严格按发债流程处理。现在发债的服务环境较好，只要发行条件成熟，企业只需整理好自己的财务报表、数据和答疑，剩下的工作都由主承销商来做。一般银行、券商都可以做主承销商。承销的费用不高于企业股票发行，一般是发行总额的千分之五到六左右，一些地方政府对发债有贴息，进一步提升了企业发债的积极性。

在债券市场上，信用是企业的核心价值，直接决定投资人信心和发行的利率、价格。首次发行债券时，投资人最看重的是企业过往业绩和专业机构的信用评级。但文化企业整体规模小、无形资产占比高导致难估值、市场运作水平低、赢利模式不清晰等原因，提高了对文化企业投资风险的预估。这种情况下，专业机构的信用评级就显得更为重要。现在主要由联合、中诚信、大公、东方新域等几家评级公司进行信用评级，主要调查企业的背景、现金流等情况。首次的评级费用为 25 万元，此后每半年有跟踪评估报告，费用为 5 万元，

短期融资券和中期票据等银行间债券交易发行实行注册制，市场化程度高，投资人买不买，决定权交给市场。一般来说，通过信用评级的企业都会发债成功，因为“没有卖不出去的债，只有卖不出去的价”，作为主承销商的银行一般会对债券发行进行兜底，如果投资人不认购，银行会接盘，但利率就会高一些。

据成功发债的企业说，万事开头难，掌握流程后，半年时间就能完成“评级 - 注册发行 - 协会审查 - 获得资金”的发债全过程。如果企业还想多融资，可以多发行一些品种，在银行间债券市场发行短期融资券、中期票据、集合票据等融资方式进行组合，为企业的发展提供资金血液。

文化企业“全周期”资本运作初探

刘德良①

文化产业是一个重资本、轻资产、大投入、高风险的产业，随着文化产业逐步发展成为国民经济的支柱性产业，大量社会资本和金融资本积极进入，文化产业迎来了一个资本的大时代。资本运作成为推动文化企业发展成长的重要手段。

从小企业到中型企业再到大型企业，文化企业的资本运作伴随着企业成长的“全周期”。从融资模式到资本模式，从业务驱动到资本驱动，资本运作是一个不断进阶的过程。

玩转资本，是众多文化企业的真实想法。那么，到底如何玩转资本以驱动企业发展呢？

一、文化产业资本大时代的企业资本现状

首先，让我们一起来看看文化产业资本运作的情况。

文化产业股权融资快速增长。新元文智中国文化产业投融资数据平台显示，2015 年全年文化产业股权融资案例 667 起，与 2014 年相比，基本持平；涉及资金规模为 1079.12 亿元，同比增长 91.27%。

2016 上半年，我国文创产业股权投资案例共计 443 起，涉及规模 782.52 亿元，分别同比增长 91.61% 与 187.52%。文创产业股权投资进入飞速增长的阶段。

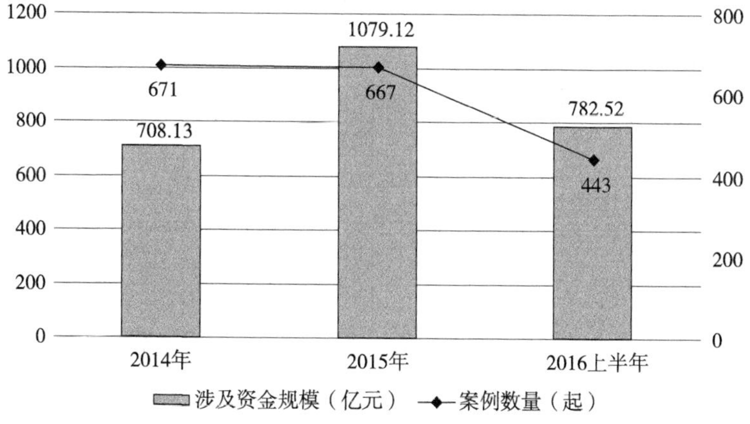

图 1

① 刘德良，新元文智集团总经理。

新三板挂牌数量爆发式增长，投融资与并购活跃。2016 上半年共有 369 家文创企业成功挂牌，截至 6 月底，我国新三板共有挂牌企业 7685 家，其中文创企业 825 家。

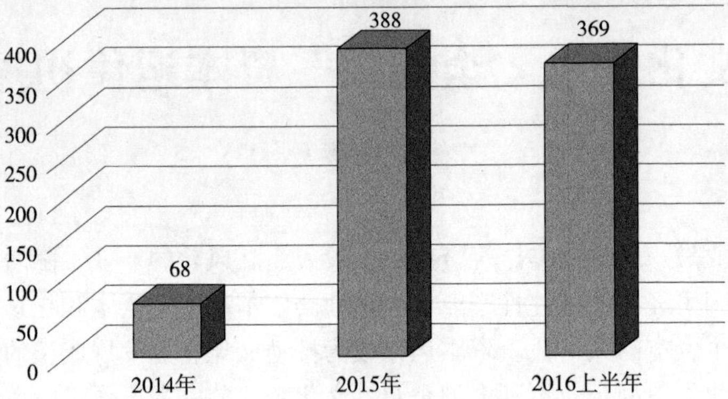

图 2

2015 年，新三板挂牌文化企业融资规模达 146. 76 亿元，同比增长 8 倍以上，定向发行股票成为新三板挂牌文化企业主要的融资方式。

2015 年，新三板挂牌文化企业投资规模达 45. 23 亿元，同比增长 257. 48%，其中设立子公司规模达 18. 86 亿元，增速居前，股权投资规模与并购规模也出现大幅增长。

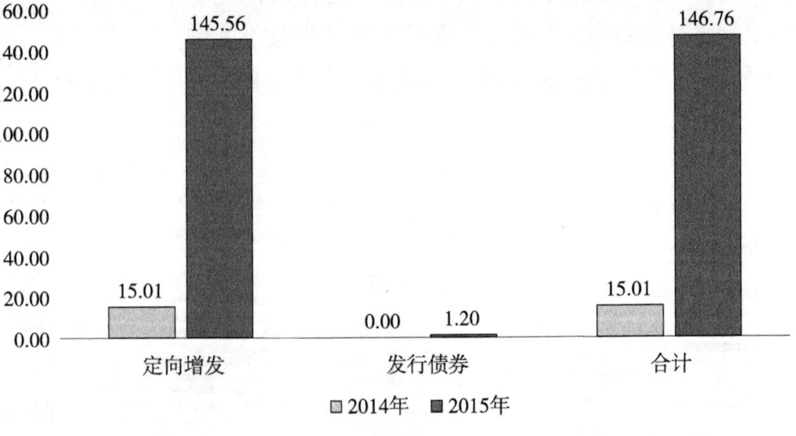

图 3

上市融资已经成为文化企业的重要融资渠道。截至 2015 年底，文化企业利用公开上市方式融资规模累计 2606. 28 亿元，其中 2015 年融资规模为 128. 07 亿元，占比 4. 91%。

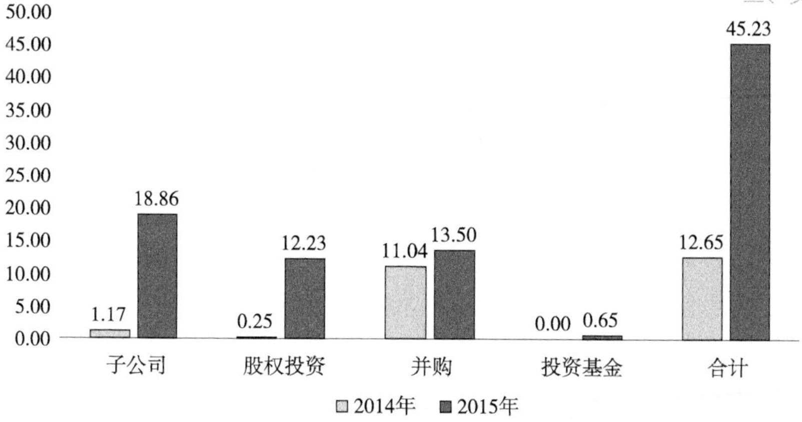

图 4

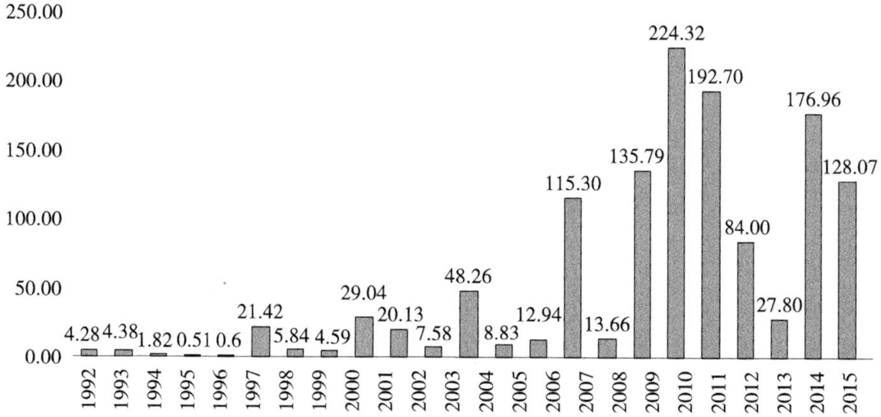

图 5

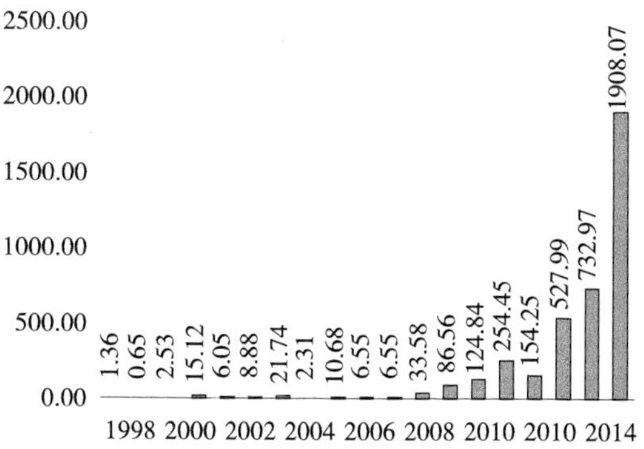

图6

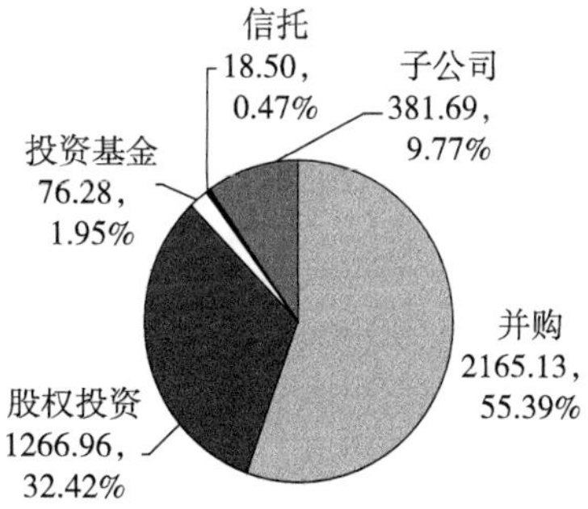

图7

截至 2015 年底，上市文化企业累计实现投资规模 3908. 55 亿元，其中 2015 年投资 1908. 07 亿元，占比 48. 82%。进入 2010 年后，随着文化产业的快速发展，上市文化企业投资规模也呈现迅猛态势，2010 年突破 100 亿元，至 2015 年达到了近 2000 亿元。截至 2015 年底，上市文化企业并购与股权投资累计规模分别为 2165. 13 亿元和 1266. 96 亿元，占比近九成。

从上面的分析可以看出，现在的文化产业到了一个资本运作的大时代，不重视资本运作、不懂资本运作，企业就难以实现从小到大的成长。

二、从初创到成长：融资节奏和时间点至关重要

对于初创企业和成长型企业而言，除了产品和服务要持续创新、运营管理要逐渐规范严谨之外，把握融资的节奏和时间点对企业成长至关重要。融资节奏和时间点的把握要综合考虑企业资金需求、股权投资市场的状况、企业发展情况等因素。同时，要合理利用多种融资方式，拓展融资渠道，扩大资金来源。

这方面有三点非常重要：一是预估现金流，要准备充足的资金，避免发生资金链断裂；二是要把握最佳融资时间窗口和企业发展机遇；三是要综合利用好银行信贷、股权融资、众筹等融资工具。

1. 保证充足的现金流。

大多数小微文化企业创始人因为没有财务背景，不知道怎么去管理财务，往往容易忽视现金流的问题。但是融资和财务规划息息相关，许多企业因为融资不到位、资金链断裂，而导致的企业运营出现问题。这些企业的项目、产品和服务可能在市场上非常有竞争力，但是财务规划不到位，导致融资同日常使用资金脱节，最终影响了企业的正常运营。因此，文化企业负责人一定要关心现金流。依托现金流去做财务规划，按照科学预测的现金流来规划融资进程。

现金流即是某一时间段内运营支出费用，产品生产研发投入费用以及从市场上的回款包括融资的节奏。融资其实就是增加运营资金，支出就是减少的运营资金。企业为了保持正常运营，要有一个安全现金流，就是安全资金储备。根据企业属性的不同，安全资金储备有所差异。一般通过计算公司六个月时间的日常运营开支和市场推广以及研发投入来得出安全现金储备，同时也要能考虑未来某个时间点能够收回现金的影响。融资是每个时间段去计算需要有多少外来的资金去支撑企业更快的发展。融资金额是根据现金流的需要去计算，而不是凭空想象。

2. 把握好融资时机。

企业的融资时机从内部来说一般有三个：一是产品和服务推出时或转型时，二是市场大规模推广和营销时，三是渠道拓展和规模化销售产生时。从外部来说也有三个方面：一是天使投资和风险投资开始在一个新领域投资布局时，二是股权投资关注成长型产业领域时，三是资本市场快速升温时。

所以企业要把握内部和外部两个因素，掌握好融资的时机，不要错过，因为

错过就可能造成想融资时资本投资热潮已经下滑，最终可能导致融资失败。

3. 综合利用融资工具。

融资的节奏要根据企业发展的资金需求，提前做好规划，而不是急需用钱时才考虑融资。一般一轮融资都是考虑十二个月到十六个月期间所需的现金。

同时，融资渠道要尽量采用多种方式，充分利用项目、资产和股份等多种融资工具，拓展股权融资、众筹融资、银行信贷、债券发行等多种融资模式。

对于成长型企业而言，融资结构非常重要。融资结构一般是指债权融资与股权融资的比例关系。融资结构是企业融资战略的核心问题，它的实质是融资成本最小化，并必须保持适度的负债比率。

文化创意企业信贷融资担保方式主要是围绕无形资产沉淀下来的知识产权（主要是版权）和相关收益权（如未来收益权、应收账款）来设计文化信贷产品。

主要的信贷融资模式有版权质押、商标权、专利权、应收账款质押、未来收益权质押等无形资产质押担保融资模式和法人无限连带责任、中小企业联保、打包贷款模式，以及上述各种质押担保形式间的组合信贷融资模式。

近年来，针对创意设计产品、网络大电影、网络游戏等形式的文化众筹快速兴起，淘宝众筹、京东众筹、聚米金融等文化众筹主题的平台开始出现，投资者的投资热情和投资情怀一时间被迅速激发。众筹已成为文化企业重要融资渠道，已经远远超出了以影视众筹为代表的小文化众筹，而延展到以影视、旅游、体育和综艺为代表的大文化众筹。

2016 年上半年我国共完成文娱类众筹事件 941 起，同比增长 28.55%；成功筹集资金总规模达到 6.49 亿元，同比增长 252.72%。奖励类众筹事件共有 895 起，筹集资金总规模达到 3.99 亿元；股权类众筹事件共有 46 起，筹集资金总规模达到 2.50 亿元。

三、从成长到成熟：要善用投资和并购驱动战略

长期以来，“散、乱、小”的格局严重制约着文化产业的发展水平，企业可以通过资本工具，提升规模化经营能力和收入规模，同时推动实现上下游产业链的整合。

下图是成长型到成熟期的文化企业资本战略的框架。

资本战略的模式与关键

- 提升融资能力和开拓融资渠道
- 引入具有战略资源的战略投资者
- 以并购推动核心业务进一步提升竞争力
- 以并购推动跨界延伸实现新业务战略
- 以股权投资推动产业链和生态圈的形成
- 通过发起设立投资基金实现资本收益

对新兴业态快速成长型企业进行股权投资，从而间接进入新兴领域并且与自身企业建立业务协同，是成熟型企业资本运作的核心特点之一。

截至2015年底，中国上市文化企业对外资本运作规模3908.55亿元，其中2015年为1908.07亿元，占比48.82%。进入2010年后，随着文化产业的快速发展，上市文化企业投资规模也呈现迅猛态势，2010年突破100亿元，至2015年达到了近2000亿元。中国文化类上市企业对新兴领域的股权投资规模，2015年度达到1299亿元。

据统计分析，文化上市企业股权投资的领域大多数在影视传媒、互联网文化娱乐、数字广告营销、动漫产业等领域，这说明成熟企业通过股权投资方式进入新兴业态从而获取投资收益并间接进入新兴产业成为文化上市企业的重要战略之一。

并购是成熟型企业的一个重要资本工具。并购不仅可以对文化企业的资产进行补充和调整，使文化企业在保持整体产品结构的情况下，在各个子公司中实现产品单一化生产，避免由于产品品种的转换带来生产时间的浪费，而且可以使文化企业集中足够的科研经费用于研发，从而能够采用新技术，改进服务工艺，迅速推出新的文化产品。

文化企业通过并购，可以使市场份额得以扩大，生产也逐渐向这些企业集中，随着规模经济效益的扩张，会增高产业壁垒而产生更高层次的竞争，而竞争的结果会使文化企业进一步降低成本并加快产品质量的提高，以此形成垄断利润和竞争优势。

下图是文化企业的并购战略分析。

核心业务并购战略	围绕核心业务展开并购
产业链并购战略	围绕产业链展开并购
相关多元化并购战略	相关业务的并购
创新业务股权投资战略	围绕行业创新技术、商业模式的投资
多元化引入资本战略	以自身资源和项目为主开展资本合作

2015 年，文化产业并购规模持续增长，204 起案例较 2014 年的 153 起增长了 33.33%。文化产业资本市场的发展主要体现在并购规模上，2015 年，我国文化资本市场总计发起有 1736.14 亿元的文化产业并购，同比增长 78.26%。

2015 年，并购规模增长最为显著的行业为软件业、出版传媒业与网络游戏业。其中，计算机软件业 2014 年并购规模为 24.63 亿元，2015 年增长为 309.29 亿元，一跃成为文化产业并购的第一梯队行业；出版传媒业 2014 年并购规模为 15.22 亿元，2015 年以 727% 的增长率增至 110.58 亿元；网络游戏业由于 2014 年并购规模远高于其他行业，因此尽管 2015 年增长率不高，仅有 40.11%，但增长规模也有 144.91 亿元。

对于中大型文化企业而言，并购操作有着五个重要的方面：一是要建立并购的决策和操作体系；二是要准确把握并购方向；三是要及时准确把握并购时机；四是要熟练掌握并购工具；五是要建立并购后整合的工作机制。

近年来，国企股权改革也成为并购市场的新力量，并推动了股权多元化。政策面鼓励各类资本参与国企混改，鼓励国有资本以多种方式入股非国有企业，推广 PPP（公私合作）模式，探索实行混合所有制企业员工持股，探索完善优先股和国家特殊管理股方式。

在政策与市场红利的持续助力下，并购整合将进一步推动文化产业的发展。尤其在“互联网 +”的大潮之中，许多传统文化行业的产业模式已被颠覆，仅靠单一产业或企业已很难取得优势，与互联网的融合成为必然趋势。互联网文化企业的并购大多是出于战略目的，或为了移动互联网的布局，补齐自身短板，遏制竞争对手。未来，这类企业为了成长性会继续加大并购力度，规模将更大，实力将更强，必将会出现市值几千亿美元的大型公司，进一步增强中国文化企业的竞争力和影响力。

文化企业如何借助资本市场做大做强

罗　骥[①]

近年来文化产业发展迅速，文化传媒行业产值在国民经济占比呈连续上升的态势，国家“十三五”规划中明确提出将文化产业培育成为支柱性产业，前景无限。从发展趋势看，未来几年我国 GDP 增长将转入中高速，由此带来的增长结构与方式的转变，将给文化产业发展带来持续动力。从产业整体业绩看，根据 2015 年度上市公司季报，产业继续保持了良好增长态势。其中，2015 年文化产业的细分子行业——传媒行业整体营业收入达 2633.18 亿元，同比增长 34.36%。此外，就 2016 年已披露的一季报看，行业营业收入与归属净利润双双同比增长超 25%，高增长的趋势依旧未有改变。

在产业快速发展过程中，越来越多的文化企业开始思考如何借助资本市场的力量帮助企业做大做强。面对这样的新课题，首先需要以资本市场的视角来理解文化产业及企业特征。

一、文化产业特征与资本市场估值

资本市场估值是资产未来盈利能力折现的体现，高估值意味着企业现阶段可以从资本市场获得更多的融资，而影响企业估值的核心因素是资产质量，如果资产价格和盈利能力受经济周期波动影响而起伏不定则估值将处于较低水平，资产若不具有持续盈利能力或较弱则估值也较低。而文化产业却具有弱周期性、弱金融性等特性，完全不同于一般的企业，在估值上就更难确定、更复杂。一方面，文化企业的知识产权、人才团队、管理机制等无形资产或软实力，获取成本或折旧方式完全不同于固定资产，与金融周期或经济周期也没有明显的负相关的联系，受周期波动的影响几乎可忽略不计，也基本不存在库存问题，所以这在资产端就形成了文化企业的弱周期性。另一方面，文化企业并非资本驱动的业务模式，因此其负债端较少受到金融周期或经济周期扰动，从而也从整体上表现出弱周期性。同时，文化企业的产品或服务的创作大多是面向现实消费需求的，一旦

---

① 罗骥，北京智悦东方信息咨询有限公司总经理。

完成生产制作过程就快速进入消费环节。例如，电影作品在影院、互联网视频网站进行放映，或是以光盘等媒介进行销售后，其娱乐价值就将被观众消费掉，不再有增值保值的投资价值。当然，一些艺术品或书法作品因具有收藏价值而在一定程度上具有金融属性，但是其流动或交易成本却非常高，因此难以流通，大多出于欣赏的消费需求，就从根本上限制了文化创意产品的投资属性，而强化了其消费属性。

这样，“弱周期性”使得文化企业具备在资本市场获得高估值的潜力，但另一方面是“弱金融性”又对其形成限制。因此，文化企业在利用资本市场推动自身发展时需要守正出奇，既要坚持强化主营业务的盈利能力，有效利用其他行业低谷期在资本市场对资金的挤出效应而为文化企业所用；又要在战略和资本运作上以产业发展为脉络，规避自身不足，不拘一格地进行创新和优化，最终找到适合自身的模式与道路。

二、文化企业利用资本市场的案例分析

中南传媒（601098）和光线传媒（300251）是文化企业利用资本市场的代表性案例：中南传媒上市后抓住产业发展机会，利用资本市场实现了自身战略升级和业务转型，估值高企；光线传媒利用资本市场不断夯实主业，强化核心竞争力，在影视领域全面超越曾经的行业王者华谊兄弟。两者利用资本市场的模式不同、路径不同，却有着共同的逻辑，值得深入研究。

1. 中南传媒借助资本市场实现产融结合的战略升级

中南传媒曾是一家以出版、报媒、发行、物资供应、印刷为主要业务的公司，2010 年 10 月以每股 10.66 元的价格在 A 股主板首次公开发行。在公司的五大主营业务中，教材教辅出版和发行是其主营业务。传统出版行业处于新技术新媒体冲击下的急剧转型期，用户的阅读习惯、图书消费行为均在发生新的变化，图书业务的持续盈利性不可维系，资本市场不看好其未来的发展前景。同时也由于 2014 年前中国经济主要靠投资拉动，资本市场热点主要集中于房地产、汽车等相关主题，因此在 2014 年前中南传媒股价长期在接近发行价的区间内震荡。

2013 年底，十八届三中全会会议提出“使市场在资源配置中起决定性作用”的重大决策以及“一带一路”倡议，为中国经济发展打开了新的空间。一系列的利好，推动 2014 年中国二级市场开启新一轮牛市周期。伴随全新的发展思路和产业升级，文化产业借助互联网在商业模式上打开了全新的发展空间。中南传媒敏锐地意识到产业机会，开始借助资本市场的力量推动公司战略升级。

1）初涉市场，夯实主业为先：2010 年，中南传媒 IPO 募集 42 亿资金，投向九大项目，以投资 10 亿元人民币的湖南省新华书店电子商务平台项目为例，

是以互联网的平台来构建 B2B 和 B2C 两种新的营销模式。从战略角度看，这是中南传媒通过直接融资方式获得较低成本的资金来完善下游销售渠道，以此来巩固教材出版发行的核心主营业务，属战略防御性的举措，并非战略大幅调整与升级，但却迈出了关键的第一步。

2）并购扩张，外延式发展：中南传媒多次变更募集资金使用计划，从修补原有业务的思路逐步转变为并购整合全国优秀出版策划资源的思路，完成了发展战略的首次升级。2012 年底，中南传媒连续发布变更资金使用计划的公告，其中一项是中南传媒拟变更原项目部分募集资金使用计划，运用该项目部分募集资金共 11163 万元，在已持有中南博集天卷文化传媒有限公司 5% 股权基础上，以 8000 万元的对价，受让三位自然人股东持有的 38.53% 股权，并增资 3163 万元，最终持有中南博集天卷 51% 的股权。优质资产的整合，进一步巩固了中南传媒业务优势，公司走上并购的外延式扩展之路。

3）上市公司 + PE 的产融结合模式，更加主动参与产业整合：2012 年后，以上市公司为场内资本运作平台，私募并购基金作为场外资本运作平台的"上市公司 + PE"模式获得资本青睐，中南传媒再一次抓住机遇，联手湖南潇湘资本成立泊富基金公司（中南传媒出资 4000 万元，占 80% 股权）和泊富文化产业投资基金。产业基金首期规模 5 亿元，中南传媒作为 LP 出资 4.5 亿元，重点投资与中南传媒经营业务有协同效应的领域，主要涵盖数字媒体产业链、出版发行产业链及影视、音乐、动漫等内容产业链，新媒体产业链等。产业基金的成立能够孵化、参股和控股相关产业，帮助公司利用金融平台聚合优质资源，抓住新一轮经济结构带来的新兴文化领域投资机会，驱动中南传媒快速扩张。

中南传媒上市 5 年，把握住中国资本市场中文化产业的机遇，实现从单一的教材主营业务扩张成为"平台 + 内容 + 服务 + 运营"的在线教育闭环生态圈模式，战略升级得以实现，并获得资本的认可，在 2014—2015 年的牛市中股票价格上涨约 3 倍。

2. 光线传媒借助资本市场，围绕 IP 构建"内容 + 渠道"战略布局，不断强化核心能力

1）打通全产业链、建泛娱乐集团

光线传媒用 IP 打通娱乐内容产业链，从小说、漫画版权开始，用电影的投资、制作、发行来带动电视剧和网络剧、动漫、游戏、衍生授权等产业，资源共享，优势互补，打造完整文化内容产业链，实现"跨平台、全娱乐内容投资制作发行"的战略目标，成为国内领先的综合性传媒娱乐集团。

2）控股电影票务平台，强化渠道能力

2016 年 5 月 27 日光线传媒宣布以股权置换及现金支付的方式，向上海三快及其关联公司收购猫眼电影 38.40% 的股权。至此，光线传媒共计控制猫眼电影 57.4% 的股权，完成对其控股收购。

光线传媒作为传统发行公司代表，此番通过购入猫眼电影获取线上数据资产，快速实现自我升级，并与公司在电影上游投资制作的资源积累形成互补，产业一体化协同优势将逐步凸显。实现电影产业链纵向一体化布局的公司将享受巨大的协同优势。同时，在交易结构上由上市公司光线传媒的控股股东光线控股主要投资，光线传媒参股投资的结构设计，也将在线票务亏损对光线传媒业绩的负面影响降至最低。

3）有效利用多层次资本市场，投资收益良好

光线传媒 2012 年 9 月以 1.28 亿资金入股天神娱乐，自天神娱乐借壳科冕木业成功后，股价一路上涨，截至 2016 年 8 月 19 日，市值已超过 235 亿，光线传媒占天神娱乐 7.26% 股权，所持股份市值占 17.1 亿，也就是说公司因投资天神娱乐账面已浮盈 16 亿左右，而这 7.26% 限售股股权解禁后也带来巨大的收益。除了 A 股市场的投资外，光线传媒还在新三板有所布局。

综上，光线传媒作为 A 股电影行业龙头，基于优秀的管理层以及丰富的行业资源，在电影市场不断推出高票房收入的影片，其良好的成长性和投资价值也使其成为资本市场耀眼的明星，在资本市场借助公司债、定向增发、融资券等金融工具获取资金，不断复制、输出管理能力和成功经验，形成良性循环。

三、文化企业成功利用资本市场的前提条件与两种模式

1. 掌握资本市场的周期性规律是前提条件

在中国的政治和商业生态中，政府通过宏观调控对经济施加影响，而过去十年以投资和低端制造出口拉动的经济形态以及中国特殊的国情，使得金融行业这个原本是实体经济的服务行业，转变为经济的中枢行业，形成了政策周期决定金融周期，金融周期影响经济周期，经济周期影响产业周期的波浪式传导模式，而资本市场作为最重要的金融市场之一，是波浪式传导模式最直接的载体。因此，准确把握资本市场的规律是文化企业利用好资本市场的前提条件。文化企业应从以下两个方面入手认识中国资本市场的周期性规律。

1）结合国家宏观经济政策分析资本市场所处周期。当宏观经济政策处于扩张期，即实施宽松的货币政策和积极的财政政策时，则重资产类行业将受益，而文化产业的投资将受到一定的影响；当宏观政策趋紧，杠杆率下降，资本市场投资收益降低，传统行业盈利能力下降时，文化产业将受到资本追捧，形成一个投资高潮期。因此，文化企业在宏观经济政策扩张期应以做精产品、夯实管理为

主；在宏观政策收紧时，充分利用大量资金涌入文化产业的时机，完成并购、借壳上市等外延式发展。

2）把握资本市场资金的风险偏好及热点变化趋势。当资本市场的风险偏好较高时，资金更易追逐估值较高的投资标的或资产，此时不利于文化企业的融资或使用杠杆资金；当资本市场的风险偏好调低，远离估值虚高的投资对象时，文化企业就应充分利用投资热点变化带来的低成本资金进行资本运作。

2. 文化企业借助资本市场的力量，实现自身快速发展的两种模式

1）第一种是在主营业务支撑下进行产融结合，打造“上市公司 + PE”等模式进行产业整合，形成生态化和平台化的业务模式和盈利模式，实现战略升级。在产业层面，“上市公司 + PE”模式需以完整的产业生态战略为牵引，培育“核心业务与公共服务”“时间或空间的规模效应”“较大流量与较高使用频率”的三要素业务支撑体系，通过私募股权基金并购病注入优质资产的方式，完成产业生态的构建，获取外延式发展的竞争优势。中南传媒借助“上市公司 + PE”模式实现业务转型就是典型案例。

2）文化企业利用资本市场第二种模式是在明确的战略指引下，围绕产业内的稀缺资源和能力，如 IP 及电影出版发行的管理能力，综合利用各种融资工具获取的配套资金，在文化消费市场实现高回报的同时，在资本市场获得套利机会，形成业务能力与资本市场收益的良性正循环，推动公司实现跨越式发展。中国的多层次资本市场，包括债券市场的不断完善，给文化企业提供了多种融资渠道和工具，企业可结合自身实际情况和发展阶段，灵活运用夹层资本、表外融资、资产证券化、产业基金、融资租赁、信托、项目融资等多种金融手段，缓解资金压力，降低负债比率，撬动项目启动，提高企业盈利能力和资本市场估值水平。

无论哪种模式，都要以有市场竞争力的核心主业为支撑。从经典的战略观点来看，主营业务是战略的核心，也是公司支撑性利润的来源；从资本市场的角度看，一个主营业务清晰的公司，其股票估值也会因为有更清晰的依据而更受投资者的关注。无论哪种模式，其本质都是要充分发挥市场配置资源的作用，强化文化企业的资本意识和市场观念，通过明晰产权关系、规范财务运行、提升管理水平，激活企业发展的内生动力，不断增强文化企业的经济效益和社会责任，助力文化企业进一步做大做强。

新三板成文化企业资本运作新途径

赵佳佳　屈　鑫[①]

资本运作是文化企业发展壮大过程中必有的经济思维和发展路径，不是传统意义上的生产制造、库存管理、产品营销、市场开拓等企业经营活动，而是企业利用资本市场，通过首次公开发行股票、发行债券、配股、增发新股、转让股权、派送红股、转增股本、股权回购等方式优化企业资本结构，从而实现企业资本增值和快速发展的活动。随着全国中小企业股份转让系统（下称“新三板”）挂牌给中小企业带来的融资利好以及实现资源整合效果的逐渐显现，越来越多文化企业选择在新三板挂牌来拓展文化企业融资渠道，提升企业声誉。挂牌新三板已逐渐成为文化企业资本运作的新途径，也是文化企业上台阶的新平台。

一、新三板文化企业的发展现状

文化企业泛指涉及文化产业领域的相关企业。根据文化产业投融资数据平台数据显示，2016 年流入文化产业的资金总规模约 2101 亿元，其中通过新三板挂牌融资流入文化产业的资金约 120 亿元，占总规模的 5.68%。由此可见，通过新三板融资已成为文化企业融资渠道中的重要方式之一。自 2015 年新三板挂牌企业爆发式增长开始，文化企业挂牌新三板数量逐年增多，其中文化信息传输服务企业以及文化创意设计服务企业约占挂牌文化企业数量的 50%。而从细分行业来看，文化传媒企业占据了绝大多数。

就地区分布来看，根据文化产业投融资数据平台数据显示，2016 年 1－6 月挂牌文化企业中，北京地区为 114 家，上海、广东位列其后，远超过其他地区。区域对文化消费品需求的程度直接影响着文化企业的整体数量，表现出了明显的区域集中性特征。

二、新三板文化企业的主要特征

从已挂牌的新三板文化企业经营情况、融资情况来看，新三板文化企业正呈

① 赵佳佳、屈鑫，北京市天伦怡达律师事务所传播总监。

现出“资本和资源需求度高、集中度高、差异化大”之特征。

1. 多数新三板文化企业融资需求强烈

新三板文化企业不同于其他行业，一般具有规模较小、估值相对困难、企业自有知识产权保护力度不足以及大多为成长性企业等特点。对于文化创意型企业来说，主营业务一般为文化创意研发，在技术开发阶段基本完成后，急需大量资金投入扩大生产规模；对于文化传媒企业来说，需要开发新媒体资源，形成传统媒体与新媒体的良性配合；对于影视类企业来说，影视作品制作、发行质量将直接影响收视及票房业绩，因此前期更需要大量资金投入。尤其是在 IP 全产业链开发火热的今天，每一个环节都需要金融资本的支持。从实际情况来看，多数的文化企业挂牌新三板的直接目的也在于充分利用新三板定向增发的便利解决企业发展中的资金需求问题。根据中国文化产业投融资数据平台数据显示，2016 年 6 月新三板挂牌文化企业共有 15 次融资，均为定向增发；近三个月融资中仅有中外名人通过发行债券融资 1 亿元，中视文化通过发行优先股融资 1000 万元，其余均为定向增发融资。

2. 资源与服务需求强烈

文化企业因其面对文化产品消费者这一广泛群体，而基于互联网优势产生的各类社交平台现今已成为舆情舆论的风向口。作为文化企业，创造优质的文化消费品必然要通过分析相关舆论数据，整合各方资源，充分考虑各类消费者需求，适应市场变化趋势方能脱颖而出。因此，对于多数挂牌的新三板文化企业来说，进行融资仅是第一步，为企业快速成长整合资源，寻求相关机构为企业提供全面的产业链式服务亦是其重要需求。事实上，很多投资机构在对文化企业的投资上已逐渐开始提供企业辅导或资源服务，而不仅仅限于简单的财务投资。相对于其他行业来说，文化企业的社会性特征使得其对实现资源整合、将文化企业的优势融入其他行业中促进企业转型发展的需求更加强烈。

3. 行业集中度与区域集中度高

从挂牌文化企业的相关数据来看，文化信息传输服务企业以及文化创意设计服务企业约占挂牌文化企业数量的 50%，北京地区挂牌文化企业数量远超于其他地区。市场需求量、人才与资本的聚集为行业集中与区域集中的主要影响因素。

4. 文化企业差异化趋势明显

企业差异化是新三板挂牌企业的一大特征，而这一特征在文化企业尤为显著。虽然同样是挂牌新三板的企业，但其在发展阶段、经营水平、股本规模、股东结构、市值等方面呈现出越来越明显的差异。也正是因为这种差异化状况，新三板研究实施了《全国中小企业股份转让系统挂牌公司分层管理办法

（试行）》，根据企业盈利性、成长性、做市市值将挂牌企业分为基础层、创新层，进行差异化监管。分层方案虽然并不是评价企业优质与否的直接标准，但却在客观上会对企业融资、对外投资、甚至日后实现转板产生影响。同时，为了防止企业通过不正当手段、市场操纵行为等进入创新层，新三板还规定了相应的层级调整制度。

2016 年 6 月，新三板分层政策正式实施，953 家首批创新层企业中，70 家企业属于文化企业。在这些文化企业中，不乏广为人知的“开心麻花”、“基美影业”等。以“开心麻花”为例，作为主创话剧、音乐剧等的文化企业，通过着力编排新媒体剧、舞台演出，创作及其他衍生业务为公司主要收入来源。

三、新三板对文化企业的影响及文化企业用好新三板的建议

1. 文化企业与金融资本的融合

首先，文化企业挂牌新三板后，最直接的影响就是实现了文化企业与金融资本之间的相辅相成。一方面，伴随着文化产业政策的影响以及文化产业的快速发展，文化创意企业的兴起，金融资本以各种形式大量涌入文化市场，文化投资已成为资本追逐的新航向。另一方面，通过挂牌新三板，文化企业可以更好地利用投资机构在资本、资源等方面的优势。新三板市场作为典型的机构投资市场，为企业融资创造了有利条件，企业可以通过定向增发、发行债券、发行优先股等方式吸收金融资本，也可以通过并购、设立子公司、股权投资等方式进行对外投资，扩大企业资本规模和实现战略转型。同时，通过挂牌新三板，企业往往能够获得更高的知名度，从而获得更多的机会吸引投资机构提供资源服务和辅导咨询服务。例如，对于文化传媒类企业来说，可以充分利用自身拥有大量客户群这一优势吸引广告行业投资，同时通过机构投资者进行融资，增加公司现金流量，提升自身品牌效应。

金融资本与文化企业的融合更深刻地表现在对企业实现产业升级的影响上。企业进入资本市场后，获得稳定上升式发展的关键便是形成更有效地运用金融资本的模式。企业获得融资后，如果仍然采取单一的商业模式进行运作，过度依赖市场需求量以及固定客户群，就很难充分发挥资本的效用。因此，跻身资本市场对企业的直接敦促力即在于促使企业转变商业运营模式和经营理念，拓展企业盈利模式，借资本力量产生“蝴蝶效应”。例如某游戏产业背景挂牌企业，挂牌新三板后，通过引入战略投资基金，尝试突破单一的游戏虚拟产品销售，将目光拓展至数字音乐、图片、软件等，试图实现虚拟产品的全产业链开发并对接海外市场，不失为实现企业创新发展的一个很好的尝试。运用资本模式的多样化将极大提高企业与资本之间的互渗性，形成良性循环。

2. 监管制度对企业的影响

对于企业来说，资本市场不仅是企业融资的平台，更重要的作用是促使企业行为规范化。企业挂牌新三板后，虽然有了更为广泛的融资途径，更为有利的资源整合渠道，但是对于挂牌企业来说，首先应当遵循新三板市场上的法律规则、业务规则。例如在资本市场中最为重要的信息披露制度，挂牌企业需要按照法律规定及业务规则中有关信息披露要求的规定，按期披露公司年报、半年报以及其他需要及时披露的信息。同时，挂牌企业不得随意向股东、高管拆借资金，应当避免及减少关联交易，避免融资过度超过企业承受能力等。当挂牌企业违反法律规定或业务规则，扰乱新三板市场的正常秩序时，不仅面临财产上的处罚，甚至可能面临强制摘牌的处罚。

对于文化企业来说，除遵守新三板市场的业务规则以外，还需要遵守政府主管部门的规定。例如，2016 年 5 月广电总局发布通知，要求《信息网络传播视听节目许可证》的持证企业申请挂牌需向所在地省广电部门提出申请，经审核并报国家广电总局审批后才能挂牌；对于已挂牌的企业需要暂停转让，补充完成审批手续后方能恢复转让。

虽然新三板挂牌企业仍处于爆发性增长的阶段，但新三板市场扩容所带来的种种问题也在逐渐凸显。根据有关数据统计，近半年以来挂牌企业有数千家发布了资金占用报告，企业大股东占用公司资金问题仍然十分严峻。有鉴于此，股转系统已着手开始制定新三板申报的财务标准，拟通过负面清单的形式间接提高挂牌企业的挂牌标准。

3. 提升企业内在价值是核心

挂牌新三板给企业带来机遇的同时，更是对企业的挑战。尤其是在挂牌企业数量逐渐增多，差异化程度愈加明显，而监管政策愈加严格的大环境下，提升企业的内在价值，关注内容与创意方能最大程度地挖掘出新三板对企业的助推力。

首先，需要严格按照新三板市场对挂牌企业的要求完善公司治理制度。这些治理制度包括公司股权结构、股本情况、三会治理制度、信息披露制度以及一系列管理制度的制定、执行和完善。事实上，完善公司治理制度不仅是新三板市场对挂牌企业的直接要求，同时也会从侧面提升文化企业的稳定性。对于一些以直播、视频等新媒体为搭载平台的泛娱乐文化企业更是如此。

其次，文化企业的发展需要结合自身特点，借力外在资本和资源的同时打造企业核心优势。对于影视投资企业来说，很多企业过度依赖明星效应，忽略企业自身的财务状况、业务模式、管理和创作团队搭建，企业即使获得了融资，也很难利用资金实现发展，甚至可能仍然无法改变亏损的状况。同样对于一些“网红企业”，虽然在一段时间内拥有了大量的用户群体，但却具有较大的不稳定性，因此资金支撑固然重要，但内容创意与运营更具有决定性作用。这些新兴文化企业因面对广大文化消费群体，运营中关键是要将作品“植入”用户长期体验之中。

实践之中，一些挂牌文化企业首先通过内容创意建立自己的品牌，重视知识产权和衍生产品开发，利用大数据平台进行衍生信息的技术分析，并通过设立子公司扩大布局的方式与其他行业进行合作，理性挑选合作企业，同时借助于新三板平台，实现了企业挂牌后的跨越发展。

新三板市场与文化企业的发展实际上是一个互动的体系。新三板市场更多的是为文化企业插上资本之翼，辅以政策导向与资本、资源助推。而对于文化企业来说，金融资本通常更青睐于具有创新意识、自主技术和将文化产业与其他行业相融合的企业。因此，通过新三板市场带动文化企业发展的核心在于企业的内在价值和成长性，利用好新三板市场优势，能助推文化企业实现长期发展。

文化企业挂牌新三板的条件

（1）公司类型应当为股份有限公司

（2）根据《全国中小企业股份转让系统业务规则（试行）》第2.1条规定，公司申请在全国股份转让系统挂牌应满足以下条件：

A、依法设立且存续满两年。有限责任公司按原账面净资产值折股整体变更为股份有限公司的，存续时间可以从有限责任公司成立之日起计算；

B、业务明确，具有持续经营能力；

C、公司治理机制健全，合法规范经营；

D、股权明晰，股票发行和转让行为合法合规；

E、主办券商推荐并持续督导；

F、全国股份转让系统公司要求的其他条件。

（3）目前，股转系统对于企业申请挂牌新三板尚无财务标准及盈利要求。但从近期趋势来看，股转系统将通过设置负面清单的形式间接设置企业财务申报标准。

文化企业挂牌新三板的程序

（1）企业聘请券商、审计机构、评估机构、律师事务所，并与各中介机构签订服务协议，由企业负责对接工作人员建立各方联系表；

（2）会计事务所进行初步财务尽调、律师事务所进行初步法律尽调；

（3）券商协调企业及各中介机构汇总问题并提出整改意见，各中介机构协助企业进行整改；

(4) 券商协调召开中介协调会议，确定企业股改时点（如需）及挂牌时间表；

(5) 启动有限公司整体变更为股份公司的程序（如需），包括召开董事会、股东会，出具审计报告、评估报告、验资报告等程序；

(6) 股份公司召开一次临时股东大会，通过企业申请在新三板挂牌的相关事宜等，并召开一次董事会、监事会；

(7) 办理股份公司工商变更登记，取得营业执照（如需）；

(8) 会计事务所、律师事务所、券商进行进场尽调工作并出具报告；

(9) 券商汇总材料进行内核；

(10) 各方签署申报材料，由券商向股转系统提交材料申请挂牌；

(11) 根据股转系统的审查情况及反馈，各中介机构进行回复或补充调查；

(12) 审查通过后办理挂牌手续；

(13) 券商持续督导。

以上程序根据各企业情况不同会相应有所调整，从聘请中介机构到申报材料一般周期为6个月左右。各中介机构将根据企业情况辅导挂牌全过程。

文化企业挂牌新三板的费用

(1) 挂牌前各中介机构费用

挂牌前企业需要支付的费用包括主办券商、律师事务所、会计师事务所、资产评估事务所等中介机构辅导挂牌费用。总计约200万元左右，呈逐渐上涨趋势。具体费用根据企业所在市场价格、企业情况、中介机构收费标准而浮动，各市区根据政策不同可能有相应补贴。具体结算方式一般会分工作阶段支付。

(2) 挂牌后各中介机构费用

企业正式挂牌后，因信息披露及持续督导需要，仍需聘请中介机构提供相应服务，费用如下：律师事务所律师费约5万－10万元/年；

会计师事务所审计费约10万－15万元/年，根据企业规模相应变化；

主办券商持续督导费约10万－15万元/年，创新层企业将有所上浮。

(3) 股转系统挂牌初费及挂牌年费

挂牌初费：一次性收取。具体费用如下：

总股本2000万股（含）以下：3万元；

总股本2000万－5000万股（含）：5万元；

总股本5000万－1亿股（含）：8万元；

总股本1亿股以上：10万元。

挂牌年费：按年收取。具体费用如下：

总股本2000万股（含）以下：2万元/年；

总股本2000万－5000万股（含）：3万元/年；

总股本5000万－1亿股（含）：4万元/年；

总股本1亿股以上：5万元/年。

注：经中国证监会批准，自2015年1月1日起，暂免征收注册在内蒙古、广西、西藏、宁夏、新疆5个民族自治区的挂牌公司挂牌费用（包括初费和年费）。

（4）中国证券登记结算有限公司收费

收费项目	收费标准
初始登记费	所登记股本面值的0.1‰
股票发行登记费	所登记股本面值的0.1‰
权益分派手续费	红股及公积金转增股本面值与红利（股息）总额的0.1‰
不定期持有人名册查询费	100元/次（每半年收取）
信息披露义务人查询费	每个证券账户70元，无开户记录每人10元

金融资本对中国文化传媒资源配置的影响机理与风险防范

陈　端[①]

当前中国传媒产业正处于一场整体性的影响力格局重构进程之中，技术的飞速变革与政策、资本与产业力量多方博弈交织，产业发展呈现出鲜明的历史阶段性特征，投资热点顺应整体格局变动和新兴增长点的出现动态迁移，投融资渠道和模式也伴随技术和商业模式的发展不断创新。然而，任何创新都不可避免地伴随着各种显隐风险和与监管政策的博弈，唯有在厘清产业演进方向的基础上把握牵引传媒投资的内在逻辑，才能以符合当下阶段性国情特征的投融资模式创新把握机遇、捕捉风口，并有效防范各种风险。

一、2015－2016 年中国传媒发展与传媒投资内在逻辑梳理

2014 年，中央高层从国家发展和社会稳定大局出发把媒介融合的重要意义提升至国家战略层面，自上而下的政治力量成为传媒整合与格局重构的重要动力，以百视通吸收合并东方明珠催生 A 股首只千亿传媒股为代表，一系列话题事件、研究热潮与资本涌动同行，也激发了人们对 2015 年传媒投资领域的强烈期待。如果说 2014 年媒介融合上升为国家战略使得政策性因素成为影响当年传媒发展的主导性因素，那么对于 2015 年来说，技术自身的迭代及其在商业应用上的深化则构成了改变传媒格局的最重要变量，而伴随多层次资本市场的逐步健全，基于互联网的各类金融产品服务创新与传媒自身的产品服务创新深度融合成为促动传媒产业变革的关键。

（一）新兴技术在政策利好推动下重塑传媒影响力格局，打开传媒投资新风口

2015 年两会后，“互联网＋”上升为国家战略，产业互联网时代来临反向倒

① 陈端，女，博士毕业于中国人民大学新闻学院，研究方向为传媒经济学；现任教于中央财经大学文化传媒学院。

本文是教育部人文社会科学研究规划基金、青年基金、自筹经费项目《国家治理现代化视域下的舆情治理创新》课题阶段性研究成果，项目号 14YJC860001。

推媒体互联的深刻转型，文化传媒领域创业创新春潮涌动，传媒产业与其他产业加速融合，以资本为纽带推动彼此业务渗透和战略协同成为必然选择。一方面，“大智移云”① 的技术红利不断被深化挖掘，在云计算和大数据的后台承载之下，一切皆入口、一切皆终端，信息的采集分发与生产流程的再造深度交融，C2B（（customer to business）模式将成为工业 4.0 时代社会生产的主流，传媒产业与其他产业的无缝融合势不可挡，内容、应用、场景和金融服务的集成式协同创新成为时代潮流；另一方面，围绕 5G、VR（虚拟现实）、AR（增强现实）、MR（混合现实）、AI（人工智能）的下一代技术创新已经春潮涌动，各路资本纷纷布局卡位，推动这些技术从研发阶段渐渐进入民用商用领域。5G、VR、AR、MR、AI 等新兴技术带来的绝非仅仅硬件应用层面的丰富，从更深意义上说，这是对过往以智能手机为载体和中心的社会联结与互动机制的颠覆，人类的意识空间、注意力投放空间、社会行动空间与互动沟通机制都面临着一场深刻再造，VR 被淘宝用于电商产品展示、被房产开发商用于待售小区及样板间实景体验、被影视制作公司用于新型内容的制作，都展示了其对既有产品服务形态和产业业态革命的巨大影响力，“传媒 +” 将以新的形式向纵深扩展。

与此同时，顺应《中共中央关于制定国民经济和社会发展第十三个五年规划的建议》中提出的“推广新型孵化模式，鼓励发展众创、众包、众扶、众筹空间”“发展天使、创业、产业投资，深化创业板、新三板改革”等政策大势，我国多层次资本市场体系渐趋完善，为文化传媒领域的产品、服务创新、模式创新和业态创新注入了更多资本动能。各类型自媒体平台蓬勃生长，成为传播场域影响力格局重构的重要因素。传媒内容生产组织边界渐趋模糊，依托网络的众筹、众包、众创机制与粉丝经济、社群运营和电商导流深度融合，传媒领域的内容产出机制面临深刻变革，自媒体发展初期的草根 UGC（用户生产内容）逐渐被更富团队性和目的性同时组织结构更为灵活的新型 PGC（专业生产内容）所取代，后者成为社交媒体上的内容重要来源，其佼佼者也获得了资本的青睐与布局。2016 年网红经济崛起，在各类型社会资本的支持下，围绕网红经济发展的整套孵化变现体系逐步完善，形成了对社会注意力资源的另类吸纳渠道，网红电商模式也形成了对既有商业体系的一种冲击，尽管目前为止基于网红经济的商业模式创新仍处于初始阶段，但在资本助力下其与粉丝经济、社群经济结合的发展前景不可小觑。

---

① 注释：“大智移云”的提法源自中国工程院院士、互联网专家邬贺铨，系指“大数据、智能化、移动互联网和云计算”等新技术为当代社会运行基础带来的冲击与变化。

（二）各类型的金融资本从不同阶段介入传媒投资过程倒逼内容生产机制改变，并以其杠杆效应和风险收益偏好特征对传播场域资源配置发挥越来越大的作用

信息传播技术突飞猛进，新型传播渠道载体层出不穷，一切皆媒体的泛传播时代到来，传统的媒介概念分类框架和传媒管理体制边界不断遭遇挑战。技术的创新往往源起外围硬件领域，在风险投资等社会资本支持下逐渐以新渠道倒逼内容生产模式的调整，新的载体形态与消费场景、商业化应用和服务型产品深度融合，原来基于意识形态管控体系所建构起来的传媒内容审查和管理体制已经对当下蓬勃发展的传媒创新做出有效监管。互联网+时代，网络已经成为社会运行和商业运营的基础设施，网络的媒体属性被淡化稀释在更大的产业属性之中，在“硬件+平台+内容+应用+服务”的生态化产业布局中，各类型的金融资本从不同阶段介入并游走于体制罅隙之间，以资本的杠杆效应和风险收益偏好特征对传播场域的资源配置起着越来越大的作用，善用者可以在短期内实现巨额财富积累，而其示范效益则会在经济下行和股市低迷背景下吸引更多缺乏去向选择的业外资本涌入，从而抬升行业估值泡沫与潜在风险。金融资本力量对产业的整合作用，既体现在以“合并同类项”方式通过并购取得规模经济效益方面，也体现在以创新型的金融联结机制优化资源配置，提升产业的生态化效能方面，而且后者的效益在未来会更加凸显。

与此同时，过去条块分割、多头管理的管理体制与资本通过并购优化资源配置实现规模化发展之间的矛盾进一步凸显出来，传媒的意识形态属性特征注定了在传媒领域的资本运作头顶始终高悬着达摩克利斯之剑，再加上资本本身的风险偏好，创新与监管的二元博弈将成为一种常态，规避创新过程中的各种可能风险成为健康发展的基本前提。

二、当前传媒投融资领域的模式创新概述

目前在适合文化传媒产业轻资产特征的融资模式创新和筹投贷组合融资机制探索方面不断深入，主板、创业板、新三板等不同融资平台为不同规模和不同发展阶段的文化传媒企业提供了多样化的发展路径选择，未来资本与资源有机结合形成对产业全方位孵化支撑的态势可期。同时我们也要清醒认识到，金融资本带来的并非仅仅是资金的使用，不同阶段、不同来源、不同属性的资本对资源流向、资源配置方式和使用途径有着不同的偏好，其在使用过程中引致的风险也有差别。下文对当前传媒投融资领域的模式创新进行系统梳理和概要介绍，并结合它们各自的特征对可能出现的风险进行探讨。

（一）上市公司 + VC/PE 衍生多种形式，上市公司 + 券商、Co - GP 应运而生

1. 上市公司 + VC/PE 及其衍生模式简介

从整体来看，中国文化传媒产业仍处在依托并购进行外延式扩张的产业发展周期中，上市公司或者旗下拥有多家上市公司的生态型巨头往往长袖善舞，在资本市场上广泛布局进行战略整合和业务协调。自 2014 年开始，在文化传媒投资并购领域“上市公司 + PE 模式”被广泛采用。此模式为 PE 联手行业集中度低的上市公司设立并购基金，进行控股型并购，并购标的团队保留持股，待业务成熟后，选择将该资产出售给上市公司。目前“上市公司 + PE”仍然是并购基金的主要运营模式，但伴随形势发展，上市公司参与 VC/PE 机构的合作现已衍生更多形态，例如旨在补足投资机构的专业短板，使得原有专业服务商和投资管理机构共同承担风险、分享收益的服务资本化概念诞生，并逐渐整合为现在的“联合投资管理”模式（Co - GP）。

2. 此类操作模式的潜在好处剖析：

首先，上市公司与 VC、PE 优势互补各取所需。在这种模式下，上市公司通过并购基金进行外部融资，可以放大资本杠杆提升资本运作效能，对于 PE 和 VC 来说，提前锁定上市公司作为退出渠道，可以提升资本的安全性和流动性，并有机会分享上市公司重组整合的收益。

其次，通过并购优化产业布局推进业务协同，服务于上市公司市值管理。根据清科旗下产品私募通数据显示，文化传媒类上市公司参与设立并购基金所投资的领域大多与其自身行业或上下游产业相关，一些并购行为和并购方案是为上市公司并购重组“量身定制”，以更好实现业务层面的协同。2015 年夏季以来二级市场频频震荡给并购带来了新的生机，一方面文化传媒类上市公司通过并购拓展产业链，保持业绩增长与估值提升，另一方面业外的企业则希望通过并购实现跨界转型，分享文化传媒板块的增长红利。在经济或产业高速发展周期，上市公司依托主营业务即可实现公司规模和市值的稳步增长，而在经济下行周期，单纯依赖主业驱动市值增长远远不够，一些业外企业试图借助文化传媒尤其是影视传媒领域并购行为的吸睛效应和话题效应实施动态市值管理。

再次，以另设并购基金的模式展开运作有助于同母公司的风险隔离。与 PE 合作设立并购基金，一方面可以在前期通过投资项目与母公司的财务隔离实现风险隔离，另一方面在加强公司外延扩张的同时合理降低后期公司整合过程中所蕴藏的风险。

3. 此类模式的潜藏风险剖析：

首先是上市公司与PE结合，通过有意识的信息披露进行市值管理的行为有炒作嫌疑；其次上市公司与PE合作需要从主营业务中抽调相当数额的资金，若新投资与主营业务不能达成战略协同则可能引发主营业务空心化风险；再次，上市公司和PE、VC等合作伙伴在利益诉求上并非完全一致，中间潜藏着基于信息不对称的道德和法律风险。在与上市公司正式签订协议合作之前，PE或VC可以提前布局，通过二级市场收购或定增等途径持有一定数量的上市公司股票，之后再行操作并购，享受二级市场的资本溢价和套利。此外，PE或VC在与上市公司合作的过程中可以掌握大量公司内部财务信息和未来并购方向、并购标的等信息，有心者可以运用这些内部消息在资本市场上布局运作，干扰上市公司的后续操作。2015年9月11日，上海证券交易所发布了《上市公司与私募基金合作投资事项信息披露业务指引》，从信息披露的角度对“PE＋上市公司”的模式进行监管尝试，未来围绕整体操作过程的权益变动、关联交易等信息披露要求需要不断完善。

（二）新三板平台融资成为文化传媒企业融资热点

1. 文化传媒类企业新三板挂牌概况。据第一财经日报报道，截至2016年5月5日，新三板挂牌公司总数达到7008家，已超过了沪深两市上市公司总和，成为我国挂牌企业数量最大的基础性证券市场。自新三板经国务院批准扩容以来，已有国学时代、三多堂、四维传媒、昊福文化、北教传媒、安之文化、佳友文化、圣才教育、华图教育、亿童文教、北国传媒、中信出版、虎嗅科技、东方网、欢乐动漫、河马动画、自在传媒、蓝狮子等100多家文化传媒类企业挂牌，若统计范围拓展至TMT领域则超过1500家，表现甚为抢眼。

2. 目前新三板平台上的文化传媒类主流融资模式：

第一，“新三板＋并购基金”全产业链运作模式。2015年3月，亿童文教聘请硅谷天堂担任收购与兼并等资本领域业务的财务顾问，由硅谷天堂向公司提供并购方案设计、财务与法律尽职调查、引荐投资人等服务，这被认为是新三板首例“PE＋上市公司”模式。硅谷天堂将成立独立项目组，为公司进行并购标的筛选、资本市场咨询服务与资本市场战略规划，这种模式对于流通性并不是很强的新三板挂牌公司而言，可以有效放大自身壳资源的杠杆价值，充分利用资本运作方式将企业做大做强做优。

第二，通过定增提升整体估值模式。2015年以来，多家公司已经通过定增拿到了融资资金，定增的意义不仅仅在于投资方的资金助力公司业务布局的战略拓展，还在于通过定增获得新一阶段财务估值上的合法性；例如2016年1月15

日，以“熊出没”系列知名的华强文化（834793）刚刚挂牌一个多月就发布定增公告，拟发行不超过 4260 万股，发行价格为 29 元/股，预计募集资金总额不超过 12.35 亿元。发行募集资金主要用于公司主题公园布局、IP 开发或收购、相关产业并购或拓展，归还贷款及补充营运资金等，该定增计划获得各路资本大腕热捧，已经被机构悉数认领，公司的整体市值因此得到很大提升。2016 年以来，开心麻花、非凡传媒、金色传媒等多家公司也紧跟着加入定增融资队伍。

第三，债转股定增模式。2016 年 3 月挂牌的中汇影视的挂牌定增引发关注。这次定增是为了把债务转化为股权，发行对象为也即债权人，是苏州松禾成长二号创业投资中心（有限合伙），它的执行事务合伙人为创投公司深圳市松禾资本管理合伙企业（有限合伙））. 债务转化为股权，既可以有效降低挂牌公司的债务压力，也可以将债权人引入进行战略支持，可谓“一箭双雕”。

第四，上市公司 + 新三板 + VC 模式。以吴晓波的蓝狮子文化创意股份有限公司为例，跨越多层次资本市场的一体化运作模式也渐露雏形。财经作家吴晓波于 2012 年 1 月创立以数字媒体为主营业务的杭州蓝狮子文化创意股份有限公司，2015 年 4 月经过增资及股权转让，公司控股股东变更为皖新传媒，安徽省人民政府控制皖新传媒 75.73% 的股权成为公司的实际控制人，这一收购是皖新传媒作为传统出版发行企业主动拥抱新媒体，加速传统出版与互联网内容提供融合的尝试。2015 年 11 月 3 日，“蓝狮子”挂牌新三板，在与皖新传媒进行协同发展的同时，由吴晓波牵头成立狮享家新媒体基金，牵头完成对酒业家、B 座 12 楼、十点读书、餐饮老板内参、12 缸汽车、车早茶、车找茬等多个微信大号的投资，帮助它们打通产业链、打造公号矩阵推进相互合作。背靠上市公司，中有新三板平台，下设投资基金，以多层次资本市场的有效衔接打通资金和资源链条，其手法值得借鉴。

3. 文化传媒类公司通过新三板平台融资的优势：

相对主板、创业板和中小板，新三板不需要审批，而文化传媒企业因自身特殊的行业属性，比一般企业面临的融资难问题更为突出，需求自然也更旺盛。通过在新三板挂牌可望提升企业整体估值，有利于实施定向增发股份，更便捷地完成融资和资产增值，在争取政府的资金及政策补贴与扶持上也有优势和促进作用，这对包括文化传媒类企业在内的中小企业来讲都颇具吸引力。此外，文化传媒类产业本身处于快速技术革新及服务模式创新的产业周期，其创新性和成长性与新三板融资平台的定位也比较契合。

4. 新三板融资平台对文化传媒公司挂牌的缺憾与风险

首先，挂牌后流动性不足，而且伴随挂牌企业急剧增多，估值中枢可能下滑。从已经挂牌的文化传媒股看，体量小，创新示范效应突出但盈利状况不明朗、挂牌后鲜有成交的情况并不少见，少数挂牌即定增融资，不少新三板公司上市后默默无闻，目前一些投资者通过定增获得不少股票，但盈利均为账面浮盈，如果没有足够的流通盘，这么多浮盈在变现过程中出现缩水甚至反转为浮亏的速度也许远超过想象。此外，若未来增量公司越来越多，原有公司无所作为的话估值可能不增反降。

其次，一些自媒体挂牌企业本身的轻资产特性也成为束缚媒体类新三板公司规模化扩张的天花板。例如由曾任中国企业家总编辑的李岷所创立的新三板挂牌公司虎嗅科技，作为一家新锐自媒体在 TMT 领域具有相当的话语影响力，在 2014 年 4 月 29 日获得云鑫投资 2484 万元占比 15% 的股权投资，并于 2015 年 12 月初顺利登陆新三板，但因为公司发展战略不清晰，缺乏有效投资扩张计划，公司创始人李珉用从 PE 机构所获融资中的 1500 万元购买理财产品，成为一时热议话题。

再次，绝大多数新三板公司抵御风险和持续经营能力较弱。由于新三板挂牌门槛低，挂牌公司融资能力和人才招揽能力都弱于主板上市公司，壳资源价值也远逊后者，在遭遇一些庄家恶意操纵股价的风险时抵御能力较差。例如新三板协议转让的交易机制可以以任意价格成交，通过统一控制的关联账户可以轻易地“做出”某种成交价，进而导致其他投资者急于卖出离场，形成恶性循环。

对于文化传媒类新三板公司而言，如何把创始人的积累人脉优势、经验资源优势与行业转型升级中的机遇点有机结合，借力资本杠杆实现业务布局的完善和规模化扩张，形成资本 - 运营二者之间的良性互动，是当前需要深入和探讨研究的重要问题。目前在新三板分层制度已经出台，将对市场的规范运转起到一定推动作用。

（三）众筹成为文化传媒投融资新渠道，“筹 - 投 - 贷”一体化运作前景看好

1. 文化传媒类众筹状况概述

众筹译自英语 crowdfunding，是指向特定或非特定人群募集资金以支持发起方某项活动或某种目的行为，互联网平台为其提供了全新的运作模式和成长空间，从而推动众筹逐渐走向中心舞台，成为“普惠金融”的典型代表之一。

2015 年以来，文化传媒领域众筹热潮迭起。据新元文智—中国文化产业投融资数据平台的不完全统计显示，2015 年国内共完成文化传媒类众筹事件 1940

起，募资总规模约 9.58 亿元。① 单就募资额度而言，9.58 亿的募资盘子与 A 股上市公司动辄数亿的并购难以同日耳语，但从发展态势上看，无论是股权众筹抑或回报类众筹都处于高速增长区间，尤其是股权众筹融资模式作为 2015 年迅速崛起的黑马，成了吸纳小额社会资本进入文化传媒投融资领域的重要入口，在国家大力鼓励创业创新的大背景下，众筹模式为一些文化创意项目和自媒体项目在发展早期提供了难得的启动资金，为这些项目伴随多层次资本市场的不断完善而逐步成长壮大，继而登陆新三板、创业板等融资平台创造了可能性；此外，高达 1792 次的融资项目数也表明这一领域的融资活跃度相当之高，通过众筹这一微金融模式可以有效激活散落休眠的各种资源，有助于促发新的文化创造力和生产力。

目前文化传媒领域的众筹涵盖了文创作品预售众筹、影视众筹、出版众筹、新闻众筹、游戏众筹等多个细分领域，每一细分领域的众筹依据标的物的属性特点各自衍生出不同的众筹方案和回报体系，限于篇幅这里不再赘述。

2015 年 9 月国务院发布《关于加快构建大众创业万众创新支撑平台的指导意见》，提出“众创、众包、众扶、众筹”的四众支撑体系，明确“以众筹促融资”，众筹成为我国多层次资本市场的重要组成部分和国家“双创”战略的重要支撑，相信 2016 年会继续成为文化传媒投融资的风口。

2. 众筹融资模式应用于文化传媒领域的优点

首先，以利益联结强化社会关系联结，有助于激活闲散社会资源；

就本质而言，众筹以基于契约的利益联结和回报机制强化和激活了原有的社会关系网络，这种微金融领域的创新正与现代传播技术的飞速变革一起对当代社会联结机制进行重塑。尤其是在股权众筹模式之下，原本不熟悉的人可以通过众筹股份和相关权益的约定打造股东团队，股东之间的信用背书和信用叠加进而形成社群化组织资源，而基于契约的众筹利益联结反过来又可以把原来的弱关系转化成为面向同一利益目标的强关系，以发展的合力激活附着在每一位众筹参与个体背后的能量与资源。

其次，以众筹凝聚社群，促发出新型的文化消费需求。当代社会，网络已经细致绵密地渗透到人的各种生产和生活场景之中进而重塑人群联结，形成了各种高度人格化的社群，社会需求呈现出鲜明的结构性变迁特征，基于线上线下的社群交往性需求取代过去单次单品的个体消费性需求成为新的需求衍生点，而以众筹为手段强化社群黏合本身亦会衍生出不少新兴需求，这一点在文化传媒领域尤

---

① 参见段卓杉崔斌．2015 年文化产业资本运作由“疯狂”转向“理性”．中国文化报 2015 年 12 月 26 日。

其明显。因此，对于众筹意义和价值的审视，应置于共享经济、社群经济、消费金融崛起的大背景之下来看。

再次，筹－投－贷一体化运作有助于解决文化传媒企业融资的核心痛点。文化传媒类项目本身具有创新性强，成功难以复制和收入难以预估的特征，传统融资方式普遍不青睐这一领域，而且由于受众迭代和公众文化消费口味的快速变迁，文化传媒类项目从立项、生产到变现面临着巨大的市场风险。而且由于文化传媒产品负载的意识形态属性，在内容审查和播出、上线、公映环节还存在政策风险，为更好分散项目早期的投资风险，在前期引入众筹模式是一种可行选择，立足产品生产分销不同阶段的融资需求和风险特征，“筹、投、贷”一体的金融模式更适合文化传媒类项目的催化与孵化。前期的众筹不仅可以筹集资金、分摊风险，而且可以探测市场偏好程度、引入项目所需的外部资源、打造项目孵化合力。通过众筹平台的检验，风投对项目可以有更为理性全面的判断，也有利于后续融资环节的安排。待后期产品完善或模式成熟，需要下游开发或规模化扩张时，银行信贷资金再行介入，这与银行系统自身的风险偏好和风控体系也比较一致。经过前期的理论探讨，相信未来这一模式在文化传媒领域会被广泛采用。

3. 众筹融资模式的潜在风险剖析

首先，我国目前信用制度尚不健全，信息不对称严重，投资者缺乏议价能力和监管途径，欺诈现象屡有发生。众筹目前并未纳入央行征信系统，项目发起人可以利用虚假信息进行圈钱，此外股权众筹对于领投人的资质规定也不明晰，若领投人与项目发起人共谋，则其他跟投者都面临着前二者的道德风险带来损失的可能，此外在资金监管层面的现实操作中都还存在漏洞。

其次，众筹平台盈利模式不清晰，生存艰难，影响项目运营推广能力。我国众筹市场尚处于培育阶段，好的项目多朝优势平台集中，优势平台将众筹作为其整体商业生态布局的一环可以有自身的资源补偿机制，而普通的众筹平台资金不足、运营能力欠缺，影响其对项目的运营推广和后续跟进能力，此外如果尽职调查、风险控制等环节着力不够后面潜在的风险自然倍增。

再次，文化传媒类项目本身市场风险就偏大，加上一哄而上低水平重复，众筹回报难以保障。文化传媒类众筹项目多属小众，在市场上缺乏明晰的定价参照系统，其估值往往随意性比较大，而且市场处在不断的变化过程中，在项目发展不同阶段可能面临估值模型的整体迭代，尤其在消费升级周期和主流消费人群代际更迭期，前面赢得市场成功的产品或模式在新的时点上未必具备可复制性，加上某种类型化 IP 一旦成功很快类似作品蜂拥而上带来市场后期饱和，对 IP 价值的过度开发和公众文化消费潮流热点的快速转移导致 IP 生命周期不断缩短，众筹回报难以得到有效保障。此外，文化传媒产品的意识形态属性与内容审查机制的存在，导致项目中途夭折流产或不能播映的风险依然存在，这些也都令投资人权益和回报得不到有效保护。

最后，文化传媒类众筹法律法规和监管体系尚需完善，各方参与者的素养和风控意识都有待提升。我国目前对众筹的法律法规和监管体系仍处在不断完善之中，而文化传媒类项目众筹横跨了内容业务监管和金融创新监管两大领域，存在监管真空；2015 年股权众筹获得长足发展，但股权投资本身是一个专业性和风险性都很高的领域，普通公众并不具备相关的背景知识和风控意识，在成功项目的示范效应带动下盲目跟风进入，一旦中途或后期出现问题，处理不当就可能酿成舆情事件或公共事件。不仅是众筹投资人，包括一哄而上的众筹平台的运营人员素质也参差不齐，没有足够的能力对企业或项目的风险进行准确的评估。

（四）IP 运营 + 股权投资 + 上市公司股权溢价

1. 全 IP 运营与金融资本联动运作成为文化传媒类又一融资创新模式

近年来文化传媒产业运作中越来越多出现金融操盘手的身影，借助资本市场估值杠杆为入场者提供高额回报。2012 年年底《泰囧》创国产电影最高票房纪录，上映前后投资方光线股价一度飙升逾 75%，而徐峥本人并未从资本市场溢价层面获得太多回报，2015 年《港囧》的运作将电影 IP、明星个人 IP、股权投资和二级市场市值管理联动运作，其本质是综合动用各种金融和传播杠杆最大化撬动各种 IP 的内在价值，并取得互为助力的乘数效应，在泛娱乐市场和资本市场上多重变现。在经济金融化和虚拟化的大潮下，商业价值的构成来源和变现方式呈现出与以往不同的特征，唯有识别把握其内在机理并在实体运营和资本运作两个层面顺势驾驭谋求最大协同价值，才能在激烈的竞争中笑到最后。

2. 通过《港囧》个案透视该模式操作策略

2015 年 9 月，由徐峥执导的电影《港囧》以 16.13 亿高票房完美收官，该片作为《人在囧途》《泰囧》等“囧系列”IP 的又一延伸性力作，尽管在网络口碑上参差不一，但作为 IP 运营仍是巨大的成功。前期两部“囧系列”电影所打造的品牌基础、铺垫的受众期待以及几部“囧系列”影片从内容到演员的比较，为《港囧》上映提供了自然而然的预热话题，使得影片未映先红，成为同档期受追捧的风头之作。但其更大的价值却在于国产影片与资本之间彼此借力运作方面的一个标杆探索案例。

《港囧》的第一投资方、制片方是徐峥和陶虹的真乐道公司，光线是第二大投资方兼发行方。真乐道公司通过徐峥的知识产权及个人服务（剧本写作、导演及演出工作）以非现金形式投资《港囧》，并获得 47.5% 的票房净收入收益权；

2015年5月13日，香港上市公司21控股发布公告称，将向9名认购方发行约17亿股，认购价总额约6.8亿港元。其中，导演宁浩和导演（演员）徐峥将分别以1.75亿港元认购21控股扩大股本后的各19%股份，并列第二大股东，同时出任非执行董事。9月21日晚，21控股宣布与北京真乐道签订协议，以1.5亿元的价格向北京真乐道购买即将上映的《港囧》47.5%的票房净收入（扣除发行成本)。《港囧》的票房大卖直接抬升了21控股在二级市场上的市值，股价暴涨至最高时接近90亿港元，徐峥个人持股价值接近17亿港元，约合人民币14亿元。在这场资本游戏中，不管《港囧》票房好坏，在上映前徐峥就拿到了1.5亿元的纯利润，而这只是变卖票房的收入，《港囧》版权仍属于真乐道，此后的网络版权等等收入还是归徐峥，保守预估5000万，单就版权收益而言已经有2亿入账。

此次运作可谓皆大欢喜，作为上市公司的21控股在此次发行完成后主业将转型到娱乐及媒体相关领域，并更名为“欢喜传媒集团有限公司”。21控股表示，此次认购完成后公司将得到6.77亿港元资金，其中5.2亿港元将用于制作6部电影，当中3部由宁浩或徐峥完成，另有1.5亿港元用于3-4部电视剧的制作，以徐峥和宁浩的个人IP和未来产出预期持续支撑21控股的市值。

3. 此类运作的潜在风险剖析

这种运作模式所带来的估值泡沫也潜藏了风险。以多种IP的协同运作前景预期来支撑股价和资本运作，是建立在运作高效、资源配置合理、市场偏好没有太大变动等前提基础之上的，而网络时代受众偏好迭代迅速，公众注意力很容易被层出不穷的新事物、新现象分流，社会注意力资源流动去中心化，IP的有效生命周期也越来越短，以当下的高价透支未来预期，以及对明星IP资源的高度依赖和多度透支会给整个IP生态埋下不可预估的潜在风险。不管是中途运作不当还是诸如明星吸毒、犯罪等公众形象损毁事件都有可能引发多米诺骨牌效应，带来资金链断裂和投资失败的可能。不同IP之间的协同和接力式可持续发展既需要具备战略眼光的顶层设计，也需要运营方面落实到位的精细化操作。《港囧》环环相扣的成功资本运作是建立在优异的票房保障之上，而2015年《叶问3》迫于票房收益压力采取的造假手法曝光，让这种操作手法和它背后隐藏的风险链条暴露于公众面前。

五、结语

近年来文化传媒板块的投融资模式创新层出不穷，金融资本的涌入大大推动了行业的快速发展，整个文化传媒板块在资本市场上表现靓丽。同时我们也要清醒意识到，文化传媒板块投融资的发展难以脱离中国资本市场整体发展阶段和格局而独善其身，2015年夏季以来，中国股市大幅震荡，上半年的一些高估值泡沫破裂，二级市场持续萎靡直接冲击一级和一级半市场的资本运作，对于文化传媒创投板块的健康快速发展形成一定制约。在传统产业产能过剩结构性调整方向尚不明朗的当下，文化传媒板块因其良好的抗周期性和靓丽的业绩表现成为股市低迷状况下不少游资的栖息地，部分A股上市的影视类公司的市盈率达到30－60倍，一些业绩不佳的传统产业上市公司也把影视传媒并购活动当作吸引公众关注推进市值管理的工具，由此引发文化传媒类公司的估值泡沫问题。文化传媒产品本身受公众文化消费偏好快速迭代的影响，在市场价值实现上存在较大的不确定性，而其所负载的意识形态属性特征又面临着内容审查和播出、公映环节的非市场风险，因此我们不能为短期的繁荣而欣欣然，风险的综合评估和防范应成为当下传媒投资的关注重点。

参考文献

[1] 张辉锋．传媒投资新常态及其应对［J］．青年记者，2015（21）：14－14.
[2] 喻国明．人工智能的发展与传媒格局变化的逻辑［J］．新闻与写作，2016（2）：1－1.
[3] 罗建辉．颠覆与重构：2016传媒趋势谈——从“新型主流媒体”六字看媒体融合方向［J］．广告大观：媒介版，2016（2）：69－71.
[4] 黄升民．颠覆·重建2016传媒趋势解读［J］．声屏世界·广告人，2015（12）：40－42.
[5] 郭全中，胡洁．平静中听风雷：2015年中国传媒业发展盘点［J］．现代传播：中国传媒大学学报，2016（2）.
[6] 李雪静．众筹融资模式的发展探析［J］．上海金融学院学报，2013（6）：73－79.
[7] 范家琛．众筹商业模式研究［J］．企业经济，2013（8）.
[8] 彭冰．股权众筹的法律构建［J］．财经法学，2015（3）.
[9] 陆晖．解析股权众筹的投资者风险［J］．知识经济，2015（1）：8－9.
[10] 陈端．2014年－2015年中国传媒投资扫描与趋势预测［J］．新闻传播，2015（9）.

三、文化科技

把握“互联网 +”时代文化科技的新特征

金元浦①

《北京市“十三五”时期加强全国文化中心建设规划》中提出坚持文化创新发展，把创新放在文化改革发展的核心位置，激发全社会文化创新创造活力。而在创新发展中，尤其要推动文化和科技深度融合，让文化插上科技的翅膀，让文化创新在首都蔚然成风。众所周知，互联网新技术改变了人类的社会、经济、文化、生态等不同形态，而“互联网 +”则更全面推进了文化科技跨界融合的进程。在这种发展态势下，文化经济、文化创意、科文融合的新环境呈现出“小、微、新、特、融”等五大新特征，即小企业、微方式、新业态、酷特色、融思维。

新特色：小、微、新、特、融

当前，在互联网 + 的推动下，创客空间建设和创客实业发展，成为当前最重要的经济文化发展方向之一。同时“大众创业、万众创新”作为我国经济转型和保增长双引擎之一，迅速推动和形成了继 20 世纪 80 年代的两个创业潮——个体户创业潮、20 世纪 90 年代网络精英创业潮之后的第三次创业潮。这次创业潮和以往的“下海”有所不同，文化科技的创新、创意与创业在此轮高潮中具有举足轻重的作用，成为“双创”战略的一个引擎。其特点可概括为“小、微、新、特、融”。

第一，小企业。现在中小企业、小微企业对于我国的经济有很重要的意义。国家越来越重视中小企业的发展，小企业越来越多，小企业的发展也越来越快，更多的人投入到市场之中创办自己的企业。在整个发展的过程中，现代的文化创意经济作为一种新的运营方式，和过去的那种生产线制造业的方式完全不同，要求有更多的独特性。

第二，微方式。指微博、微信、微电影、微动漫、微视频等微媒体，微营销这些都是我们能看得到的微产业方式。微方式实际上已经成了我们生活和经济、消费活动中必不可少的方式。过去我们还在发短信，每条都要支付费用。现在我

① 金元浦，教授，博士生导师，中国人民大学文化创意产业研究所所长。

们用微信的方式，用微视频的方式直接交流。即使隔着千山万水，拿起手机就可以清清楚楚地面对面交流。

第三，新业态。我们以前讲的文化产业就是演出、广播、电视、电影、出版、文化旅游等类别。今天的文化产业每天都在产生新的业态。最近，百度、腾讯、阿里巴巴都开始通过互联网的方式介入文化产业，打破了原有的界线和模式，产生新业态，将会创造出很多以前难以想象的东西。

第四，酷特色。“酷”这个概念就是现代社会时尚和发展的一种基本特色。日本人称自己是酷日本，韩国人说他们是酷韩国。韩国和日本的这种酷的特色对我们的影响是非常大的。像前一段时间热播的韩剧《太阳的后裔》，引发了很大的热潮。这样一种酷特色指的就是新一代年轻人，80 后、90 后甚至 00 后青年群体性追逐的浪潮式时尚文化新潮流，新奇、新颖、新特，反叛、反抗、反向，是他们鲜明的时代标记。

第五，融思维，是指跨界的思维，融合的思维，人们有需求，精神有需求，生命有需求，人的爱好也有需求。以前在文化产业领域里，就“文化产业到底包含哪些”争论了很多年。以前官方倾向于把互联网圈定在某个范围，按照科层和整体的条块分隔的管理方式，不能越界。但是，今天“互联网 +”带来的是跨界融合，行业融合。2014 年国务院 10 号文件明确提出，文化创意与设计服务要为装备业、消费品业、信息业、建筑业服务，整体还要为旅游业、农业甚至包括体育产业服务。既然要为这么多产业服务，互联网就是要与各产业融合在一起。我们不再需要去争论互联网中的某些企业是不是文化创意企业。因此，文化产业发展到一定阶段一定要进入到创意产业和创意经济的新阶段，这是顺应国际整体发展的必然趋势。

北京市要促进文化科技融合，就要大力推进文化创意产业传统行业的科技应用与升级，依托云计算、大数据、物联网、虚拟现实、增强现实等最新科技成果，发展和培育动漫游戏、3D 打印、移动多媒体、网络电视、绿色印刷、虚拟会展、艺术品网络交易等文化科技融合新业态，开发文化科技融合衍生产品和服务。要推动完善文化类高新技术企业认定标准，扩大“核心自主知识产权”和“研究开发活动”认定范围，引导文化企业围绕产业发展需要加强科技研发投入，抢占文化科技制高点。

新业态：推动传统产业转型升级

科学技术特别是互联网技术飞速发展，为全国文化中心建设增添更强劲的创新动力。今天我们谈到的“互联网 +”不再仅仅是过去的互联网思维的概念，而是由思维进入到实践领域，“互联网 +”由一种观念创新、理论创新进入到实践创新之中，成为一种经济行动的纲领与文化行动的动力。

当前，我国互联网+背景下的文化创意产业面临着从技术基础形态到文化内容产业、数字传播、体验营销的新阶段。研究这一新阶段的新特点、新方式，对于预测未来总体趋势、文创产业转型升级、文创企业发展选择，都是十分必要的。

具体说来，北京市要推动文化业态创新，就要以时尚引领为目标，紧紧围绕“互联网+”“文化+”，加快建设“创意北京”，促进新型文化业态发展，着力提升产业文化内涵，使北京成为传统文化元素和现代时尚符号汇聚融合的时尚创意之都。依托文化创意产业融合发展优势，加快推动传统产业转型升级，促进生产与消费模式创新，积极培育新的经济增长点。大力发展文化消费金融，推动文化金融业态创新，丰富文化信贷产品，支持企业直接融资。依托北京设计之都的企业、人才资源优势和雄厚的工业设计基础，推进文化创意和设计服务与高端制造业、商务服务业、信息业、旅游业、农业和体育产业等重点领域联动发展，进一步巩固北京在工业设计、建筑设计、创意艺术设计、服装设计等领域的竞争优势和市场地位，塑造“北京设计”“北京创造”品牌。

此外，新一代信息技术的迅猛发展催生了“创新2.0”，而“创新2.0”又重塑了物联网、云计算、社会计算、大数据等新一代信息技术的新形态，形成了我国文化创意产业新的发展方向。

当今世界正在进入大数据时代，数据的作用前所未有地凸显，成为国家竞争的前沿、企业创新的来源。“大数据”是海量、高增长率和多样化的信息资产，它以新的处理模式因而具有更强的决策力、洞察发现力和流程优化能力。大数据技术的战略意义不在于掌握庞大的数据信息，而在于对这些含有意义的数据进行专业化处理。换言之，如果把大数据看作一种产业，那么这种产业实现盈利的关键，在于提高对数据的“加工能力”，通过“加工”实现数据的“增值”。

目前，对于文化创意产业来说，大数据还是一个刚刚起步的操作。大数据在文创发展方向、战略布局、文化金融、内容产业、文化管理、文化营销与文化消费方面将发挥重要作用。对此，一些企业已经开始了数字创新实践。“数客”的培养，特别是首席数据官（CDO）、数据分析师的选拔与培养，也成为未来文创企业的标配，这对于把握企业文化、创意、营销的发展方向具有重要作用。

新路径：让传统媒体与新媒体高度融合

传统媒体业与新媒体产业都是文化创意产业的重要部类，如何让传统媒体升级换代，让新媒体快速发展，让传统媒体与新媒体高度融合，这是北京作为全国文化中心必须面对的问题，必须要有新的解决路径。因此，在《北京市“十三五”时期加强全国文化中心建设规划》的十大任务中，第四个任务就是专门强调要“构建互联网时代下的现代传播体系”。

随着互联网技术的发展，过去我们需要在电脑上完成的事情，现在都可以在手机上完成了。我国现有网民中，手机用户占了绝大多数，其中3G、4G用户就占了很大部分。虽然说在可预知的将来手机还有很大的发展空间，但从总体上来说，移动网在全世界拥有着绝对不可动摇的地位。

自媒体作为一种新媒体，意指在网络技术，特别是Web2.0的环境下，由于博客、微博、共享协作平台、社交网络的兴起，使每个人都具有媒体、传媒的功能。自媒体也是相对传统新闻方式的表述，即：具有传统媒体功能却不具有传统媒体运作架构的个人网络行为。2003年7月美国新闻学会的媒体中心出版的由谢因·波曼与克里斯·威理斯联合提出的研究报告对“We Media（自媒体）”进行了定义：“自媒体是普通大众经由数字科技强化、与全球知识体系相连之后，一种开始理解普通大众如何提供与分享他们本身的事实和新闻的途径”。

建设全国文化中心，要推动传统媒体和新媒体融合发展。应遵循新闻传播规律和新媒体发展规律，强化互联网思维，坚持先进技术为支撑，内容建设为根本，推动传统媒体和新媒体在内容、渠道、平台、经营、管理等方面深度融合。进一步增强媒体信息内容的核心竞争力，通过专业、权威报道满足用户信息需求，多生产精准短小、鲜活快捷、吸引力强的信息，以内容优势赢得发展优势。加快建设融媒体中心，以新技术新应用引领和推动媒体融合发展，充分运用大数据、云计算等新技术，发挥新一代网络技术优势，把传统媒体的内容原创、权威报道、深度解读等优势通过网络、手机报、客户端、微博、微信等各类传播形态和终端广泛延伸，做到新闻信息内容一次性采集、多媒体呈现、多渠道发布，建设“内容+平台+终端”的新型传播体系。探索在新闻出版传媒领域实行特殊管理股制度，积极稳妥开展试点。坚持新媒体和传统媒体统一导向要求和管理标准，确保媒体融合发展沿着正确方向前进。

北京市应树立“一体化”发展理念，加快媒体数字化建设，推动建成拥有强大实力和传播力、公信力、影响力的新型媒体集团。以一个平台为重点支撑，以特色媒体求多点突破，建设好北京新媒体集团，通过市场化、公司化转型，打造搭载各类新媒体的总平台和用户综合服务入口，使之具有技术孵化和循环发展能力，为首都新媒体提供搭载服务，构建一个平台、多个终端，整体推送、分层发布的传播矩阵。同时，鼓励和推动市属媒体单位与社会力量积极开展合作，巩固和发展各自特色，培育出一批特点突出、受众欢迎、成长性好的新媒体，形成特色不同的板块或方阵，锁定不同受众群，遵循新媒体微传播、快传播的特点和规律，广泛吸引用户，打造新媒体传播主阵地，占领信息传播制高点。

文化产业向科技产业学什么?

刘　佳①

在我国经济、社会发展过程中，《国务院机构改革方案》组建的工业和信息化部在组织实施行业规划、制定产业政策和标准方面制定的科技政策发挥着举足轻重的作用。北京作为我国最早发展文化创意产业的城市，虽然拥有良好的文化产业发展基础和优势资源，但在文化产业的发展规划、产业政策的制定和标准方面还有进一步的提升空间。

较国家出台的科技产业政策而言，文化产业应向科技产业学什么？如何把各项文化产业政策用好？如何用文化产业政策杠杆撬动文化产业发展，值得我们深思。

一、文化产业的发展现状及机遇瓶颈

文化产业的概念最早起源于德国法兰克福学派的代表人物克海默与阿多诺在1947年提出的“文化工业论”，而文化产业政策则是政府制定和实施的旨在促进和规范文化产业发展的一系列政策综合，其发展演进经历了一个漫长的制度探索过程。从文化产业发展的实践路径出发探寻中国文化产业政策的发展轨迹，经历了1978－1992年的酝酿萌芽阶段、1993－2002年的引导培育阶段、2003－2012年的迅速崛起阶段以及2012年至今的政策红利惠及各方等四个阶段，在其发展历程中具有综合性、复杂性、地域性、行业性及动态性特征。

自2000年“文化产业”一词首度被纳入中央正式文件以来，中国文化产业从“零星之火”发展到了“燎原之势”，说明了我国文化产业政策整体效能不错，但同时，现有的政策体系还存在着很多不足，主要表现在以下几个方面：

（1）宏观管理上政出多门，没有形成全面系统的指导文化产业发展的产业政策体系，带有明显的部门特点，彼此之间没有互动衔接；

（2）政策制定过程中易忽视了文化产业的双重属性而对政策目标设定不明确，政策延续性和稳定性较差，没有真正将经济效益和社会效益统一起来；

① 刘佳：高级工程师，北京中咨产学研创新研究院院长，研究领域：产业规划与政策。

（3）政策制定过程中忽视了政策客体的诉求，重文化事业轻文化企业、重国有企业轻民营企业，政策适用范围有限，普惠性不足；

（4）政策制定过程中忽视了文化产业功能的多样性及生产运营方面的特点，致使扶持产业发展的总体性优惠政策相对较少且缺乏相应的具体配套政策，不利于文化产业的跨越式发展；

（5）政策制定过程中忽视了文化产业管理分散、生产和运营复杂等特点，对政策执行过程没有给予足够的重视，导致政策出台后难以落实。

二、科技产业的发展现状及特征

新中国成立以来，党和国家高度重视科学技术，根据国际竞争形式、国家战略目标和重点、科技发展状况，在不同时期有针对性地制定了科技发展方针，出台了一系列政策性文件，有力地促进了科学技术的发展。在这个历史过程中，科技产业政策目标不断调整，科技产业政策内容也得到不断丰富，逐步形成了具有中国特色的科技产业政策体系。主要经历了 1949 - 1965 年向科学探索进军阶段、1966 - 1976 年受到严重干扰的十年阶段、1978 - 1985 年走向科学的春天阶段、1985 - 1995 年面向依靠攀登高峰阶段、1995 - 2005 年科教兴国阶段、2006 至今形成自主创新、建设创新型国家等六个阶段的发展历程。

总的来说，我国科技产业政策的发展特点如下：

（1）科技产业政策阶段性明显。回顾科技政策形成的历史过程不难看出，在不同阶段根据经济发展的要求，科技政策所关注的政策问题有所侧重，并呈现出科学发现 - 技术进步 - 科技创新、科学大会 - 科技大会 - 科技创新大会等明显的阶段性特征；

（2）科技产业政策内容不断丰富。经过初步梳理，我国国家层面现行有效的科技法规政策文件超过 600 余件，其中科技部牵头发布和执行的文件 233 件，包括法律 3 件、国务院行政法规 3 件、规章 13 件和规范性文件 217 件；

（3）科技产业政策已逐步完善并自成体系。目前，中国科技创新政策内容已经涵盖科研机构、高校、企业、中介服务机构等各类创新主体，覆盖从产业政策基础研究、技术开发、技术转移到产业化等创新链条的各个环节，包括财政、税收、金融、知识产权等多样化的政策工具，具有中国特色的科技产业政策体系框架已初步形成。

（4）科技产业政策的评价体系全面。科技产业政策从政策制定的事前评估、事中评估和事后评估以及政策细则中对于申请项目的评估及筛选都有严格统一的标准，体现了公平、公正、公开、科学的原则，较好的改善市场失灵的局面，达到了产业政策促进产业发展的目的。

三、与文化产业相比，科技产业政策优势分析

在文化、经济全球化的背景下，积极调整产业结构，改善产业政策，成为我国政府促进经济发展的必然选择。科技产业决定着一个国家的国际地位和国际竞争力，而文化产业随着我国国民经济实力的不断提升则以矫健的步伐向国民经济支柱性产业迈进，但相比于科技产业，文化产业的发展过程中存在诸多问题，亟需借鉴科技产业的发展经验。

1. 科技产业起步早，文化产业崭露头角

文化产业作为一种正在蓬勃发展的朝阳产业，国家对文化产业的发展高度重视，但不可回避的是，相比于早早被列入到国家发展战略中的科技产业，我国文化产业还处于起步、探索、培育的初级发展阶段，尚未形成规模优势，随着国家发展战略布局的需要，文化产业现如今进入了发展的关键阶段，需要立足新常态，做出符合实际的统筹部署。

2. 科技产业指标性强，文化产业需规范

科技产业政策的评价体系完善，指标统一且规范，同时针对政策的制定也有着规范的评估体系，为我国的经济和社会发展中制定科学的科技政策提供了一种有效的监督与反馈的功能；但文化产业因其自身属性，在具体评价体系上没有进行系统的规范，缺少明确的指标，导致政策的执行效果并不理想，连续性不够。

3. 科技产业政策成体系，文化产业政策较单一

科技产业的政策除了高新技术认定、平台基地认定外还有常规的资金、资质、奖项认定，支持形式全面。从科技项目的研发、测试、示范、产业化以及改造升级等认定方面科技产业政策支持较为普遍。而现如今科技产业政策一般根据《中国制造 2025》或“十三五”规划的发展目标和方向进行政策扶持，通过科技部出台的《重点研发任务》、工信部出台的《工业技能与绿色发展重点项目》、《强基工程》及发改委出台的《新兴产业重大工程包》等，除与国家政策相匹配更在业务领域及申报方向上给予行业划分和准入门槛，其政策敏感度高，可操作性强。而文化产业政策主要由国务院、文化部、财政部或地方文化局、经信委等与文化产业相关的政府部门出台扶持政策，相较科技产业政策较单一。

4. 科技产业政策粘性大，文化产业政策待加强

科技产业政策行业规划及标准设计严谨，例如昌平区企业当年通过市级（省部级）认定的企业技术中心、科技研究开发机构或工程技术研究中心、重点实验室等资质，下一年即可获得昌平区政府相应的奖励；在取得资质的基础上开展持续研发项目即可获得相应的资金支持。由此可以看出科技产业政策的粘性较大，而文化产业政策扶持方式比较单一，与企业所获得的奖项、资质衔接度不够，在

政策粘性方面文化产业政策需要进一步的完善和加强。

四、文化产业应向科技产业政策学什么？

科技产业政策及科技产业金融在促进科技开发、成果转化以及高新产业发展方面发挥了重要作用。北京科技产业及科技金融起步早、发展水平走在全国前列，形成了以政府为主导、资本市场和银行共同推动的科技产业金融模式，有效推动了首都科技创新发展。总的看，文化产业应向科技产业学习的经验主要体现在以下两个方面：

第一个方面，文化金融向科技金融学习：

（1）建立统筹联动工作机制

文化金融产业一方面需建立统筹协作工作机制。可由国家相关部委、市级相关部门联合组织成立相关机构，统筹全市文化金融发展工作，加强跨级、跨部门联动。一方面需较强对各部门出台支持的文化产业信贷融资、债券发行、上市、私募股权融资和信用体系建设等政策的分类整合与完善，为文化金融发展提供政策保障。另一方面需归集和整合各部门的企业基础信用信息，建立全市统一的企业信用管理服务平台，促进科技企业信用信息的采集、使用和共享。

（2）优化调整财政资金使用

财政资金应重点扶持处于初创期、产业化阶段的科技企业。依据政府各部门掌握的企业信息，通过专业团队评审等多种方式，挑选出创新潜力较大、发展前景较好的早期文化企业，通过贴息、股权投资和知识产权共享等方式加大财政资金扶持力度。对已经通过上市获得大量资金支持的企业，以及信用评级较高、融资相对容易的企业，应调减或取消财政奖励。把资金转向扶持融资困难的早期科技企业，特别是首次融资的小微企业。

（3）促进股权投资机构发展

吸引专业化投资团队聚集，进一步完善落实有利于股权投资基金在京注册和发展的便利机制和激励机制，大力吸引行业经验丰富、背景深厚的专业投资团队。发挥“北京股权投资发展基金”引导作用，通过整合现有股权投资引导基金、追加财政资金等方式，做大母基金规模，拓宽股权投资退出渠道，加快建设股权交易市场，大力发展并购市场，扶持有条件的文化企业上市。

（4）创新融合科技文化信贷服务模式

深化政府与政策性银行合作，支持开发性金融开展“统贷”业务，在风险可控的前提下扩大批量支持中小型文化企业的资金规模。设立文化银行等专门服务于文化型企业发展的金融机构。充分发挥银行的资金优势和股权投资机构的信息优势，借鉴“硅谷银行”商业模式，大力发展投贷一体化。鼓励具备条件的民间资本发起设立中小型民营银行，开展文化金融服务创新探索。

（5）完善文化金融中介服务体系

要加快发展信用评级、资产评估、融资担保和投资咨询等专业服务机构，重点解决中小企业价值发现、价值评估和产权交易流通等关键环节问题，发挥中介机构在解决信息不对称、分担风险等方面的重要作用。

第二个方面，文化政策向科技政策学习：

（1）建立完善的政策制定评估程序

在文化产业政策制定之前可借鉴科技产业政策制定的评估体系对将要起草的政策进行事前评估，同时针对事前评估加大力度培养成熟的政策评估主体，逐渐完成由精英主体到公众主体的过渡；针对事中评估，则应加快公共领域的建设，只有建设了信息反馈渠道才能真正取得实质性的进展，另外还应发展政策评估主体的多样化，鼓励大力发展独立的、民间的评估机构，保证结果的客观性；针对事后评估则应引进奖惩机制，激发政策制定主体的责任心，真正避免评估结果流于形式，为下一次的政策制定提供经验和教训。另外在具体评价体系上，科技产业政策中有明确的科技指标，如投入指标中的 R&D、创新活动中基础设施、产出指标中的专利指标及现在正在开发的成果转化指标等，利用这些指标对政策进行分析和评估，文化产业政策则需在这些方面进行加强和完善。

（2）推出具有针对性强的文化产业政策认定

科技产业认定针对性强，如科技企业认定有《高新技术企业认定》《北京市新技术新产品（服务）认定》《双软企业认定》《技术先进型服务企业认定》；企业项目认定有《科技进步奖》《中国专利奖》《中国产学研合作创新与促进奖》《建筑华夏奖》《建材行业技术革新奖》；平台类认定有《国家工程技术研究中心》《国家重点实验室》《国家企业技术中心》《国家工程实验室》等 12 项内容，人才认定有《千人计划》《万人计划》《科技北京百名领军人才培养工程》等 10 项内容。近年来文创认定崭露头角，亟待推出一系列的文化产业政策认定，同时可对已有的评奖制度进行改革，精简评奖种类，建立公开、公平、公正的评奖机制；另外还应从财政政策方面改进财政直接投入方式，完善税收激励政策，构建一个良好、多元化、多层次的投融资体系。

（3）增强区域配套的关联性

目前，文化产业政策都是针对文化产业某一领域（文化、旅游、体育、教育）单独设立，其政策间没有相互关联。政策归口单位需分别制定相应的政策指标，建立健全绩效考核办法，在协调机制的基础上做出制度性安排。在科技产业政策方面，可借鉴北京市经信委专项资金管理系统，其主要建立了统一的归口的信息服务平台，面向国家级、北京市级一站式服务，减少中间环节。同时，在鼓励、扶持产业做大做强的同时，必须加强引导和规范，使文化产业发展与意识形态巩固统一起来，不仅要着眼于工业化生产过程，更要注重对创造性劳动力和原创性思想的鼓励和扶持。

（4）建立高素质专家资源库

为保证文化产业管理工作的专业性及公平性，文化产业相关部门需设立专家委员会，构建高素质专家资源库，为文化产业承担项目咨询、评审和监督的工作，公开透明的遴选具有良好职业道德和较高专业水平的各级各类专家为北京市文化产业的发展献计献策。同时政府部门应制定相应的扶持政策加快推动文化产业联盟的组建，建立以企业为主体、市场为导向、产学研相结合的文化创新体系。

对“互联网+”背景下文化产业发展路径的若干思考

姜念云[①]

“互联网+”将互联网等先进通信技术与其他行业与应用结合，从而把包括传统行业在内的各行业联系结合起来的，形成了一系列新服务、新产品、新业态组成的产业新生态。这对文化资源的保护管理、文化产品的创作生产、文化信息的传播呈现等文化产业诸多方面发挥着重要的支撑带动作用。

随着信息技术，特别以互联网、移动通信为代表的信息传输技术的发展应用，为各类以信息的传播与体验为核心的生产、生活需求，提供了全新的平台与通道。高速、便捷、泛在成为了这个时代人与人、人与物，乃至物与物之间信息交互的基本特征，并以此正推动着我们的生产生活方式发生着深刻的变革。在这样的背景下，“互联网+”这一以互联网为基础平台的产业提升发展概念与应用模式便应运而生，成为了包括文化产业在内的各行业领域升级发展的新机遇。

文化产业是以文字、音像信息和符号为基本单元的，精神文化内容的保存、生产和传播、体验为核心的产业，首当其冲应是以信息技术为代表的产业革命的参与者、受益者和推动者。如果说互联网、信息化对于有些行业来讲只是辅助性的升级完善和提速的话，那么带给文化产业的变革，则有可能是革命性的。因此，如何抓住机遇，有效借力于互联网技术的发展，使之成为文化产业的高效生产体系与高质消费平台，应是文化行业及相关科技领域各类企业共同关心与思考的问题。

一、关于“互联网+”

“互联网+”本质上是将互联网等先进通信技术与其他行业与应用结合，从而实现基于互联网平台的，能够把包括传统行业在内的各行业联系结合起来的，由一系列新服务、新产品、新业态组成的产业新生态。

“互联网+”可以带来传统产业的换代升级，如：通信领域的微信，交通领域的Uber、滴滴等打车专车软件，金融领域的支付宝、手机支付等；“互联网

① 姜念云：博士，北京科学学研究中心研究员，主要研究领域为科技战略与政策、文化科技、服务设计、综合设计研究等。

+”也可以推动新兴产业的发展，如：互联网金融、互联网交通、互联网医疗、互联网教育等新业态。另一方面，“互联网+”不仅正在全面应用到第三产业，而且也正向第一和第二产业渗透，正在从消费品领域向农业、能源、新材料和制造等领域渗透，并因此而全面推动着传统工业生产方式的转变。

二、关于文化产业及其结构特点

按照联合国教科文组织的定义，文化产业是按照工业标准，生产、再生产、储存以及分配文化产品和服务的一系列活动。按照我国国家统计局2012年对文化及相关产业定义，文化产业的内容包括：以文化为核心内容，为直接满足人们的精神需要而进行的创作、制造、传播、展示等文化产品（包括货物和服务）的生产活动及辅助生产活动；作为文化产品实物载体或制作（使用、传播、展示）工具的文化用品；以及文化产品生产所需专用设备的生产活动（包括制造和销售）等三个层面。

因此，可以认为文化产业是按照工业标准，将人类在生存发展过程中形成的各类文化信息和内容资源，创作加工成多种形式的文化、艺术内容信息传播与体验产品（包括货物和服务），以满足人们对于获得文化知识和丰富情感（审美）体验等多样化精神需求为目的的，一系列生产和辅助生产活动及其组织。

因此，从业务功能和目标上，可将文化产业从整体上划分为：文化资源的保护与管理、文化产品的创作与生产、文化信息的传播与呈现三大环节。三个环节环环相扣，互为基础，推动着文化产业升级发展。而文化用品、专用技术和装备产业，则是随着各类文化产品形式及其业态的成形，而逐渐发展完善起来的辅助行业，为文化产业各环节生产活动提供生产工具。

技术的发展应用是以满足不同功能需求为目的的，因此，从文化产业各环节的功能、目标特点及发展需求出发，分析“互联网+”对于文化产业发展所带来的机遇，不但更具有针对性，同时又有面向行业的普遍意义。

三、文化资源的保护管理与“互联网+”

一个国家、民族的发展过程中形成的各类文化资源，不但是文化产品创作的重要源泉和参考依据，更是传承与发展民族文化，体现国家软实力，保障文化安全的重要战略资源。文化资源保护和管理环节，则是对各类物质与非物质文化遗产，以及当今正在不断形成的各类文化资源，进行整体化、系统化保存、保护，并为各类应用提供服务，促进文化资源保值增值的重要环节。

信息存储技术的发展，使搭载文化信息资源的载体有了变革的可能；文化资源的数字化，则为原处于不同形态的文化资源信息的网络化传播提供了条件。因此，文化信息载体的升级，使文化资源保护与管理环节，各行业有了可以与互联网结合，有效盘活，方便、高效和充分利用各类文化资源的基础。

因此，实现基于“互联网＋”的文化资源管理行业的升级发展，首先需要有计划、有组织地按照统一的标准与规范，对各类文化资源进行数字化，实现信息载体的升级。这是一个庞大的工程，如何在各地、各博物馆、图书馆等机构现已开展多年，并积累了大量数字化资源的基础上，进一步从技术和制度上，建立有利于整合各方数字化文化资源的共享共建机制，是需要从国家、行业层面进行系统规划和顶层设计的重大问题。

在此基础上，进一步面向各类用户的需求，开展基于互联网的、形式多样的数字化文化资源信息服务产品的开发与创新，则是各类文化企业与机构发挥作用的空间。

为此，一方面需要进一步创新与完善各类基于互联网的文化资源利用方式，使网上图书馆、博物馆等等新的文化资源分享模式更为有效。同时，也需要注重充分利用数字化所带来的便利，利用大数据分析、机器学习等先进技术，提高文化资源的利用效率和质量，进而形成一系列与实体空间更为不同的、高效的文化服务产品与形式。

四、文化产品的创作生产与“互联网＋”

文化产业的创作生产环节是文化产业的核心。从本质上讲，面向各类文化需求，采用不同的创作生产方式，对文化信息进行收集整合、创意设计，进而实现进一步的呈现、纪录与存储，是该环节的基本任务。并由此形成了新闻出版、演艺、影视、动漫、游戏、工艺、美术，以及文化休闲娱乐等不同形式文化产品的创作生产体系与链条。

虽然因形式、内容的不同，各类产品在创作生产方式方法上有着很大的差异，但对于文化内容信息的精准、高效与高质表达，满足公众对于文化知识与情感审美体验的日益增长需求，是各类文化产业创作生产过程中都追求的目标，也是互联网在此环节可以充分发挥作用的方面。

互联网对于文化产品创作生产环节的支撑作用，主要体现在使各类文化产品的创作生产模式带来变革，并因此大大提升了其生产效率等方面。基于互联网、大数据、云存储等先进信息技术的应用，可以为各类文化产品创作生产，提供更为便捷的信息资源获取方式、更为高效的文化内容信息存储与传输途径，从而不但使基于互联网平台的众包、众创，以及交互创作模式成为可能，同时也使影视、出版、传媒等需要多环节衔接的产业链结构更为紧凑，生产更为高效。

为此，面向不同行业的，基于互联网的创作生产平台与资源库等行业通用技术平台的建立，应是有效发挥互联网作用的关键，也是需要文化产业各领域从行业层面推动的首要问题。在此基础上，不但龙头文化企业可以充分利用技术与资源的优势，加快发展步伐，各类中小企业也有了更好的生存发展环境与土壤，产业的集聚优势和社会化、规模化生产的优势才能得以充分体现。同时，也为各类数字化文化产品的创新发展建立了更好的根基和生态。

五、文化信息的传播呈现与“互联网＋”

一个国家的文化传播能力，既直接关系到全民的文化共享水平，也直接关系到文化产业的经济、社会效益实现与整体提升。文化信息的传播呈现环节便是实现对各类文化产品的传输分发、接收显示或展示体验，实现文化产品使用价值的关键环节。

因此，提高现有各类文化传输方式的速度和质量，开发新型传输与呈现技术，建立高速高效、覆盖广泛、接收便捷、双向互动的文化信息传输系统和平台，支撑不同区域、场景下，人们对于高质量文化、艺术内容与信息的高效、高质、多样、多维接收与体验需求，是文化信息传播呈现环节的主要目标和任务。

历史上正是印刷、广播、电视等技术的发展，以及各类展示场馆、影剧院等的建设，为文化信息的传播、展示、接收、体验提供了多种形式的渠道和平台，也使文化产品有了形式多样的创新发展空间。发展到了今天，互联网已成为文化内容信息传播的一个重要渠道。充分发挥互联网在文化传播中的作用，除了应进一步推进相关信息基础设施网络的建设外，加强基于互联网的，能够与多种接收、显示终端和场景相匹配的，文化传播与体验新产品、新形式、新模式的创新，则是需要各类文化与科技企业共同发挥作用的重要方面。

开展基于互联网的文化传播形式和产品创新，一方面需要充分发挥相关科技领域及其企业的作用，加强适用于文化传播应用的新型通用通信技术、装备的研发；另一方面，则需鼓励和推动各类文化传播企业，加强基于新技术、新模式的文化产品创新。为此，文化企业在注重对文化内容打造的同时，也需要注意加强对各类新型文化传播形式的功能特点的认知，准确把握其与广播影视、图书出版等各类文化传播与呈现形式的区别与联系，使之能够更好地与现有文化传播形式互为补充，而不是简单的替代或重复，将会更有利于产业的发展与繁荣。

综上所述，可以看出，充分发挥“互联网＋”对于文化产业发展的支撑带动作用，需要以建立数字文化资源的共享共建机制，推动面向行业的创作生产平台建设，促进多种形式的互联网文化产品创新为重点，加强国家层面的顶层设计和行业层面的系统推动，才能有效发挥各类文化与科技企业的作用，实现对文化产业的结构调整与升级，推动文化产业各行业更好地向规模化、集约化、社会化发展，从整体上提升产业的生产效率与收益，并为各类中小企业的发展创造良好的生存土壤与发展空间，更好地实现文化产业的总体发展目标。

城镇化进程中我国传统工艺传承与创新的逻辑重构

徐亚玲[①]　齐　骥[②]

传统工艺是造物的艺术，造物即产品生产，经济性是其根本的属性。在手工业时代，它是主要的经济产业形式之一；在大机器生产时代，全球化和现代化浪潮、特别是西方强势文化的冲击和影响，使传统工艺的生存和发展受到挑战。一方面，传统工艺自身难以在艺术和市场、文化和商业之间进行平衡转化、产业派生和业态更新。许多民间工艺类技艺和形态因不具有较大的经济价值、不具备普适的文化价值，无法形成广阔市场，许多传统工艺设计理念和产品开发的市场观念陈旧落后，市场规模逐渐萎缩，传统艺人的转行和流失导致传统工艺逐渐式微。另一方面，全球文化经济一体化使传统文化及其生存空间不再是一个与世隔绝的世外桃源，其存在方式、生活方式、生产方式和思维方式不断受到全球文化的冲击和影响。而城镇化浪潮引发的“千城一面”的快速“造城运动”使传统工艺传承的时间价值不再是一个连贯的线性逻辑，作为“具有历史、艺术和科学意义或某一族群世代相传的、反映其特殊生活方式的知识、实践等传统文化形式”的极富时间价值的传统文化正不断受到城镇化带来的冲击。在全球化挑战和全要素创新掣肘双重困境下，对传统工艺传承与创新的价值逻辑进行重构，构成了城镇化进程中传统工艺发展的新命题。

一、传统工艺传承的逻辑基础

传统工艺是一部部厚重的史书、一本本鲜活的档案，是生活的艺术，是生活文化的“活化石”。它记录着一个地区真实的发展历程，承载着当地丰富的社会文化信息，反映着当地特有历史风貌和人情世俗，体现着当地民众特有的思维方式和价值观念。传统工艺产品的背后，都蕴涵着非物质的技术内容和文化艺术内

① 徐亚玲：中国传媒大学经管学部硕士研究生。
② 齐骥：中国传媒大学经管学部副教授、硕士生导师，博士，新型城镇化研究中心主任，文化部文化产业专家委员会委员，北京市高等学校“青年英才计划”入选者。主要研究方向为城市文化经济、文化产业规划、文化产业集群管理与运行。

容，它在历史上产生的巨大经济价值和至今仍维持着以手工生产为主要特征的产业群来作为工业生产互补的情怀和初心，反映着城镇发展的记忆和温度。在传统工艺的保护与发展遭遇到经济快速发展、技术不断更新和文化变迁异化的矛盾和困境下，传承和创新传统工艺必须更加深入地认识其文化本质和逻辑基础。

（一）文化安全：传统工艺传承的基础

传统工艺与民族智慧和灵魂血脉相连，保留着我们最纯粹、最古老的文化记忆的文化基因的财富。它们一旦消失，损失将无法挽回。因此，守护文化安全是传统工艺传承的底线。文化安全既是一种状态，又是一个过程。以古村落为例，传统村落消失或破坏的状态下，事实上折射出的不单是一座建筑、一个村落的空间移位，而且映射着其所孕育的传统手工业，蕴生传统戏曲民俗，滋养传统民风市井的土壤等一系列从乡土景观到历史街区，从文物古迹到朴实乡民，从传统民俗到社会规则的所形成的思想共识与精神共鸣的时间断裂。因此，传统工艺文化安全的内在逻辑是“历史参与未来的继承与创新。”① 不难看出，传统工艺的文化安全首先是文化主体的生存权利、生存方式和生存发展得到理解、承认、尊重与保护，并不处于受威胁和危险的状态。更进步一讲，传统工艺的文化安全还折射着其所标榜的文化及其核心价值的合法生存及合理发展保存着相对独立的状态，并不受外来思想的消解、侵蚀和异化。

（二）文化认同：传统工艺传承的核心

文化是产生民族认同感的内在力量，文化认同是民族认同感与归属感的主要来源，也是传统文化不断传承的基础。传统工艺作为一种由经济与政治、自然生态与人文社会结合而成的复合型系统，是一种“充满永不竭的创造能力，具有吸收和代谢功能”② 的时空存在，它不是时间和空间上凝固不变的对象，而是深深植根于民间和民族个体心灵深处，体现着各民族的价值观念、审美情趣和心理特征，承载着各民族特定的历史记忆和遗传基因，寄寓着各民族的生活情感与人生理想。所以，当人们触及承载集体记忆、镌刻家园精神、充盈文化认同的传统工艺的时空形态时，实际上接触到的是民族、同胞、传统中最美好和最优秀的特质。如果进一步从时空脉络上去看，在携带文化认同的城镇空间中，传统工艺一直作为被珍视和善待的历史，它在时空演化中也一定会通过作用于城镇市民的精神能动性而产生积极效应，进而呈现出一座座精神饱满、性格健全、特质鲜明的城镇。从这一维度看，文化认同是传统文化传承的重要纽带，更是传统工艺演进

---

① 王元：《城镇化进程中的城市文化安全与文化遗产保护》，《北京社会科学》2015 年第 3 期。

② 张保国主编：《新疆对外开放战略研究》，新疆人民出版社，1989 年版第 167 页。

的重要主线。

（三）文化景观：传统工艺传承的底色

文化景观是文化现象在时间与地域空间上的具体表现。文化景观的连续性实现了历史文化、乡土情结、文化身份等在城镇化演进中的传承、维系和认同，不仅构筑了人们生产、生活必需的物理空间，更构筑了人们赖以生存与发展的文化空间。文化景观作为一种重要要素，是传统工艺在城镇化进程中生存方式的补充和生产方式的注解，它补充了以往只是对物品个体、民俗资料的割裂性保护，而是倡导将鱼放回到水中，对“鱼在水中游”的广阔空间实行有机整体的保护。它注解着文化景观作为传统文化的策源地，其衍生的文化生活图景的当代重构和时空再现。从文化景观到历史街区，从文物古迹到地方民居，从传统技能到社会习俗等，文化景观所构成的记录“活态性”、体现“传统性”、具有“整体性”的空间，构成了传统文化群体性传承的重要载体，也构成了传统工艺集体性延续的重要载体。但城镇化进程中，传统工艺的时空呈像往往难以形成基于现代治理的共识，比如对自然系统的动态的理解，以及对规划、设计和各种干预程度的理解。而在思考文化景观和进行文化景观保护时，文化和景观的相对独立性使其往往存在认识的分野等，从而呼唤新的认知逻辑和时空逻辑重构传统文化与文化景观之间的关系。

二、传统工艺创新的现实困境

（一）文化记忆断裂导致传统工艺精神的消解

任何一种文化，只要它的文化记忆还在发挥作用，就可以得到持续发展。相反，文化记忆的消失也就意味着文化主体性的消亡。文化记忆是将民族成员紧密联系在一起的纽带，又是民族成员一代又一代人的创造与付出的延续，经历着从胚胎、童年、青年到成熟的成长过程，并通过地名、老街、老建筑等形式定格下来，展示着它宽广而深厚的人文阅历以及独有的个性和身份。一座理想的城镇除了它的光鲜外表和富有活力的经济之外，更应体现在它的文化氛围、它的从容生活、它的优雅开放、它的人文情怀、它的居民表情之中。① 而部分地区以经济导向为主导的城镇化，却加剧了传统工艺在城镇混合空间中生存和发展的困境。许多传统工艺的原生地坐落在生产力不发达的民族和农村地区，在信息触角愈加发达、文化变革愈加迅速的时代，作为传统文化的历史景观、传统习俗和人文图景，或正成为以“文化自卑”为代表的“文化包袱”，成为其民族成员日益强烈

① 邹广文：《推进有文化记忆的城镇化》，《光明日报》2014 年 2 月 10 日第 2 版。

和迅速要摆脱的束缚。

文化记忆的断裂加剧了传统工艺精神的消解和工匠精神的式微。一面是具有悠久历史又现实岌岌可危的古村落和古建筑，另一面是生活在近乎危房的文物建筑中向往“水泥森林”式现代生活又经济拮据的居民。在现代化使人们“衡量舒适和方便的标准”发生了极大的变化①的同时，传统工艺的原生态群体往往面临两难选择，而民族成员“对传统的文化价值规范、社会生活准则以及政治合法性的怀疑，乃至激进的批判和攻击”的“破旧立新”中变异，又进一步导致了文化记忆的消失和文化情节的消解，传统工艺精神的当代传承和发展陷入了恶性循环的怪圈。

（二）文化空间局促导致传统工艺原生地面临危机

当前，全球现代化、信息化、城镇化、市场化与分权化的加速，城镇化加速发展并在新经济地理空间上不断形成新的城镇聚落。随着城镇化率的迅速提高，一系列问题也随之涌现，集中式、规模化的城镇改造与传统文化传承复杂性之间的矛盾也愈加突出。城镇化进程中将“土地财富”转化为“快速增长的内需”的商业开发使传统工艺长期以来赖以传承的生存空间受到挤压，过度商业化泯灭了文化特色、淡化了文化传统、消解了文化基因，使传统工艺的人居空间不断变异。例如城镇化加速了古村落文化的瓦解和空间的消失，民众对古村落的文化认同和历史记忆，逐渐弥散在已渐趋碎片化的传统居住空间景观之中。村民原先引以为傲的村落历史记忆如今竟成为文化负担。古村落的视觉景观已经被马赛克化，历史感虽然还可以感受得到，但其中所蕴含的生命已经支离破碎。② 而这些承载着独特的人居文化思想的古村落有的偏居深山不为人知，有的虽已引起关注和探究，但保护措施却遥遥无期。村落文化根植的复杂性、现代生活空间与传统工艺日常景观交织混合的复杂性、文化传统与现代文明冲撞异化的复杂性，使传统工艺在人居空间中的有效传承更为棘手。

（三）文化情结异化导致传统工艺传承人濒临消失

文化情结是营造心灵故乡的动力，以乡愁为代表的“人们对所在地域的精神依恋、倾注的情感之间有无形的勾连关系”的文化情结，折射出城镇化进程中人们对“家园守望”的向往。乡愁蕴含了对故乡、乡土及其所代表的人文自然的归属感和亲近感，能有效促进社会转型下的地域再生。但乡土中国“回不去的乡愁”和城市中国“失落的工业乡愁”，正与日俱增的与资本主义、全球

---

① 陈立旭：《欧美日历史文化遗产保护历程审视》，《中共浙江省委党校学报》2004 年第 2 期。

② 韩雷、杜昕谕：《居住空间认同与古村落保护》，《温州大学学报：社会科学版》2013 年第 5 期。

化和消费主义一起，伴生城镇化的历史进程并异化着“乡愁”并最终导致乡土文化缺乏传承主体，乡村社区漠视乡土文化。一方面，城市文明的冲击，经济观念的强化、家庭意识的淡化以及恋土情节的弱化等，影响和动摇了农村社会结构的变化及稳定，而由于生产方式、思想观念的演变，乡村中古老的民俗风情、道德理念也在城镇化进程中濒临瓦解。高度依赖传承人机制的传统工艺因为异地城镇化带来的“人”的流失而使传承显得异常艰难。另一方面，快速城镇化对乡村生活的垫付和失落的乡愁使传统工艺传承人不断放弃传统，出走乡村，优秀的民间艺术、传统技艺、农耕文明将濒临灭绝，从而对乡村社区的日常生活乃至延续发展都具有深远的负面影响，[①] 文化情结逐渐成为城镇化进程中的稀缺品及过去式。如何融入实践视角，从参与农村更新、社区复兴到地域振兴、一村一品、新社区建立等活动，是传统文化在城镇化进程中逻辑嬗变的核心。

三、传统文化创新的逻辑嬗变

（一）空间逻辑：从固态到活态

文化空间包含“人”的特定活动方式的空间和共同的文化氛围两方面内容，是定期举行传统文化活动或集中展现工艺表现形式的场所，兼具空间性、时间性、文化性[②]三个维度的内涵。在空间意向中，传统工艺所展现的是广大民众为满足日常生产、生活需要而创造积淀的智慧结晶，其诞生的空间是活态的生活和生产，因此，传统工艺“不是供移植或替换的模块，更不是铁铸石凿、僵硬凝固的古董”[③]，从空间度量上看，它们一旦与区域社会及日常生活图景融合，便逐步建立一种不同社会主体能够相对平等、动态地享有空间权利，相对自由地进行空间生产和空间消费的理想状态。

传统工艺传承的空间逻辑演进，是从固态到活态的动态过程，也是居民融入城市更新和参加社区发展计划的一种工具。文化线路和生态博物馆，分别是传统文化的空间镜像的两种典型代表。前者是以传统文化为主线的遗产空间的串联与叠加，后者是以传统工艺为主题的非物质文化遗产空间的并联和再造。集合特殊文化资源结合的线性或带状区域内的文化遗产族群而形成的文化线路，把多样的地理、自然和文化景观关联，并由于经过地区和区域的不同而展示出各自的风格和特征，让活跃的文化流动可以更好地将遗产资源置于真实的空间范畴去生存和

① 林淼：《生态视角下乡土文化传承的整合社会工作》，《社会工作》2012 年第 4 期。

② 陈虹：《试谈文化空间的概念与内涵》，《文物世界》2006 年第 1 期。

③ 张保国主编：《新疆对外开放战略研究》，新疆人民出版社，1989 年版第 167 页。

演绎，使传统工艺从静态向动态，从单个遗产向群体遗产转变，拓展了传统工艺的空间序列。而与侧重藏品的传统博物馆不同，生态博物馆①以自然遗产、文化遗产、非物质文化遗产和社区内所有可利用资源为关注重点，既改造空间，又创造空间。生态博物馆所关注的空间构成，将人的尺度作为空间重构的核心，例如其尊崇生态博物馆是村民是其文化的主人并有权认同及解释其文化的基本准则，并坚持文化的含义与价值必须与人联系起来，观众有义务以尊重的态度遵守一定的行为准则②等开发理念，并明确促进社区经济发展，改善居民生活的空间发展目的。

（二）时间逻辑：从静态到动态

如果说空间逻辑是延续传统工艺的技术手段，时间逻辑便是延续传统工艺的情感体验与怀乡范式。构筑活态的传统工艺时空状态，是构筑了传统工艺最优化的生存方式，而动态的传统工艺，则是避免将传统文化置身于“历史断层”中而割裂其活态的存在。打一个形象的比喻，社会文化环境与传统文化犹如鱼水，无“水”岂能活“鱼”？即便有“水”，若“水”质已经变化，而“鱼”未能与之适应，同样无法存活。

传统工艺的未来，很难完全再定格于特定历史时间点上对物化形态的即器物层面进行机械地、被动地封存式保护，即静态保护，而是将历史的时间坐标不断拉伸，将传统工艺赖以生息的原生状态不断延展，从而实现在社会历史发展的过程中，不离本土的动态保护、更迭创新。即，从“时间”的逻辑主线中寻找赋予传统工艺鲜活的思路，通过历史与未来的对话，在“留住往日的时间”中“再造往日的空间”的过程中实现传统工艺的时间价值。但遗憾的是，目前我国许多濒危的传统工艺形态，均采取了“输血式”的静态保护方式，尽管在一定的时间逻辑中确保了其工艺的阶段性安全，但从长远看却只是权宜之计。一些濒危遗产可以花钱将其保护下来，但如果不能活态传承便只能是“死灵魂”，最终只能以“过去时”的陈列方式进入历史博物馆。以“时间无限”弥补“空间有限”并改造、重构和创造新空间，是实现从静态到动态的传统工艺传承的时间逻辑的有效方式。

---

① 生态博物馆是在一定的地域，由住民参加，把表示在该地域继承的环境和生活方式的自然和文化遗产作为整体，以持久的方法，保障研究、保存、展示、利用功能的文化机构，它通过探究地域社会人们的生活及其自然环境、社会环境的发展演变过程，进行自然遗产和文化遗产的就地保存、培育、展示，从而有助于地域社会的发展。

② 苏东海．中国生态博物馆的道路．北京：紫禁城出版社，2005：17－23.

（三）故事逻辑：传统文化的主动传播

传统工艺传承与创新的时空逻辑诠释了传统文化当代生存的价值逻辑。客观上，传统工艺的文化安全意味着文化技法、文化基因、文化传统、文化发展等既有的文化价值免于受到城镇化等外部性带来的文化威胁，主观上，意味着传统工艺的时间和空间等外部性条件改变时，文化没有被异化或消解，没有遭遇外来威胁时的恐惧，是一种文化自信的深度表达。[①] 传统工艺的故事逻辑则是跳出时空逻辑限制，以多面呈现、诠释、传播文化遗产内涵和价值的杠杆。

第一，如何以故事逻辑实现时空永恒。园区是诠释传统文化时空逻辑的重要场所，文化创意园区恢复和重建了时间和空间，体现了“时空交叉共存”的特殊价值。为什么那些被废弃了的仓库、厂房、码头，总是由艺术家首先入驻？那些透露着历史信息的空间形态，往往有着艺术创作必不可少的“时间素材”。它不仅留住了往日的时间，而且再造了往日的空间。[②] 历史记忆与时空素材提供了园区创造故事价值的逻辑，使园区形成特殊的时空魅力。以上海新天地改造中主题的嬗变为例。上海新天地改造的第一阶段以时间为主线，旨在通过对建筑元素和人文元素的存蓄，存留上海记忆。在石库门建筑群的改造和海派文化底蕴的融入中，新天地采用了“低冲击”开发理念进行保护和修复。第二阶段则以空间为主线，着力于打造“很上海的旅游景点”来拓展旧城区的物理空间和心理空间，进而塑造“传统与现代的上海、市井与时尚的上海、中国与世界的上海”的空间主题。第三阶段则跳出了时空关系的掣肘，以塑造“上海会客厅”为主题，以故事逻辑为主线，以人的情感和情节绘制出“邂逅上海、体验上海、爱上上海”的故事。从上海新天地三个阶段的功能演进中，我们可以发现，以故事逻辑为主线的城市更新，可以将时间价值转化为可复制、可再生的非线性逻辑，将空间价值转化为可回忆、可体验的建设逻辑，在不同时间中体验不同空间片段，构成永恒的“故事逻辑”。

第二，如何以故事传播实现文化传拓。传播是保证传统工艺代代相传的重要机制之一。传统民间文化凝聚着乡土生活的情感和智慧，体现了独一无二的特性。以故事逻辑表达传统工艺，可以更好地让传统工艺在现代语境下焕发新的生机，从而以更广谱的方式维护文化安全。例如电视纪录片《舌尖上的中国》从主题到内容均都体现着作为美食的传统工艺传承视角，将中国人最质朴的原生状态，和谐共存的自然相处之道及人们对自己家乡情感的一种坚守，通过对饮食文

---

① 王元：《城镇化进程中的城市文化安全与文化遗产保护》，《北京社会科学》2015 年第 3 期。

② 胡惠林：《时间与空间文化经济学论纲》，《探索与争鸣》2013 年第 5 期。

化的剖析而展现出来，而正是基于“故事逻辑”，纪录片瞄准的不仅是作为美食的文化及作为美食烹饪、酿造、制作技艺的传统工艺，还将地理地貌、地方建筑、特色文物等物质文化元素与制作工艺、民间习俗等非物质文化元素相融合，展现了对吃的敬仰，对血缘的共鸣产生的欣喜，对故里的眷恋产生的归家的期盼。例如第二集《主食的故事》中，进行谷物加工的“石磨盘”和“筛”属于物质文化遗产范畴，石磨将谷物碾成粉末，用筛过滤掉粗粒杂质的工艺属于非物质文化遗产，[①] 最后做出来的主食花卷则传递着丰收的喜悦和阖家团圆的幸福。作为一种故事逻辑，“吃在中国”成为全世界的共识，传统工艺的价值共鸣演绎为主流国家话语体系中积极展现国家形象的传播手段。

结语

从乡土建筑到乡土社会，从人与自然共同演进到两者有机融合成为共同作品，传统工艺的历史演进过程体现了人文生态与自然生态两种实践相统一的城市缩影。城镇化进程中，传统工艺不是回顾过去的，而是面向未来的，是具有行动力的正力量。在传统工艺快速地消失、消亡或境外流失，文化认同感、归属感与全球化的生活方式一同被解构和异化的现实境况下，传统工艺面对世界性强势文化建立的不正当游戏规则的矛盾现实，所进行的运动是寻找有效的解决方法。

传统工艺价值重构的时空逻辑，为传统工艺创新图变提供了精湛的技术和有效的工具，在“留住往日的时间”中“再造往日的空间”，以“时间无限”弥补“空间有限”并改造、重构和创造居民生活新图景的时空关系重构中，传统工艺价值重构的故事逻辑则继承了时空逻辑的动态演进与活态传承的精神，遵循自然山水的格局，建立城镇与自然相融的空间结构，将城镇“轻轻地放在山水之间”，又以永恒的时空关系，加持着文化的灵性，突显着文化的特色，延续着文化的风貌，创造着优美的城镇轮廓、景观视廊、建筑风格与色彩，为每一个人提供丰富多彩的公共空间，这便是传统工艺创新的意义和价值。

---

① 参见王丹：《论文化遗产传播类电视纪录片的创作方法》，《新视界》2013 年第 12 期。

四、文化消费

以供给侧改革促进文化消费

李向民[①]

随着我国经济进入“新常态”，如何进一步扩大消费需求，寻找新的经济引擎，成为各方关注的话题。与此同时，文化消费异军突起，供给侧措手不及，面对巨大商机一时无从下手。这一切，一方面反映了我国人民生活水平的提高，导致消费结构发生嬗变，另一方面，也反映了文化产品的供给侧存在着诸多问题。

一、“文化消费缺口”是个伪命题

作为经济学概念，消费是社会再生产的四大环节之一，它与生产、分配、交换一起，构成社会再生产的完整流程。而文化需求作为一种精神需求，涉及到诸多复杂因素。比如性格、年龄、性别、学养，甚至籍贯，都会影响一个人的文化需求。当中年人对子女热衷于二次元的 COSPLAY 感到费解的同时，孩子们对爷爷奶奶天天坐在电视机前看戏曲频道，同样感到匪夷所思。

文化消费与文化需求既相关，又不相同。两者之间并没有必然联系。所有的文化需求本质上都是精神需求，但是精神内容与何种物质载体相结合以及以何种方式，有着无数选择。我们可以从小说《安娜·卡列尼娜》《简爱》和《红楼梦》中体验爱情，也可以在名画《马尔斯和维纳斯》、小提琴曲《梁祝》、电影《泰坦尼克》和电视剧《蓝色生死恋》中体验爱情，满足同样的情感需求。与此同时，文化市场上的客户（需求者）与文化消费者（用户）并不重叠，甚至差得很远。买书者不读，读者不买是一个十分普遍的现象。

前一段时间，有学者通过计算，得出了中国有 3.66 万亿元文化消费缺口的结论。这个数据以及这种计量本身都值得推敲。首先，从技术上看，我们的统计测量方法有问题。一是统计口径，本身就是一个需要讨论的莫衷一是的问题。甚至作为文化产业的一些重要基础理论都没有弄清楚，依据其制订的统计指标体系，也只是一个权宜之计，谈不上科学性。二是统计数据更是问题。除了一些抽样调查基本可靠外，大部分数据来自于层层上报。这些被各种非经济因素污染了

---

① 李向民，教授、博士生导师，南京艺术学院副院长，紫金文创研究院院长。

的数据，很可能是扭曲的、浮肿的，使得我们根本看不清其本来面目。因此这些数据的作用只是一种比划，谁当真谁就输了。其次，从学理上看，这也是一个伪命题。文化需求的最大特点就是弹性。它不同于物质需求那样具有可预见性，比如，有多少人口，可以估算出需要多少粮食，建多少厕所。因为吃喝拉撒是生理性需求，是刚需，所以我们可以计算出耕地红线，划定基本农田保护区。但是文化需求则不同。文化需求一是具有潜在性，二是具有随机性，三是非必需性。因此讨论文化消费的缺口，就如同讨论水的形状。最后，文化消费是在文化生产激活文化需求后，在购买力的基础上，才形成的。因此文化消费是以有效需求为前提的。文化供给和购买力是支撑文化消费的两大支柱。就像我们不能脱离购买力来谈文化消费一样，我们同样不能脱离文化供给来谈文化消费。从某种意义上说，文化消费是文化供给的函数，是一个应变量。就像变色龙的颜色是由环境决定的，而不是一成不变的。

因此，所谓文化消费缺口，并不是一个科学概念，只是一种行政管理上的说辞。至于3.66万亿元这样具有神学色彩的“数据”，就像研究“针尖上能站多少天使”一样，注定是毫无意义的。其唯一的价值在于，通过一个耸人听闻的话语，吸引人们对文化消费问题的关注。

二、文化消费与文化供给的互动关系

文化消费作为社会再生产的重要环节，是一个经济学概念。而文化需求则是一个心理学概念。满足文化需求的方式有很多，既可以是衣冠楚楚地听一出歌剧，也可以是窝在床上玩网络游戏，还可以是饭后去跳一场广场舞，甚至是独自端详家人的相片会心一笑。所谓消费，是建立在交换或者购买基础上的。无论是自己还是别人付钱，都是要对收入进行再分配和交换。由于客户和用户的分离，大量的文化消费其实是通过公共财政支付，或者其他方式实现的。比如人们免费参观博物馆，免费观看邻居的婚庆戏曲演出等，参与者尽管并没有从其可支配收入中直接支付，但也同样进行了文化消费。可见，文化需求并不都是通过文化消费来满足。

文化需求转化为有效需求、转化为文化消费，与三个因素有关。一是金钱。消费者需要从其可支配收入中，为此项消费进行支出，或者有别人为其支出。不同的购买力，需求的文化产品也不同。收入高的人，可以专程飞到伦敦，参加一场艺术品拍卖。低些的，可以参加各种旅行团，挤进人头攒动的景点。再低些的，可以泡在网吧里玩一夜网络游戏。最贫困的人口，可能不花钱，搬上板凳，去邻村看一场免费的“三下乡”文艺演出。购买力并不决定文化消费的多少，主要影响的是消费的品质和内容。

二是时间。时间是稀缺资源，休闲有时是一种奢侈。美国制度学派经济学创始人凡勃伦在《有闲阶级论》第三章《明显有闲》中说，“从希腊哲人的时代起直到今天，那些思想丰富的人一直认为要享受有价值的、优美的或者甚至是可以过得去的人类生活，首先必须享有相当的余闲，避免跟那些为直接供应人类生活日常需要而进行的生产工作相接触。在一切有教养的人们看来，有闲生活，就其本身来说，就其所产生的后果来说，都是美妙的，高超的。”闲暇时间是开展文化消费的前提，如何在有限的闲暇时间中，赢得人们的关注和兴趣，是一个不容忽视的问题。

三是修养。马克思说过：“对于不懂音乐的耳朵，最美的音乐也没有意义。”布迪厄将这称为“文化能力”或“文化资本”。他说，“只有当一个人拥有了文化能力，亦即拥有用以编码艺术品的代码，一件艺术品对他而言才具有意义和旨趣。……缺少特定代码的观赏者会感到莫名其妙，完全迷失于声音和节奏、色彩和线条的混乱之中。”对于一个对音乐没有兴趣和修养的人，不要说要他卖票，就是白送他门票，也不愿意去听一场音乐会。但是，这并不排除他可能因为听到街头的锣鼓声，而凑进去看个热闹。

法国社会学家布迪厄认为，文化能力如同健康一样，与特定的个体紧密相连，不能通过赠予、买卖、抢掠等形式实现个体之间的传递。一个人虽然可以凭借经济资本在物质形态上占有文化商品，例如绘画收藏，但是如果缺乏鉴赏所需的文化能力，那么这种占有是不完全的，不能使其文化资本得到“显现”。这从另一个侧面，也说明文化需求与文化消费并不同步。

上述这三个因素并不包含任何褒贬轩轾，无论是钱多钱少，有闲无闲，修养高低，其实都可以找到满足文化消费的方式和渠道。只是这三大因素会决定其需求的内容和结构。从而从市场层面影响了供给的内容和结构。换言之，因为文化需求更多地体现为一种心理和情感的需求，从根本的层面上说，是不可或缺的。因此，供给侧提供什么产品，扔到市场里总归会有一些涟漪。

从另一方面看，由于文化需求是富有弹性的，是潜在的，是需要被唤醒的，因而也是可以被制造出来的。因此，文化生产在生产文化产品的同时，也在生产文化需求。在上述三要素具足的前提下，也就在生产有效需求。在见到 IMAX 电影之前，没有人报怨过普通电影的视角。在见到 VR 之前，也没有人对固定视角的影片提出质疑。但是，当人们体验了这些新产品后，渐渐有了相关的需求，而且推动其市场的发生与发展。反观一百多年的文化史，每一种文化业态诞生后，都涌现出一批忠实的拥趸。从唱片、电影、电视、网络游戏等，无不是无中生有地创造了市场，创造了消费。从微观角度看，绝大多数作品都是在毫无期待的情况下面世的，也就是说，一开始并没有现实的具体的文化需求。从这一点来说，也反证了所谓多少万亿元的文化需求缺口，是一个荒唐的陷阱。

但是，文化市场所反馈出的文化消费情况，却对文化生产和文化供给产生巨大的反作用。一部《亮剑》成功，无数粗声大气的将军在荧屏上跟风；一部《潜伏》后面，又跟出许多低眉顺眼的小人物地下党。因为文化产业的高度市场化，文化消费对生产的影响不可低估，在一定程度上还左右了文化供给，并且放大了文化供给侧的问题。

正如布迪厄所说，在文化与艺术场域，行动者（包括生产者和消费者）利用文化资本为武器进行斗争。他们的力量大小，获取利润的多少，与他们所掌握的文化商品、文化能力的水平是成正比的。供给侧必须研究文化需求，制造文化产品，引导消费。当前，我国文化供给侧的问题，除了技术原因外，很大一部分是因为没有处理好与文化需求的关系。一些文化企业臆测消费需求，自以为是地制造出所谓的文化产品，却因为观众不欢迎，而在市场上折戟沉沙。于是每年都积压了一大批粗制滥造的产品，成为账面上不敢勾销的“鬼资产”。不虚心研究市场、研究需求，对于生产者自己来说，无异于搬起石头砸自己的脚。

近些年来，随着经济形势转入“新常态”，文化产业涌进了大量游资。文化产业成为不缺钱的行业，也成为烧钱钓鱼的游乐场。用杠杆撬起的不一定是黄金，很可能是沉重的石块。许多盲目涌进的热钱，在经过短暂的喧嚣之后，一片狼藉，留下许多幽灵般的僵尸企业和项目。当热钱涌入时，各方面都来争抢，如同《王的盛宴》。不久，便遭遇文化产业残酷的现实，重重困难，是《人在囧途》。几经挣扎，千金散尽，万户萧疏鬼唱歌，堕落到《1942》那严酷的饥荒之中。

因此，在文化市场化逐步成熟的今天，文化供给侧应当将消费需求作为重要考量，在承担企业社会责任的同时，尊重文化、尊重消费者，就是尊重企业的未来。

三、文化消费倒逼文化供给侧改革

应当认识到文化生产创造消费、引领消费的基本原理，建立供给侧自信。这是文化供应者的社会责任和道义。不能一味迎合消费者的口味，要有强烈的担当意识。文化生产如果不能将社会效益放在首位，最终损失的还是经济效益。

当前扩大文化供给侧对消费的引领作用，应当从以下几方面发力。

一是努力提升内容供给的水平。文化消费的核心是内容消费，内容创新也是文化进步的阶梯。文化生产和文化供给的主要任务就是提供有价值的内容。首先要改变文化产业急功近利的状况，不能将文化简单当成赚钱的工具、上市的跳板。要在供给侧弘扬工匠精神，让精品力作成为时代话题，成为时尚先锋。其次要重视社会主义核心价值观的承载，寓教于乐，使得每一个文艺作品都成为凝聚人心的纽带。要反对媚俗，一味迎合市场。

二是努力推动文化业态的创新。文化消费的一个重要特征就是娱乐性和体验性，不能将文化消费理解为粗暴的灌输和简单的说教。好的文化消费都是建立在市场购买基础之上的。消费者自愿为文化消费买单，他就要行使选择权，选择喜闻乐见的、有意义的产品。文化供给侧应当紧紧抓住科技进步的重大机遇，积极探索新型文化业态。通过更加新奇的用户体验，激活民众的消费欲求，从而形成新的消费市场和领域。

三是努力推动文化投资主体的多元化。通过多元化的投资主体，对社会资本流动起到引流作用，提升文化供给能力和规模，同时，也通过多元投资主体，鼓励和刺激文化供给侧的竞争，提升供给的水平和质量。从改革开放三十年的经验看，什么领域市场放开得早，什么领域的国际竞争力就强。应当进一步完善文化领域的准入制度，清理负面清单，鼓励非国有资本进入文化领域。应当明确，我们所制定的所有产业政策和行业门槛，都是为了保护民族文化，扶持民族文化企业，而不是为了保护一些国有文化机构的既得利益，更不是为了维系其垄断。要改变文化产业资源配置上的过度行政化，让更多的社会资本进入文化领域，在供给侧发挥“鲶鱼效应”，推动国有文化企业改革，解放其生产力。

四是努力改变文化管理方式。在文化供给侧改革中，政府具有双重职责。一方面，作为公共文化产品的提供者，政府本身就是供给主体之一。政府的公共文化服务直接影响到百姓的福祉，应当加大政府采购和转移支付的力度，改进公共文化产品提供的方式和内容，在促进文化消费中发挥政府的引导和主导作用。另一方面，政府又承担着社会文化管理的责任，需要改进行政管理。当前文化生产和市场领域都不同程度地出现了一些偏差和问题，与政府管理的要求不一致，甚至背道而驰。如电视剧领域演员薪酬过高、电视棒和网络视频中的涉黄等问题。对此主管部门都公开发声，甚至出手干预。其实，演员薪酬是市场现象，只要遵纪守法、自愿的原则，那就是合理的，是公平交易。政府这只看不见的手，如果总是忍不住从幕后走到台前，只会搅局，于行业发展不利。政府应当严格限定在裁判员的位置，切不可冲到前面去当教练员，更不能当球员，赤膊上阵。“企业家创新”是资本利益驱动本能的体现，也是新型业态成长的发动机。在这样的生长过程中，由于其诉求与政府立场不同，难免会有些问题。比如网络云盘和电视棒中出现了涉黄问题。这时候政府的任务应当是对孩子进行教育甚至训斥，决不能稍有差池，就不教而诛，将其一棍子打死和封杀。

党的“十三大”报告指出，“在现阶段，我国社会的主要矛盾是人民日益增长的物质文化需要同落后的社会生产力之间的矛盾。”经过三十多年的改革开放，人民群众的物质生活水平显著提高，综合国力显著增强，如何满足日益增长的文化需求，成为我们不容回避的问题。积极发展文化生产力，提升供给水平和能力，才是人间正道。

创意设计如何激发文化消费

宋慰祖[①]

2015年春节过后，人们议论最多的一件事就是45万中国人赴日旅游，消费达到60亿元人民币，购买的商品竟是智能马桶盖、电饭煲等生活日用品，而非人们通常认为的数码相机、手表等高档消费品和奢侈品。因此引来从政府到专家直至市民的一片惊呼。一年后，同样的问题又被热炒，中国游客在日本抢购冈本安全套、花王卫生巾、SUWADA指甲钳、Thermos保温杯以及感冒糖浆等各类药品。从出国购买奢侈消费品，到出国游购买生活用品，中国出境旅游者年均超过1.5亿人次，人均消费达到8700元人民币，其中购物消费超过4000元人民币，总量已达万亿元。

但反观国内市场购买力下降，商业百货业经营艰难。消费缺少了传统的“三转一提喽”“六十四条腿”“家电四神器”这样有文化号召力的商品点。在消费者需求转型时期，中国品牌、中国商品明显匮乏，缺少活力。中国消费品制造业加工厂多，自主品牌企业少。正如前面所述，中国人购买的日本马桶盖都是中国杭州生产的，但可知那个马桶盖的名字叫“松下智能座便器”，是日本的知名国际品牌，是应用了计算机、信息化的新一代智能产品。中国企业不过是一家代工厂，其产品都要返销日本，中国销售需要进口。

一方面中国国民有旺盛的购买力，另一方面中国又缺少满足中国乃至全球消费者需求的中国自主品牌商品。是我们今天面临的可持续发展的两难境地。这个问题不是今天中国所面临的个性化问题，是世界发展中国家迈向发达国家进程中普遍需要破解的问题；也是世界各国普遍面临的发展问题。这一问题的关键是什么——从满足物质消费需求向满足文化消费需求的转型。

一、消费需求模式发生变化——转向文化消费

人类社会的文明进步从原始、游牧、农耕、工业、科技到今天的创新时代，核心驱动力是人的需求变化。正如马斯洛的需求理论所述：人的需求五个层级分

① 宋慰祖，民盟北京市委专职副主委、中国工业设计协会常务理事。

别是：生理需求、安全需求、社交需求、尊重需求和自我实现需求。人类为解决自身的需求问题，而不断寻求解决的方法来提供有效供给。在这个历史的长河中，解决供给的途径也从“依靠自然资源，向依靠人力资源转化”。解决需求的供给问题的方法，也从工具制作、机器生产、科技发明到今天的创意设计。这是因为人类需求从基础走向高端的今天，人们伴随物质需求得到高度满足之后，进入到了精神文化需求的旺盛阶段，个性化、艺术化、舒适化、定制化的需求带我们进入到了创新驱动发展的时代，这个时代让人类再次站在了同农耕文明、工业革命、科技发明相同的历史新的起点上。而这一时代的特征是：以科技创新为基础，以文化消费为引领，以创意设计为方法的跨界融合创新的时代。

国务院《关于推进文化创意和设计服务与相关产业融合发展的若干意见》中指出“文化创意和设计服务具有高知识性、高增值性和低能耗、低污染等特征。推进文化创意和设计服务等新型、高端服务业发展，促进与实体经济深度融合，是培育国民经济新的增长点、提升国家文化软实力和产业竞争力的重大举措，是发展创新型经济、促进经济结构调整和发展方式转变、加快实现由‘中国制造’向‘中国创造’转变的内在要求，是促进产品和服务创新、催生新兴业态、带动就业、满足多样化消费需求、提高人民生活质量的重要途径。”

中国经过三十余年的改革开放，经济高速发展，已成为世界第二大经济体。但我们必须看到今日之中国经济还处于大而不强、富而不壮、高而不实的状态。我们的产业发展的结构还不尽合理，发展理念还相对落后。以文化需求引领消费，以创意设计方法创新产品，从而达到促消费之目的的观念尚未树立。主要影响因素是创新不足，这里包括：创新思想、创新意识、创新方法、创新体系、创新制度、创新机制、创新政策、创新法规、创新环境、创新人才等的严重缺失。与国际先进国家相比还存在差距。

实施供给侧结构性改革正是为破解这一问题指明了方向，通过消费品增品种、提品质、创品牌，促进消费品工业升级，发挥消费对经济发展和产业转型的关键作用，是推进结构性改革尤其是供给侧结构性改革、扩大内需。

二、创意设计是实现供给侧结构性改革的方法

供给侧结构性改革就是在创新驱动时代，依托科技创新成果，运用文化创意和设计服务与相关产业融合的方法，通过大众创业、万众创新，实现消费品的增品种、提品质、创品牌发展，达到“中国制造 2025”之目标，通过“一带一路”走向世界，促进中国文化消费全球化。

供给侧结构性改革的根本目的是从传统的供给决定消费，向供给满足需求的新供给与消费关系转化。而创意设计因其作为“集成科学技术、文化艺术、社会

经济、法规标准等知识要素，创造满足使用者需求的商品和服务的创新方法”。也成为了继大机器生产、电气化、自动化、科技发明之后，新的推动产业革命和发展的趋动力和方法，更成为了当今全球实施供给侧结构性改革的竞争力和实现的抓手。今天的创新驱动发展的核心是：科技创新是基础、文化需求是引领、设计创意是方法。

2014 年国务院 10 号文就提出了“推进文化创意和设计服务与相关产业融合发展”的七大领域。在 2016 年国务院办公厅发布的“关于开展消费品工业‘三品’专项行动营造良好市场环境的若干意见”中再次强调了：提高创意设计水平。鼓励地方政府和行业协会培育一批示范性消费品时尚创意设计名城和产业园区；加大对消费品创意设计优秀人才的表彰和奖励力度。在消费品行业建设一批国家级工业设计中心；推广应用“众包”等新型创意设计组织方式；培育一批网络化创新设计平台。促进文化创意与“三品”融合发展，提高消费品的文化附加值。

创意设计在供给侧结构性改革中，如何发挥创新驱动力，提升文化消费水平。主要应在以下几个方面发挥作用。

1. 国务院关于《推进文化创意和设计服务与相关产业融合发展的若干指导意见》明确提出了与七个方面的产业对接融合，包括：塑造制造业新优势、加快数字内容产业发展、提升人居环境质量、提升旅游发展文化内涵、挖掘特色农业发展潜力、拓展体育产业发展空间、提升文化产业整体实力。诠释了创意设计是文化产业创新发展的基本方法，是文化创意产业的基础，设计无处不在，创新依托设计，实现文化产业的供给侧结构性改革，首先要壮大设计产业的规模、提升设计业的整体水平和能力、强化高端综合性设计人才的培养。

2. 未来消费的需求主要来源于文化，设计创新基于文化消费需求的大市场产品是推动供给侧改革的关键。以文化消费为引领的消费品是今后商品市场的主体，苹果手机智能终端、AR 和 VR 设备、数码相机、智能装备无不是通过设计创新产生的文化产品。制造业工业产品的文化化是全球产业的发展趋势，人类潜在的文化需求还亟待被挖掘，通过设计来创造满足这些文化需求的产品，这是消费品扩品种的基础和资源。设计在其中解决的不仅是外观造型和色彩、图案，更重要的创意是技术与文化的集成整合，故事和消费方式的有机融合，制造与商业的跨界组合。以创意设计规划出一个系统，从而牵起一条文化消费产业链。这是国际产业发展的趋势，即以文化为引领的设计服务型产业体系。而建设设计产业园区、建立企业工业设计中心、培育设计人才都是为这个未来新产业体系奠定基础。

3. 设计创新在加快数字内容产业发展、提升文化产业整体实力上具有极其重要的作用。繁荣文学、艺术、影视、戏剧、动漫游戏、音乐创作与传播。加强舞美设计、舞台布景创意和舞台技术装备创新。注重研究迪士尼、哈利波特等影视片、动漫游戏产业链系统发展的研发设计经验，以人物、故事创意为统领，以人物设计为基础，通过影视、动漫的宣传推广，扩大市场影响力和品牌知名度，运用服务设计构建线上、线下的推广体系。着重研发设计相关衍生产品，打造主题文化消费品品牌，不断推出新产品。活跃文化消费市场，强化文化产品、数字内容产品的供给侧改革。以设计方法实现科学技术与文化艺术相结合、保护传承和创新发展相结合、收藏陈设与实用易用相结合，促进艺术衍生产品、艺术授权产品的开发生产，加快工艺美术产品、传统手工艺品与现代科技和时代元素融合。完善博物馆、美术馆等公共文化设施功能，提高展陈水平，推出相关文化衍生纪念品。

4. 设计创新在供给侧结构性改革中的另一个作用是，开拓文化消费需求新市场。扩品种就是要寻找市场消费的需求点，瞄准市场扩品种。今天谁是具有成长性的消费品市场，不再是居民的刚性消费品，而是流动旅游人口的消费品市场，这就是消费品旅游市场的开发。旅游是文化产业的集成表现，“吃住行，游购娱”每一项都是文化产业的组成部分。而“购”则是其中最具可持续发展的产业，关键是消费品转型旅游商品市场。这一形式早已见诸欧美发达国家，如瑞士钟表、军刀，美国的苹果（Apple）、耐克（NIKE），奥地利的施华洛世奇（Swarovski），意大利的古驰（Gucci），法国的爱马仕（Hermès）、迪奥（Dior）、路易·威登（Louis Vuitton）等，其国内居民市场消费均在10%以内，而90%以上的消费者是外来游客。在国内同样如此。以北京20余年旅游商品的大赛组织和调研结果表明，为旅游者而研发设计的全聚德真空烤鸭始终位列旅游购物前列，排在靠前位置的还有御食园的果脯和稻香村的糕点设计旅游包装产品。北京旅游购物消费已超过3000亿元，占到旅游总消费的30%以上，扩品种是要将传统消费品产业向旅游市场需求设计转化。

5. 注重农村文化资源挖掘，乡村是人类历史长河中农业文明时代的创造，生产生活与自然的协调共存、生生不息，对推动人类文明的发展具有里程碑的意义。北京作为国际“设计之都”，通过开展“设计走进美丽乡村”，找准切入点、抓住其文化特色，在保护乡村机理、传承优秀文化的基础上，开展村域环境设计、民居改良设计、特色商品设计、产业发展设计。不断丰富农业产品、农事景观、环保包装、乡土文化等创意和设计。要从生活在这块土地上的农民需求为导向，以未来的社会经济发展为目标来设计。这样的乡村，才能“看得见青山，望得见绿色，记得住乡愁”。保持文化底蕴，也才能吸引更多的城市人到乡村来休闲旅游，享受田园风光，消费乡土产品。着力培育一批休闲农业知名品牌，提升农产品附加值，促进创意和设计产品的产业化。实现农村特色产品、乡村文化产品的设计创新，推进乡村经济的发展。

文化消费与经济转型新动能初探

金元浦[1]

众所周知，消费是推动国民经济发展的三驾马车之一。在当前我国经济转型升级的背景下，消费对于国民经济发展的重要性也就不言而喻。中央对此一直保持高度重视，几年来出台的一系列政策都有力地推动了消费规模的发展步伐，促进了服务业发展和制造业品质提升。最近，国务院总理李克强专门主持召开了国务院常务会议，再次确定进一步扩大国内消费的政策措施，以改革创新增加消费领域特别是服务领域有效供给、补上短板，促进服务业发展和经济转型升级。可见中央对加大国内消费的力度是很大的。

事实上，我国人均GDP已经超过8000美元，正处于消费升级的关键节点。对此，如何引导消费走向快速健康的发展通道便成为当前我国经济保持增速，实现转型升级目的的关键问题。为此，国务院于2015年11月19日出台了《关于积极发挥新消费引领作用加快培育形成新供给新动力的指导意见》，提出了“新消费”这一重要理念。《意见》中明确指出：“以传统消费提质升级、新兴消费蓬勃兴起为主要内容的新消费，及其催生的相关产业发展、科技创新、基础设施建设和公共服务等领域的新投资新供给，蕴藏着巨大发展潜力和空间”。《意见》认为：新消费在引领产业升级，提高发展质量、增进民生福祉、推动经济结构优化升级、激活经济增长内生动力和实现持续健康高效协调发展方面都具有重要的作用。《意见》进一步明确了在新消费中，增加消费领域特别是服务领域有效供给是重点。在养老、教育、体育、旅游、文化、健身休闲等六大产业上相应出台了一系列措施。这从顶层设计上指明了我国今后消费发展的方向和具体路径，对于我国的消费发展无疑具有重要的意义。但同时也应看到，我国消费环境和消费特点因为这样或那样的历史原因也存在着种种不足，如何真正发挥新消费对经济转型的作用便成为人们需要加以研究解决的难题。对此，本文以新消费中的文化消费领域来具体探讨消费如何成为推动经济转型发展新动能的问题。具体如下：

① 金元浦，教授，博士生导师，中国人民大学文化创意产业研究所所长。

一、当前文化消费的背景

从宏观经济学基本分析框架来看，影响产业增长的因素有三个：投资、消费、产品输出。其中，消费作为生产投资和产品输出的最终需求，对于以消费升级引领产业升级，以制度创新、技术创新、产品创新满足并创造消费需求而言，消费有利于投资与产品输出的良性循环与发展。

但在过去，以铁路、公路、基础建设为主的投资驱动曾占据重要地位，消费则是我国经济发展中最弱的一极。这与我国改革开放 30 多年来主要实行外向型经济和投资拉动战略有密切关系。不过，当前我国已进入消费需求持续增长、消费结构加快升级、消费拉动经济作用明显增强的重要阶段，原先注重投资和产品输出的发展策略已经难以适应当前宏观经济的发展要求，需要调整到以扩大内需促经济转型升级的发展道路上来，特别是随着当前居民收入水平提高、人口结构调整和科技进步，城乡居民的消费内容和消费模式的变化，这样一种调整就显得尤为明显。

这种调整具体反映到消费领域来看，就是由原先的汽车、住房消费领域开始转向作为经济改革转型升级的产业高端形态——文化消费领域。对此，中央给出了具体的指导。十八大后第一个中央经济工作会议就强调：要推动经济持续健康发展，要求尊重经济规律、有质量、有效益、可持续的速度，要求在不断转变经济发展方式、不断优化经济结构中实现增长。强调要牢牢把握扩大内需这一战略基点，培育一批拉动力强的消费增长点，增强消费对经济增长的基础作用。这对整个中国文化产业的发展无疑具有重要的指导意义，更对扩大文化消费，增加文化消费总量，提高文化消费水平，增强文化产业发展的内生动力，推动文化产业发展来说更有意义。

二、文化消费的问题与建议

但从目前的情况来看，文化消费在整个消费中还处于较低层次。这与我国经济社会发展的阶段、层次、程度和水平相关。改革开放 30 多年以来，我国国民经济 GDP 以年平均两位数的高速度发展，创造了当今世界的经济奇迹。但是国民收入的普遍增长却低于经济增长的速度。毫无疑问，收入与消费有着直接的、确定的关联效应，而文化消费总是在消费的更高阶段更高层次展开。由于长期贫困、经济落后，文化消费的经济支付能力薄弱，我国国民普遍将文化消费视为软消费，即可有可无的消费。文化消费很难形成必要消费、固定消费，更难成为充分消费。

所以，文化消费也就一直存在着市场化程度不足的问题，影响着整个文化产业的发展。

具体分析来看，在我国文化消费的宏观层面上，我国文化产品的输出目前呈现两极化状态：一方面按照世界银行的数据，我国已成为文化制造类商品的头号国际出口国，另一方面，据英国一个研究机构测定，我国原创文化产品和服务只占国际文化出口产品的很小份额；而从投资来看，我国文化方面投资量巨大，消费量却相对较小，二者之间存在着不小的落差，致使消费成为我国文化创意产业发展的瓶颈。按照“木桶理论”，一个产业的发展水平，是以最短的那块“木板”来确定的。因此，文化消费作为我国文化产业发展的短板，制约了整个产业的可持续发展，也制约了产业链循环发展的运营机制。

怎样解决这个“短板”问题？首先就是要将短板加长，使“木桶”盛水量增加。也就是说，必须改善文化消费领域内的供需关系，大力推动文化市场的“活跃度”，从文化市场管理体制机制到文化市场主体等诸多方面，全面推动我国文化消费规模的增长；其次，改善文化消费领域内的供需关系时，也要注意到文化消费的特殊性。文化消费不同于其他领域内的消费，它涉及到人的精神生活领域。我们知道，尽管文化艺术产品从创意到制作、传播、营销的生产，到接受、消费的整体产业链的回环运行，它符合生产和消费的一般规律。但是，文化艺术的消费就有着不同于一般的物质消费的特点。这主要表现在：一是不同于物质消费的产品消耗，经过艺术消费，文化艺术作品依然存在，它的边际效益不是简单的递减，而是有其自身的规律；二是文化艺术消费具有公共品的性质，它不是你消费我就不能消费，而是具有多人共同消费的特点，一般不产生排他性，而是以消费的人越多越具有规模效应。因此，只有把握好文化消费的规律，认清楚这种区别于一般物质消费的特点，才能真正发挥文化消费推动经济发展、促进经济转型升级的作用。因此，解决文化消费这个问题时，这是需要考虑的必要前提。

三、文化消费的方向与潜力

文化消费联系着生产，文化艺术作品的消费——接受、购买、欣赏，实现着作品的生产——构思、创意、创作、制作，这是因为所有的生产最终只能在消费中完成。没有消费，所有的投入和生产都是无效劳动。而在这个投入、生产和消费的循环发展过程中，消费扮演着重要的角色，影响着这个过程的最终结果。因此，为了更好地促进文化消费发展，就不得不考虑到文化消费的发展方向。

从总体上看，文化消费发展的主题方向就是要实现两个转型升级。一个就是发挥新消费的引领作用，加快推动一二产业的转型升级，实现我国经济整体提质增效。另一个就是要实现文化产业自身的升级换代，从供给侧出发，创造我国文化消费的升级换代。当前，我国居民消费正处在从注重量的满足向追求质的提升、从有形物质产品向更多文化精神的服务消费、从模仿型排浪式消费向个性化多样化消费等的一系列转变之中。供给侧只有围绕消费市场的变化趋势进行投资、创新和生产，才能最大限度地提高投资和创新有效性、优化产业结构、提升产业竞争力和附加值，实现更有质量和效益的增长，为文化消费奠定坚实的基础。所以，文化消费的发展方向要立足于这两个转型升级，从而使得文化要素投入和文化产品生产效用最大化，实现文化消费的提质增效。

从另一个方面来看，发挥以文化为主导的新消费引领作用也是畅通经济良性循环体系、构建稳定增长长效机制的必然选择。特别是当我国经济发展进入新常态时，需要构建经济循环新体系、增长动力新机制，这个选择就更显得必要。因此，只有从发展理念、制度环境和政策体系等深层次原因入手，破除文化市场竞争秩序不规范、文化消费环境不完善等体制机制障碍，才能充分激发文化市场活力和创造力，实现潜在需求向现实增长动力的有效转换，为文化产业长期健康发展提供保障，推动国民经济转型升级。

此外，文化消费要成为经济转型新动能时还要注意两个具有发展潜力的文化消费领域：一是信息消费。从近些年我国消费的实际情况来看，信息消费特别是与移动网络相关的信息，常常达到居民消费的 3 至 4 成，成为最强劲的内容消费。国务院对此出台了《关于促进信息消费扩大内需的若干意见》的文件。文件指出，全球范围内信息技术创新不断加快，信息领域新产品、新服务、新业态大量涌现，不断激发新的消费需求，成为日益活跃的消费热点。而我国市场规模庞大，正处于居民消费升级和信息化、工业化、城镇化、农业现代化加快融合发展的阶段，信息消费具有良好发展基础和巨大发展潜力。与此同时，我国信息消费面临基础设施支撑能力有待提升、产品和服务创新能力弱、市场准入门槛高、配套政策不健全、行业壁垒严重、体制机制不适应等问题，亟需采取措施予以解决。因此，加快促进信息消费，能够有效拉动需求，催生新的经济增长点，促进消费升级、产业转型和民生改善，是一项既利当前又利长远、既稳增长又调结构的重要举措。因此，文化消费要发展就不得不关注信息消费领域。

二是时尚消费。我们知道，作为文化消费的重要群体之一，青年在文化消费市场上发挥着重要的影响与作用，许多文化创意产品的使用和需求离不开青年这个庞大的群体支持，其对于文化消费而言发展潜力无限。而在这当中，青年往往更关注时尚消费。随着模仿型排浪式消费阶段的基本结束，个性化多样化消费渐成主流，特别是年轻一代更加偏好体现个性特征的时尚品牌商品和服务，这便在无形之中推动了与消费者体验、个性化设计、柔性制造等相关的产业加速发展，为文化消费的更新换代增加了发展后劲，某种程度上也有助于文化消费的自身发展。

怎样抓住互联网新兴文化消费的机遇

许立勇[①]

自2010年互联网行业开始介入文化生产领域以来，传统的文化产品的生产模式和消费模式开始发生转变。尤其是自2015年8月国务院出台《国务院关于积极推进“互联网+”行动的指导意见》之后，互联网已经打破了原有产业之间的界限，掀起了新的产业革命和消费革命。就文化消费方面而言，互联网主导下的互联网思维使得互联网新兴的文化生产企业更注重消费者的需求导向、数据挖掘、用户体验等非产品本身的服务质量和消费模式。由此，对首都北京这个城市而言，如何抓住互联网新兴文化消费方式的转变机遇以促进经济转型升级是重要课题。

一、互联网新兴文化消费发展现状

根据2015年文化部文化产业司的总结报告，目前国内的文化消费产生了一系列变化，其中新兴文化消费异军突起，网络文化消费规模不断扩大，网络音乐、网络游戏、网络影视等新兴文化消费形态不断出现，并逐渐成为文化消费的主流。具体表现在以下几个方面：

（一）网络音乐

网络音乐是指音乐作品通过互联网、移动通信网等各种有线和无线方式传播的，其主要特点是形成了数字化的音乐产品制作、传播和消费模式。通过电信互联网提供在电脑终端下载或者播放的互联网在线音乐，无线网络运营商通过无线增值服务提供在手机终端播放的无线音乐，又被称为移动音乐。

根据2016年在线音乐行业发展报告分析，在所有互联网应用中，在线音乐成为仅次于即时通信、搜索引擎、网络新闻和网络视频的第五大互联网应用，是网民日常使用的重要应用类型。目前国内的网络音乐生态包括了：（1）移动音乐综合平台，如QQ音乐、酷狗音乐、网易云音乐、虾米音乐等，功能涵盖了音

① 许立勇，文化部中国文化科技研究所副研究员。

乐社交、音乐游戏、K歌、MV、音乐资讯、音乐教学、剪辑、乐器等；（2）音乐识别工具平台；（3）移动音乐电台；（4）音乐铃声工具平台；（5）K歌/秀场平台。从消费者数量来看，网络音乐用户仅在线音乐的数量在网民中的占比就已经超过七成，成为网络新兴文化消费的主要群体。从盈利模式来看，目前国内的网络音乐企业的盈利模式呈现出多元化的特点，不仅包括基于用户付费的下载、收听、流量包、会员、数字音乐专辑购买收入等，也包括广告、在线直播、游戏联运、O2O、衍生商品售卖收入等。仅2015年中国网络音乐的市场规模已达到40.2亿元，增长67.2%。另外，在网络音乐平台的助推下，近两年兴起了一股音乐IP改编热潮，如《栀子花开》《同桌的你》《睡在我上铺的兄弟》等电影一经推出就受到广大歌迷和明星粉丝的关注，不仅促进了互联网文化内容板块间的融合和发展，也证明互联网新兴文化的消费方式具有多样性。

总体而言，虽然目前我国的网络音乐消费规模与其他的新兴文化消费相比规模相对要小，但仍然有巨大的发展空间，尤其是随着消费者对网络音乐质量的要求越来越高以及网络音乐生态的完善，网络音乐的消费规模将越来越可观。

（二）网络游戏

网络游戏在我国的发展历程已超过十年，虽然前期发展速度放缓，但随着近两年内互联网的快速发展、智能手机运用的普及以及二次元文化的兴起，网络游戏迅速占据互联网新兴文化消费市场，尤其是手机移动游戏，发展迅猛，成为手机网络用户的霸主之一，其市场份额也迅速上升，几乎占据游戏市场的一半。根据《2015年中国游戏产业报告》数据显示，2015年中国游戏用户达到5.34亿人，同比增长3.3%；2015年，包括客户端游戏、网页游戏、社交游戏、移动游戏、单机游戏、电视游戏等市场实际销售收入达到1407亿元人民币，同比增长22.9%。其中，客户端游戏市场实际销售收入达到611.6亿元人民币，同比增长0.4%；网页游戏市场实际销售收入达到219.6亿元人民币，同比增长8.3%；移动游戏市场实际销售收入达到514.6亿元人民币，同比增长87.2%；单机游戏市场实际销售收入达到1.4亿元人民币，同比增长180%；电视游戏市场实际销售收入达到2.2亿元人民币。2015年，国家新闻出版广电总局批准出版的游戏约750款，客户端游戏占11.2%，网页游戏占32.8%，移动游戏占49.7%，电视游戏占6.3%。值得注意的是，精品移动游戏已成为推动游戏市场稳步增长的重要因素，批准出版的移动游戏数量居于首位，其市场收益也居于第二位，同比增长率也仅次于单机游戏，达到87.2%。

虽然目前国内网络游戏的体量看似庞大，但与美国、日本等国家相比，从人口基数进行比较的话，我国网络游戏的用户量还有很大的提升空间。尤其是随着年龄层的扩散，网络游戏将和网络音乐一样，跨越年龄、性别限制，成为全民性的文化消费方式之一。

（三）网络影视剧

近两年，在线观看影视剧成为继网络音乐、网络游戏之后互联网用户另一个消费文化产品的渠道。《2015 年中国网络视听发展研究报告》指出，2014 年网络视频用户规模达 4.61 亿，用户使用率为 69.1%，是第二大休闲娱乐类应用。同时，商业网络视频行业市场集中度进一步提高，形成了以优酷土豆、爱奇艺、搜狐视频、腾讯视频、乐视网、芒果 TV 六大视频网站为首的产业格局，付费用户快速增长，付费模式正在形成并走向成熟。目前国内视频网站的内容来源主要有：1、用户自制的视频。主要是用户上传到视频网站的内容。2、购买视频版权，购买各个传媒集团、电视台、电影厂等创作的作品（电影、电视节目、电视剧等）。3、网站自创内容。如乐视、爱奇艺、土豆等网站推出的自制剧和栏目。其中，网站自创的网络大电影、网络电视剧等网络影视剧快速兴起，创造了不少话题，并逐渐改变传统的影视剧消费模式。如网络大电影《道士出山》系列、《二龙湖浩哥》系列等，网络电视剧《心理罪》《余罪》《太子妃升职记》《万万没想到》等，在互联网视频用户中引起比较大的反响，“内容为王”成为网络视频行业能够存身立足的救命稻草，优质 IP 成为各大网络视频公司争抢的宝贝之一。

整体来看，目前国内的互联网新兴文化消费方式对网络和手机的依赖性比较大，“文化内容”决定了网络用户是否消费某一产品的重要因素。因此，互联网新兴文化消费方式带来的不仅仅是消费方式的变革，更重要的是文化产品的生产方式的转变。

二、新兴文化消费带来的文化生产方式的转变

互联网介入传统的文化产业生产链之后，互联网内容的生产与消费是信息内容在内容创作者、传播者与受众之间流动的过程，内容的生产、交换与消费都与互联网紧密相关。如下图所示，一方面，互联网使得当下国内的文化生产和消费走向了新的经济形态，即集约型、创意型和线上线下联合销售的产业发展模式。另一方面，从生态系统而言，相对于传统的由产品设计—生产—展览/销售—消费者的单一产业链，互联网的介入改变了创意者与生产者、消费者与创意者之间的关系，改变了产业生态。

从消费角度而言，互联网首先改变了文化产品进入市场的方式，它以网络为载体，使得企业与企业、企业与客户（消费者）之间可以实现双向对接。其次，

从销售渠道而言，B2B 平台已取代传统的专业市场和零售店成为当下文化产品的主要销售渠道，同时，这些平台还可根据消费者反馈回来的信息制造或定制有特色的、针对性的文化产品。互联网在本质上颠覆了传统的由生产端决定客户端的单一发展模式，形成了客户端与生产端双向决定的模式。也就是说，在互联网时代下，消费者不仅仅是消费者，他也可以是文化产品的生产者，“创意”成为某个文化产品是否能够快速占据市场、得到受众欢迎的决定性因素。

三、互联网新兴文化消费的特点分析

从互联网新兴文化的生产方式和新兴文化产品的主要形态来看，互联网新兴文化的消费具有以下几个特点：

碎片化：当前我国手机用户的数量快速增长，尤其是智能手机的普及和各种手机 APP 应用软件的出现，不仅给用户带来便捷通信，也为用户合理使用碎片化时间创造了契机。有资料显示，大部分手机用户都是在路上、坐车、等车的碎片化时间里听音乐、玩游戏、看视频等。因此，与传统的文化产品消费方式相比，能够满足用户碎片化时间消费的新兴文化产品更受欢迎。

即时性、更新快：除了碎片化之外，即时性和快速更新成为当下互联网新兴文化消费的另一个重要特点。在当前的网络环境下，信息更新速度和创新强度成为某个文化产品是否能够取得成功的重要因素。而且随着网络用户追赶潮流、创造潮流心态的膨胀，新兴文化产品内容的新颖度、是否能迅速吸引用户眼球则成为衡量新兴文化消费产品的价值所在。此外，户外移动网络的大范围覆盖也为网络用户即时接受信息和更新信息提供了便利。

网络付费模式兴起和支付方式的多元化：随着国家对互联网管理方式的转变，目前国内的“互联网 + 文化”从生产方式、消费渠道到用户体验和反馈都有更加明确和详细的管理规范。其中，为推动国内知识产权保护的法制化，提高用户的版权意识，打击盗版行为，在线付费成为当下互联网新兴文化消费的一大特点。以音乐为例，付费对象除产品（歌曲）本身以外，如下载、收听、流量包、会员、数字音乐专辑等，还包括广告、在线直播、游戏联运、O2O、衍生商品售卖等其他周边产品。付费方式也越来越多元，如支付宝、微信、网上银行、储值卡等，其中会员制成为互联网文化产品生产商留住用户、占领市场份额的主要方式。

另外，当前的互联网新兴文化消费还具有娱乐性、话题性、流行性、内容多样性等特点，与传统文化消费相比，互联网新兴文化消费对象主要以年轻人为主，因此这些特点往往与年轻人的消费习惯、生活方式联系在一起，也使得这种新的文化消费形态逐渐由边缘成为主流。

四、北京对促进新兴文化消费的探索

近几年北京市在坚持市场主导、政府推动；需求引领、创新驱动；融合发展、产业联动；资源共享、辐射带动等原则的前提下，提出要加强文化消费供给、培育文化消费理念、促进引导文化消费行为、丰富文化消费业态、拓展文化消费空间等要求，以促进文化产业和经济结构的转型升级。从目前的实施效果来看，已连续举办四届的“北京惠民文化消费季”取得良好的成绩，不仅切实地体现了“以人为本”的政策方针，也有效地提升了民众的文化消费意识。其中，与传统的文化产品消费方式相比，互联网平台的介入不仅开拓了新的消费空间，也有效地激发了市场的活力，便利了民众的生活。但是从互联网新兴文化消费的角度而言，如何在促进传统文化消费的同时兼顾新兴文化消费市场的扩张、如何以新兴文化消费模式带动传统文化消费、如何以新兴文化消费促进经济产业结构转型成为决策者下一步需要考虑的问题。从上述互联网新兴文化消费的发展现状来看，笔者认为还需要做到以下几点：

（一）内容必须放在首位：“内容为王”一直是“互联网 + 文化”时代业界不断重复的话题，从长远来看，这个话题也永远不会过时。尽管互联网新兴文化消费是碎片化的、更新快速的，但 5 分钟的高质量产品远比 50 分钟的无内涵、无营养的产品能更快地吸引消费者、留住消费者。从我国当前的文化发展政策来看，促进内容产品的自主创新，保护原创文化产品的知识产权，传承本民族的优秀传统文化，提升文化影响力等政策措施都围绕着“内容”提出。因此，虽然当前的互联网新兴文化消费有了较大的发展，但仍需注重优质内容的开发，尽量避免出现“劣币驱逐良币”的现象。

（二）扶持文化创意产业：文化内容的生产离不开创新，从上述新兴文化消费带来的文化生产方式的转变中可以看出，文化创意已成为文化生产链条中最重要的一环。但从当前的客观环境来看，北京市的创意产业园区在数量上、质量上和吸引力上并不高。尤其是在“文化 + 科技”这一方面，虽然 VR（虚拟现实）技术正在逐步推广，但吸引的消费者仍然有限，如何更好地将高科技与文化进行高度融合将是未来文化创意产业发展中需拓展的一环。

（三）进一步构建居民全方位文化消费的保障体系：虽然目前北京已推行“文化消费惠民卡”等方式来促进居民的文化消费，但力度并不大，而且从目前我国整体的消费水平来看，文化消费支出占比一直较少。因此，要促进文化消费，首先要增加居民的可分配收入，消除居民消费的后顾之忧，提高居民文化消费的支付能力。其次，要在时间和空间上增强居民接触文化消费的可能性，扩大受众面积，提升居民的文化消费意识。再次，提升居民的文化修养是文化消费得以进行的前提，因此需要通过教育、媒体等大众传播方式，通过专家讲评、权威部门推介、消费者示范、读书会、社区游艺活动等，拓展文化消费的层次和情趣。

综上所述，随着互联网技术全面“入侵”传统的经济产业链，国内的传统文化产业链也发生巨变，并波及传统的文化消费模式。虽然目前互联网新兴的文化消费模式导致一大批粗制滥造、低俗、背离社会价值观的产品被生产出来，但从客观来说，新兴文化的消费模式已经为传统文化产品的消费提供了一个出口，只要充分把握新兴文化消费群体的特点和喜好，在迎合消费者的同时引导消费者口味的变化，将有力地促进新兴文化的发展。

文化消费促进传统文化复兴

陈岸瑛　郑昕宇①

2016年9月23日到2016年9月30日，第四届北京惠民文化消费季创意设计魅力板块“文化遗产再设计——百城万匠巡展北京站”在什刹海广福观展出，吸引众多文博、非遗爱好者和市民游客。文化部副部长项兆伦、非物质文化遗产司司长马文辉也赴展览现场参观调研，并与参展机构和非遗传承人进行深入交流。作为北京文化惠民消费季重点项目，本活动由北京市国有文化资产监督管理办公室主办、北京国际设计周组委会办公室、清华大学美术学院、阿里巴巴文化中国承办，并得到了文化部非物质文化遗产司和北京博物馆学会的支持。

有人说，离开消费谈文化保护就是水中望月。而借助新媒体的推广方式，让中国的文化遗产走进现代人的生活，用消费促进非遗项目的发展，成为这次展览的宗旨和最大亮点，在通过“再设计”的方式，将亲民元素、实用元素、市场元素引入文化遗产的保护和传承中，通过跨界设计形成兼具东方美学和时尚气息的文创产品，让文化遗产真正在传承中“活”下去，推动中华民族宝贵的精神文化财富真正融入日常生活，焕发市场生机。

传统工艺，作为中国人传统文化中衣食住行很重要的一部分，在其所处的社会中本身便是各阶层的文化消费品或日常必需品。中国传统文化的“原真性”就是让文化和价值认同实实在在地活在人们的衣食住行当中。因此，如今所提倡的“文化消费”能够为传统文化在现代社会中找到立足点；只有找准坚实的立足点，比起让传统文化永远立在国人心中幻想的空中楼阁，才可谓传承、弘扬以至创新。“文化遗产再设计”项目刚刚起步，未来将以文化消费为载体，让文化遗产以产品和服务的形式走入大众消费的视野，让源远流长的中华文化遗产不再遥远和神秘。

一、文化消费，文化当先

70余位来自全国各地、在清华大学美术学院参与文化部、教育部“中国非

---

① 陈岸瑛、郑昕宇，清华大学美术学院艺术史论系主任、“非遗进清华”总负责人。

遗传承人群研修研习培训计划”的传承人，在本次展览上展出了他们的研习成果，60余种古老技艺与现代设计理念碰撞出灵感的火花，“陶瓷+雕漆”、“瓷板画+银铜器鎏金”、“织染+刺绣”……“1+1”的非遗技艺结合实现了远大于2的美学感受。数位非遗传承人更在淘宝直播上一展绝活，让无法前往现场的网友也能一饱眼福。

“中国非遗传承人群研修研习培训计划”由文化部、教育部与2015年联合发起，旨在帮助非遗传承人群提高文化艺术素养、审美能力、创新能力，在秉承传统、不失其本的基础上，提高中国传统工艺的设计、制作水平，促进传统工艺走进现代生活，探索非遗活化与传统工艺振兴之路。清华美院作为首批试点高校，截至2016年10月，已经成功举办四期研修班。

文化消费最大的特征是其消费中以文化属性为首要。文化消费与传统文化的结合中，首先要考虑的是如何确保传统文化价值的发挥。本次在广福观的展览，尤其是“1+1”的合作，算是一次创新实验，旨在通过传承人之间的合作研发，激发传统文化自身的活力，恢复传统工艺之间的毛细血管联系，开发符合时代精神的文化产品，探索传统工艺融入现代生活的本土路径。

浙江嵊州竹编传承人吕成和青海银铜器及鎏金技艺传承人何满将竹编和银两种不同材质结合起来创作了一套饮器，既包含了竹编的温度和自然气息，又凸显了银的典雅和精致。银和竹都是中国传统造物中经典的材质，也许由于地理的阻隔，几乎没有人尝试将这两者结合起来。这种美妙的结合只有在现代社会中才有可能发生，各怀绝技的传承人深谙自身技艺和制作过程，基于对市场的了解，共同开发了这套产品，让饮茶饮酒雅聚的消费者眼前一亮。

另外，传承人和清美导师之间的合作也格外精彩。基于“以传承人群为主体，以传统文化为本位”的非遗研修理念，设计师应该与传承人平等相处，互补互惠。清华美院染服系副教授、非遗研修班导师之一李迎军与传承人合作研制的时装，不仅充分彰显了刺绣、缂丝的魅力，而且力图在裁剪上恢复中国传统。不同于西式裁剪，这样的衣服脱下来后，可以叠得很平。这种“里”（中式裁剪）“外”（刺绣、缂丝）都很传统，同时又很潮的服装设计理念，不禁让人确信从传统直接开出现代性的可能。

由此可见，文化消费中，文化产品应该起到引导作用。提供文化产品的一方，应该具备深厚的传统文化素养和激活传统的创造力。

二、非遗也可搭车“互联网+”

“直播”是近两年的网络热词，越来越多的网络达人通过直播平台展现才艺、和网友分享好玩儿的故事或产品。“直播”和“非遗”在本次广福观的展览中碰撞出别样的火花。非遗传承人各个身怀绝技，信手拈来，妙手生花。网络直播的方式能很大程度上扩大非遗的传播面，并且让在手机前观看直播的观众对非遗技艺有更真切的体验和认识。观众能够实时在直播的评论区与传承人互动交流。

不论是守在手机前看直播的观众，还是玩直播的主播，几乎都是喜欢尝鲜、追赶潮流的年轻人。非遗的传承和传播非常需要年轻人的广泛参与。“直播＋非遗”是“互联网＋非遗”的又一种新的尝试，更加贴近大众的日常生活，将趣味性与传统文化相结合，丰富年轻人对传统工艺和文化的认识。通过网络直播，我们也感受到了传统文化同样可以通过一种与时俱进、贴近生活的方式获得年轻人的关注和热爱。

此外，在广福观展览之前，清华美院的师生们于暑期兵分八路，去全国各地回访清华非遗学员，协助他们建立淘宝店，教传承人做直播。在我们所做的直播中，有近一半的主播都是如今非遗传承与发展的中坚力量80、90后“传二代”。虽然他们当中多数人也只是听说过直播，没有做过主播，但这样的传播方式的确让他们耳目一新，愿意尝试。在直播中，伴随着中国互联网成长的“传二代”们更懂得如何运用互联网去传播自己的手艺，和同辈的在线观众有更多共同语言。从父辈或师傅手中传承技艺的他们也感受到，拥有一项绝活儿，在同辈人中也是一件很酷的事情。

本次展览借助阿里巴巴文化中国的力量，观众既可以在实体展参观购买文创产品，还可通过手机观看淘宝直播，实现线上文化消费。以传统文化为中心的文化消费有了年轻人的参与才能焕发新的活力。

对于传承人而言，这无疑是一次建立和推广自身品牌的良机。什刹海烟袋斜街游人如织，消费力旺盛；线上同步推广，更是拉近了传承人与用户的距离。但是，事情并非如此简单。我们不指望一次展览就能打通传统工艺走进现代生活的“最后一公里”。事实上，这一公里相当漫长。“互联网＋”并不简单地是为传承人增加销售渠道——不少传统工艺产品，如笔墨纸砚、陶瓷、漆器、金银器等，原本就有自己的销售渠道，销售情况也不算差——而是转变服务对象。不少传统工艺以往面对的，都是以熟人关系维系的小众群体，而电商则需要面对全体公众，尤其是年轻一代的消费群体。就此而言，非遗触网并不简单地是开淘宝店，而是转变产品的服务对象。

但是这种“服务”，并不一定需要迎合消费者，而是需要在与消费者相互磨合、相互了解的过程中，在保持传统工艺不变质的前提下，改变产品的形态与功能，提升文化消费的品级。我们已经在茶道、香道的盛行中，见证了传统的复兴。品茶品香从不需要迎合，而是需要提升。但是，这也并不意味着茶壶、香炉不需要改进。形成传统工艺的环境毕竟发生了剧烈的变化，等差有序变成了人人平等，最好的工艺和材料不再限定极少数人享用，纹饰也在一个开放的社会中丧失了其原本的象征意义。传统工艺如何在变化的环境中保持自己的生命力？对此虽然不可能有一个统一的答案，但是通过“1+1”合作与互联网聚合，成功的几率无疑会大大提高。

三、消费促进生产

非遗凝结了中华民族传统的造物智慧和深厚的文化内涵，其作品和衍生品理应成为文化消费中重要的一部分。文化消费市场需要引导和培育。“互联网+非遗”的形式让消费者直观了解非遗产品背后的文化价值和独一无二的品质。消费者在了解喜欢传统工艺和文化后，在日常生活和交往中选择非遗产品则是自然而然的事。

反过来，消费促进生产。有了一定的市场需求后便需要更多的产品。这样的需求能促进非遗的传承和发展。简单来说：年轻人看到非遗的价值不断被社会认可，愿意在本地继续传承非遗事业，而不是外出打工。

本次“直播+非遗”更多的是探索非遗传承和发展中的一次尝试。直播对于非遗在年轻人中的传播效应是值得肯定的，但由于各种原因整体上促成的交易量很少。因此，直播更重要的是促进非遗与社会生活和文化消费的融合，尤其是在淘宝直播这个平台。如果传承人自己有比较成熟的淘宝店，正苦于如何吸引关注度和销售，那么直播将是一个很好的线上推广和营销的策略。拓宽非遗的线上销售渠道，并不是单单把淘宝店建立起来就够了，关键在于后期的运营和维护。

不过实际情况是，绝大多传承人平时忙于钻研技艺和制作产品，没有精力也没有太多专业能力去建立或经营淘宝店。消费者对非遗的买单属于文化消费，并不完全在意产品的实用功能，更在乎工艺的历史和文化。这意味着非遗产品的线上销售需要花费大量的精力去挖掘其背后的文化和故事，而不是简单上传照片和几句话就够了。淘宝直播是淘宝店后期推广的一种全新方式，如果淘宝店并不完善，那么直播的效果也会大打折扣。对于淘宝店运维，在全国各地创业氛围浓厚的时代背景下，政府应该多引导地方的文创创业团队经营出当地的文化品牌，协助传承人去做网络直播等一系列线上推广和营销方式。比如非遗研修班第四期学员吴春秀的家乡黔东南施洞镇政府和贵州财经大学合作正在想办法打造当地苗族刺绣和银饰品牌，以企业运营的形式拓展本地特产的线上销售渠道。

另外，最重要的一点是，并不是所有非遗产品都适合线上销售。一般来说，千元以内，实用性较强的产品比较适合进驻淘宝店。这其实对传承人提出了更多的要求，需要他们具有一定的研发创新能力，在自身技艺和文化内涵的基础上，不断吸收新的创作理念，创造出更适合于现代生活和审美的产品。

当然，不论是鼓励传承人进行研发和创新的“1 + 1”，还是“互联网 + 非遗”的新模式，这都是在中国提出非遗保护概念十年后一个新时期的尝试。这期间，政府、高校、传承人、文创团队等社会各界应该形成系统合力共同探索非遗的传承和发展之路。毕竟，非遗如果不能与当下的社会、文化、生活、政治、经济等联系起来，便只不过是博物馆里冰冷的展品和书本上符号性的文字。也希望社会各界继续关注和支持文化遗产的再创造、民族传统文化元素的现代设计应用，促进和推动融合与创新，实现文化遗产的在艺术层次、市场层面的“再创造”，帮助传统手工技艺实现更大的产业价值。

强 IP 如何促进文化消费

李　伟[①]

近两年来，IP（Intellectual Property 的缩写）成为文化领域的热词，颠覆了过去主要在科技创新领域提及 IP 的传统认知，反映出当下文化创新的汹涌浪潮已经形成。而且，文化领域的 IP 概念已经由知识产权引申到可进行商业价值开发的一切文化内容和产品，成为集合版权、内容、品牌、标识甚至是明星合约、肖像等多重因素的复合概念。在当前市民消费升级、更加追求精神文化消费的市场拉动下，优质 IP 爆发出惊人的商业潜力，成为各路资本和企业竞相争夺的重点，文化 IP 开发和商业化运营正在深刻改变文化消费的发展趋势和文化产业的商业模式。在第四届北京惠民文化消费季的活动举办中，强大的文化 IP 已经成为激发文化消费意愿、引领文化消费行为、促进文化创新发展的重要动力。重视和强化文化 IP 的开发利用，成为激发新供给、创造新需求的有力支撑，成为文化产业领域推进供给侧结构性改革的重要抓手。

一、文化 IP 在文化消费中的功能作用

传统意义上讲，文化本身就意味着远离商业与大量制造，文化不能被购买，不能被消费。在工业革命之前的时代，文化还未能成为产业，文化产品还是少数特权阶层能够享受的奢侈品，谈不上什么文化 IP。但随着生产力的不断发展，随着市场经济和工业化发展进程加速推进，专门满足和服务人的精神文化需求的产业开始出现，标志着“文化”作为一种特殊的文化形态和特殊的经济形态，作为一种特定的“生产要素”，开始融入到社会经济生产生活。马克思曾经提出过一个观点：当艺术可以脱离艺术家的活动成为一种单独存在的工业制品时，借助于新的科学技术的出现，借助于人们消费欲望的扩张，就有可能产生对艺术品的批量生产，并且由对艺术的批量生产和大众消费来延伸到文化的各个领域，形成某种文化工业体制。从“文化—文化产业—文化消费”的发展演进，也证实了文化消费是经济社会生产力发展成熟到一定程度的产物，也是消费需求发展到一

① 李伟，伟世通经济咨询公司董事长。

定程度的产物。

所以说，文化 IP 是一个在市场经济体制下针对文化产业发展、文化内容消费的特有词汇。IP 凝结着作者创作作品的价值。文化 IP 开发是文化消费的源泉，如同物质生产一样，只有不断创作出丰富的文化产品和内容，扩大文化供给，文化市场才有活力，文化消费才有基础。在未来的文化产业演进中，IP 将日益成为文化产业发展的核心资源。对 IP 内容进行生产、管理、运营，形成 IP 资产，打造 IP 产业链，是文化企业发展和政府引导文化消费工作不可忽缺的关键一环。但文化 IP 并不等同于文化消费，只有把文化产品和服务经过一定的产业化开发，才能有效转化为可供市场消费的内容。

二、第四届北京惠民文化消费季的 IP 特征

第四届北京惠民消费季，在活动的策划组织上，一方面突出了通过新技术的文化产品和服务，推动北京文创产业“以智升级”，另一方面注重加大高质量的文化产品和服务供给，实现北京文化消费“以质惠民”。所以，在消费季整合推出“六大板块引领、十大园区支撑、十六区协同联动”的活动体系中，可处处感受到强 IP 的价值和魅力。

例如，圆核经典花 2 亿元买断享誉世界的舞台秀《Cavalia · 舞马》在 4 月至 7 月连续演出 58 场之后，于 8 月 16 日正式加入惠民文化消费季，推出惠民演出版，成为既叫好、又叫座的舞台秀。《Cavalia · 舞马》作为展示人与马之间亲密和谐关系的 IP 形象，未来将可能是一部以马为主题的电影、游戏、动漫，或者是一个练习马术的学校。再如，8 月 26 日开始营业的乐多港奇幻乐园，是京能集团投资的第一个主题公园，也是充分挖掘中国传统文化精髓为核心的自主 IP 文化乐园。乐园中 DARK RIDE“秘境十三陵”、飞行影院“翱翔紫禁”、灾难巨幕“郑和下西洋”等项目都是以中国传统文化元素进行包装，高科技手段予以实现的。另外，乐园拥有全球首创的 360 度全球幕“神话”和影视跳楼机“天地浩劫”两大项目，能让游客穿梭于古今未来中，在领略中国传统文化魅力的同时体验惊险与刺激。另外，在本届消费季的各个活动板块，都大幅推出一大批原创力作，如开心麻花的《李茶的姑妈》、华夏乐章《小狮子奇遇记》等。

跳出具体的文化作品、项目，从北京惠民文化消费季的整体运行来看，IP 资源的整合汇聚也是消费季的一大特色，如第五届“动漫北京”活动，搭建了以游戏为主导，包括影视、动漫、网络文学等泛领域的数字娱乐内容展示平台。消费者在欣赏漫画、动画或玩网游之外，基于动漫游戏 IP 衍生出来的影视、舞台、大型交互娱乐项目乃至家居生活用品，成为激发漫迷文化消费的新热点。而各类文化活动加入消费季大平台，通过统一品牌形象、统一宣传推介，使消费季本身

逐步演变为一个超级 IP 库。

透过上述案例，可以认识到，文化 IP 与文化消费之间的双重互促关系。其一，优质的文化创作产品，通过文化消费行为，在某一领域或环节取得成功，能为其 IP 价值的拓展、衍生奠定充足的市场基础；正如《Cavalia · 舞马》基于舞台秀的成功所拥有的潜在价值一样。其二，潜在的文化 IP 资源，要想顺利转化为面向市场的文化消费产品和服务，实现其社会和经济效益，离不开市场化的商业运营和创新开发；如乐多港奇幻乐园把历史文化与现代科技相结合的设计。

三、以强 IP 促进文化消费的若干模式

如何把文化 IP 资源切实转化为市民实实在在的文化消费，让 IP 在市场中实现社会效益、经济效益，是一项系统的复杂工程。从激发和扩大文化消费市场规模角度来看，IP 促进文化消费的模式和途径，一般有以下几种。

第一，通过引进版权或原创，培养新兴消费。版权引进是指将外国所创作、生产或加工的版权商品（包括外国拥有的版权服务）购买后输入本国市场的版权贸易活动。这些年，大家熟知的《中国好声音》《我是歌手》《舞出我人生》等众多综艺节目都是引进国外的相关版权再开发后推向市场的。相比过去的模仿抄袭，如今的借鉴、引进和本土化改造体现了国内文化消费市场逐步走向健康发展的积极态势。近年来，原创版权也开始受到市场的广泛关注。如已连续三届参加惠民文化消费季的《开心麻花》剧场，多年坚持舞台剧、音乐剧以及儿童剧的创作、编排和演出，成功推出《爷们儿 · 叁》《夏洛特烦恼》等精品剧目，成为行业的知名品牌。长期以来，应当说国内并不缺乏优质的文艺原创，缺失的把优质原创作品推向市场消费的产业转化能力。

第二，通过产业链衍生开发，引领跨界消费。IP 产业链贯通的过程，就是当一个 IP 在一个领域崛起，再将其衍生到其他领域，进行二次、三次接二连三的创作，从一个 IP 发展成一个 IP 体系，从一个品牌发展成一个品牌集群，实现消费规模的扩张。这是目前常见的 IP 利用模式。出产业链看，文学作品一般处于文化 IP 产业发展的第一环；中游主要是电影、电视剧、网络剧以及话剧、游戏、动漫等产品；下游包括了各类文化衍生品、实景娱乐主题公园、玩具等。除了这几个环节外，文化创意产业还可通过版权授权等方式，与农业、制造业、旅游业、金融、城市建设开发等众多行业进行融合发展。大家熟知的美国迪士尼就是以动漫文化为起点，通过衍生布局动漫、影视、游戏、图书、主题公园和众多特许经营产品等各种文化领域，从一家动画电影的制片公司发展为全球娱乐王国，实现单一内容产品的 IP 化和 IP 全产业链运营，成功打造成世界文化企业标杆。

第三，通过品牌效应的塑造，发展粉丝消费。这种模式是把 IP 内容和品牌

结合起来，利用品牌为IP获取流量和营销红利。还有就是电视、电影和图书等领域，利用之前的粉丝基础、观众接受度、品牌内容影响力等市场口碑效应，进行各种续集开发。据统计，目前全球前50大卖座影片中有半数以上属于“续集片”或“系列片”。另外一个企业、一个导演、一个作家、一个明星等等，也可以通过自身累计的品牌价值，通过品牌反哺IP，刺激文化消费。

第四，通过文化传承与再造，推动转化消费。这种模式是以传统文化精髓经典IP形象或相关传统文化内容为原型，围绕主题再开发、跨界合作等方面，通过传统文化传承的理念和实践，创新保护方式，使得传统文化IP得到活化和更广泛的传播，形成更大范围的文化辐射和文化消费。如第四届北京惠民文化消费季在创意设计魅力板块，专门策划组织“文化遗产再设计”活动，用“再设计”创新出具有东方美学精神、符合现代审美和需求的文化创意产品，让文化遗产回归日常生活，以文化消费为桥梁，让文化遗产产品和服务更多更好的被大众消费，体现了传统文化的继承与发扬。如消费季的《昆仑神话》《纳斯尔丁·阿凡提》等音乐剧，以及融合木偶、杂技、武术、歌舞等艺术元素的奇幻剧《猴王花果山》，都是围绕中国传统文化中的经典故事，利用国际化和现代化表现手法开发出的IP传承力作。

第五，通过主题资源的集成，构筑聚合消费。这种模式的核心是把文化消费资源集成在一个空间范围，构建文化消费综合体，如环球影城、迪士尼和国内的万达城、乐多港等等。还有就是通过组织展会、博览会等方式，汇聚各类文化企业，通过集中展示，促进聚合消费。本届消费季，各类博览会、精品展、文化节等超过100多场，在三个月内轮番登场，让消费者领略到图书、音乐、戏剧、动漫、家居等众多行业的文化内涵。另外，文创园区不仅是文化内容生产创作的基地，也是文化消费的阵地。本届惠民文化消费季本着“推新扶优”原则，新增推出了包括万荷艺术文创园在内的条件成熟、氛围浓厚、消费活跃的十大文创园区，积极拓展文化消费新空间。

四、以强IP开发促进文化消费的建议

文化是民族的血脉，是人民的精神家园，是城市发展进步的灵魂。扩大文化消费不仅有利于转变经济发展方式，是拉动经济增长的动力引擎，而且发挥着潜移默化地弘扬社会主义核心价值观、传播文明、弘扬法治、促进和谐的作用，是维护社会稳定的重要支撑。文化消费水平的高低，是衡量一个国家或地区历史文化积淀、经济社会发展和国民精神素养的重要标尺，文化消费领域是关系文化安全、关系国家竞争的战略阵地。要在市场经济条件小，既做好文化消费工作、也切实维护好文化安全，必须要推进文化发展体制机制的系统创新，突出以版权经

济为统领，以双效统一为导向，通过强化版权保护、强化自主创作、强化运营创新，打造以强有力的 IP 资源为支撑的文化创新发展格局。

第一，强化版权经济。当前，全球经济正由工业经济向服务经济、由物质消费向文化旅游等精神消费升级，版权经济将成为新的发展制高点。国外曾有学者说，“20 世纪是专利的时代，21 世纪是版权的时代”。因此，我们要真正做到科技创新与文化创新双轮驱动，把文化 IP 的开发利用和文化消费促进有机结合起来，大力发展“版权经济”的经营探索上做出新的探索。当前，北京在大力调整疏解非首都核心功能，积极打造高精尖经济结构。可以说，高精尖在文化产业领域的体现，就是依靠智力创新成果形成有市场价值、有影响力、有辐射力的“版权”。

第二，强化版权保护。随着文化产业发展和文化消费市场的日益增长，IP 开发热潮中的版权纠纷越来越多，版权保护是维持文化市场有序竞争不可忽视的问题。目前，IP 偷用、内容抄袭等现象频发。版权保护是壮大文化产业、发展文化经济最基本、最核心的任务之一。在今后的文化 IP 产业发展中，必须要完善强化文化 IP 的确权、维权机制。建议政府管理部门应进一步梳理文化领域的现有版权管理体制机制，完善相应的政策法规、加强市场秩序监管，降低维权门槛；行业从业者也应提高版权保护意识，增强 IP 转化能力，开辟授权经营空间。

第三，强化内容创作。没有内容的文化产业就没有持久生命力。构建健康的 IP 生态首先要继续鼓励原创，只有越来越多的原创作品进入市场竞争，才能优中选优，提升 IP 的社会价值和商业价值。重视 IP 说明业界已认识到内容质量的重要性。但在目前的市场实践中，企业更多的是在争夺 IP 资源，而非投入 IP 创作，不少企业重市场、轻研发，重引进、轻自主。因此，在下一步的文化产业价值链及产业生态圈的布局中，还要突出“内容创作、版权创造”这一核心环节，支持企业加大创意投入力度。

第四，强化运营创新。一方面要加强产业链上下游协同和产业间融合发展，强化围绕 IP 的一源多用开发，聚焦打造一批超级 IP，形成动漫、游戏、电影、电视剧、文学、主题公园、衍生品、酒店、艺术品、教育、培训等相关产业共生发展的格局。另一方面，要大力支持基于互联网的即时创作、全民创作和全民消费，创新文化生产和消费模式，基于网络搭建生产者、平台型企业和消费者的产业新生态，形成不竭的创新动力。

第五，强化双效统一。在市场经济条件下，“文化”作为一种特定的“生产要素”和社会再生产环节的一类“消费内容”，有别于住房、汽车等一般物质消费，是既具有特殊意识形态属性，也具有经济发展形态属性的复合领域。文化 IP

的开发利用不能只考虑经济属性，而忽视社会效益。今后的发展，要发挥政府、社会、消费者等各方的作用，多重引导从业者在 IP 开发过程中做到“两个效益”并重。

二次元文化消费趋势初探

高东旭[①]

当“脑洞、前方高能、flag、中二病、刷不过三秒、空耳、2333……”等二次元热词从弹幕开始，通过评论区、聊天框、媒体等渠道，传播为更加大众化的网络用语后，二次元文化这个曾经的小众文化的影响力日渐向主流文化渗透，二次元本身则开始上升到商业层面，二次元文化消费开始进入大众视野，用户群体不断扩大并呈现巨大潜力。

一、二次元文化消费的现状

（一）二次元文化消费基础

近几年国家出台大量产业扶持政策，分别从资金、版权保护、宣传营销等各方面给予支持，市场融资环境宽松，大量资金流入二次元产业，也都有利于二次元产业的发展。

政策因素方面：广电总局境外动画片禁播令为国产动画打造生存空间。文化部及相关部门国家出台一系列扶持中国原创动画的政策，尤其是在2012年，文化部发布了《“十二五”时期国家动漫产业发展规划》，这是动漫产业首次进行单列规划，意义非凡。

经济因素方面：我国国民经济水平的日益发展，使得人们对精神文化产生更高的需求。同时作为一类文化产品，其消费状况取决于大众的经济水平，资本不断进入，为二次元产业发展提供“弹药”，促进竞争。

社会因素方面：用户群体逐渐成熟，影响力增强，趋于成为主流文化。随着经济发展，社会包容性增强，二次元文化慢慢被人们接受和关注，虽然国内动漫产业起步晚，受动漫文化影响最深的90后和00后多为学生党，但是随着这批人逐渐成为社会主力，其用户价值和商业价值将极为可观。

技术因素方面：由于二次元产品的传播越来越依赖于互联网，智能手机和移

---

① 高东旭，中娱智库研究员。

动互联网的普及有助于推动 ACGN 的传播。众多二次元 APP 丰富了 ACGN 内容的呈现形式，便利了用户群体。

（二）消费现状与数据

围绕着 ACGN 所产生的语言、审美、思维模式，一个二次元世界正在我国形成，而且正在吸引越来越多的年轻人。国内二次元产业先后经历了培育期、成长期，即将迎来爆发。在此期间，中国二次元产业不断突破升级。其一，内容上完成突破。二次元内容从引进到原创，国家全力扶持已经成为文化现象；其二，产业上实现扩容。用户群体扩大，网络媒介发展，加上资本市场的主动介入，推动整个产业快速扩容；其三，模式上成功升级。专业人才群聚，产业结构清晰以及商业模式不断创新，让全民参与推动产业繁荣。

互联网消费者咨询公司艾瑞咨询发布的《2015 年中国二次元用户报告》为我们勾勒出了中国二次元消费群体的形象：目前该群体数量达 2.6 亿人，97.3% 是 90 后到 00 后，尽管没有独立收入来源的学生占到这个群体的 80%，但他们仍乐此不疲地购买动漫周边、游戏、手办（动漫人物的人形玩偶）等二次元及衍生产品。中投顾问在《2016—2020 年中国二次元行业深度调研及投资前景预测报告》中认为，目前二次元行业市场规模不断扩大，产业市场规模已达到 1000 亿元人民币，5 年后将迎来 1000 亿美元的市场份额，消费需求潜力正在迸发。

正是看到了这个新兴产业的巨大前景，二次元经济成为各大企业尤其是互联网巨头争夺的新一轮热点。从大平台大公司，到以专门生产内容的内容公司，再到小众化平台，都试图在不断崛起的二次元产业中分得一杯羹。

二、二次元文化消费的特点

（一）二次元文化消费用户特征

二次元文化消费用户以 90 后、00 后群体为主，主要集中分布在北上广深及省会城市。与此同时，二次元用户付费比例较高，他们乐意在各种二次元内容上花钱，如漫画、写真等印刷品；玩偶、游戏等周边产品，以及声优、虚拟歌姬的演唱会及相关表演。

研究表明，二次元市场只是雏形初现，但未来随着二次元与三次元的融合以及全产业链开发模式的兴盛，二次元有望在动漫、影视、游戏、小说等领域开拓更多市场价值。

据统计，在二次元文化周边上，二次元用户每年平均花费超过 1700 元。

二次元群体中的每一类成员都具有独特的二次元世界属性，比如技术宅认为可以改变世界；萝莉控对萌系的任何事物都有极强的追求。一些知名二次元草根明星，更具有上百万粉丝群体，在这个二次元世界中，拥有在绘画、唱见（歌姬）、段子手、舞姬、游戏等领域的明星人物，因其性格特征与技艺在二次元的平台里拥有号召力。

按照代际来讲，中国的 80 后差不多是第一代融入世界二次元潮流的一代人，随后，更年轻的一代，伴生着互联网，与二次元文化产生了更为亲昵的关系。他们不仅在线上观看和讨论漫画、动画，也经常在“三次元”的现实中聚会，发起 cosplay 表演。这些打扮怪异的年轻人，以前被主流世界看做异类，而现在，他们正在主导着一个庞大的产业的形成。无论漫画 IP，动画工业，还是俨然已经成为二次元人群据点的“A 站”和“B 站”，都是创意产业中不容小觑的力量。

二次元文化的内核是吐槽，是反叛，是对现实社会的不满。从小就被贴上“垮掉的一代”“脑残”等标签长大的年轻人正在用他们的方式，创造出一个传统人士看不懂的新世界。

（二）二次元文化消费内容分析

当前中国针对二次元内容消费品引进最多的仍来自于动画和音乐，这也是当前二次元内容消费者需求度最高的细分市场。针对漫画和轻小说的引进已经拥有了较为初步的渠道，但电子化程度仍不高，导致其在二次元消费者中传播速度较慢。针对游戏的引进存在较大障碍，主要原因是当前中国艺术类消费品分级制度仍然欠缺，相关法律法规尚不完善。

二次元作为一个独特的亚文化群体，存在着许多类似“行业黑话”的内容，也被称为“梗”。“梗”的积累来源广泛，有动漫原作，同人作品，微博传播，甚至是简单而形象的弹幕评论。而二次元群体非常注重交流，像聚集了国内绝大多数二次元的“A 站”和“B 站”，其精髓除了是片源之外，更多的是提供用户交流甚至是“吐槽”的弹幕。因为弹幕，用户可以第一时间与其他人同步交流沟通，而这也是他们在“B 站”上看视频的最大乐趣。90 后、00 后用户更注重个性化，更愿意创造和欣赏属于自己文化的东西，而不是被动的接受外界强制塞给他们的内容，使得人群在不断聚集。

网站上除类似鬼畜之类视频外，还有些其他视频，如，年轻人拍家里的猫猫狗狗——喵星人和汪星人，把自己做菜的过程做成视频，这些社区成年轻人真正交流，喜欢自己文化的地方。

（三）二次元文化产业投资

近年来，随着政府对行业的重点扶持，二次元文化产业开始进入大众视野，尤其是 2015 年阿里、腾讯等互联网巨头相继杀入“二次元”社区“A 站”、“B

站”，资本对“二次元”内容社区争夺日趋激烈，随着90后、00后用户心智和消费能力成熟，“二次元”经济有望迎来井喷。据艾瑞咨询统计，2015年，二次元领域的融资规模至少达到5.46亿元。

在A股市场，已经有多家上市公司在发力布局“二次元”，包括奥飞动漫、苏宁环球、美盛文化、掌趣科技等。其中，奥飞动漫创造了中国动漫行业最大一起并购案；苏宁环球收购韩国唯一动漫上市公司REDROVER公司20.17%的股权，成为第一大股东。专注于“二次元”下游动漫衍生品生产、销售的美盛文化（002699），也在2015年11月成立子公司美盛二次元，专门负责“二次元”投资业务；掌趣科技（300315）则出资1222.72万元对“B站”进行投资。

其他二次元投资包括：苏宁环球在2015年6月投资韩国两家动漫公司，包括对韩国动漫巨头OCON公司进行增资，收购韩国唯一动漫上市公司REDROVER公司20.17%的股权，成为第一大股东。2015年11月，国内动漫视频网站的领跑者Bilibili弹幕分享网站（以下简称“B站”），获得腾讯数亿元人民币的D轮投资。2016年，老牌娱乐公司华谊兄弟的内容触角延伸至二次元产业。先是成立动画公司“点睛动画”，后又与童石网络共同设立合资公司，将对童石网络的10部漫画IP作品进行改编，改编内容将覆盖网剧和网络大电影、电视剧、真人电影及动画等类型。

对于投资人来说，二次元用户不仅意味着一个庞大的、消费力在不断增长的年轻付费群体，而且二次元所覆盖的动画、漫画、游戏和轻小说内容为IP全产业链运作提供了巨大的想象空间。

三、二次元文化消费存在的问题

我国二次元产业发展迅猛，但从全球看，无论内容生产、版权管理还是发行渠道上都仍有欠缺，跟日本完善的二次元文化产业链相比，差距还很大。

（一）二次元文化产品供应方面

中国二次元文化消费方面，虽然拥有巨大的消费者规模，但二次元文化产品原创能力不足，需求高度依赖日本ACGN产业。从最基层的内容到IP运营、周边售卖，只要日本公司不松手，国内的产业链就很难展开，即便展开，国内公司的收益也相当有限。

对于这样的困境，国内企业希望通过自建内容与IP来驱动整个二次元产业链。然而这种模式下，一部作品要通过非常长时间的积累才能积累到一定的IP知名度，而后如果想覆盖全部衍生领域，又要通过漫长的时间，因此作品的商业价值无法在短时间内最大化。尽管国家为原创动画的发展提供了一系列的政策扶持，但是由于管理体制不完善、创新能力不足，国产 IP 依然面临质量低下的问题，这对于中国二次元行业的长远发展提出了巨大的挑战。

（二）产业链尚需完善

我国文化产业还不成熟，像日本那样完备的二次元产业链还没有形成。在日本，纸质漫画市场已经连续 15 年下滑，很多二次元作品要依靠后续产品开发来实现盈利。日本采取的制作委员会模式，由制作公司、漫画出版社、广告公司、电视台、玩具制作公司等机构组成，他们一方面参与动画剧集或电影的制作发行，另一方面共同承担资金风险，而不同产业链的构成使得作品能够实现不同层级的后续开发。

我国二次元产业链上游的内容质量不高，国内的影视播放系统又处于相对垄断地位，这就导致内容公司议价能力弱，制作成本与版权、播映收入背离；进而导致内容公司融资困难；资金缺乏反过来又会降低内容创作的质量；这种恶性循环势必造成动漫产业链断裂，下游市场开发程度低。

（三）法律和版权体系不完善

二次元文化的兴起依托互联网以及数字技术，这为盗版侵权创造了更便利的条件，又因为这一领域的法律法规和标准设定尚不健全，给二次元文化作品版权保护的执行带来一定的难度，这必然影响二次元文化产品创作和生产。

四、促进和引导二次元文化消费

二次元文化消费作为我国新兴的文化消费领域，将大大拉动国内消费，但需要有效引导和促进，以便发挥其更大的作用。

（一）促进因素

资本利好：二次元行业的蓬勃发展和互联网企业对二次元行业的高度关注带来资本利好，资本不断涌入，助推产业积极发展。技术推动：移动互联网的技术发展，促进二次元 APP 蓬勃生长，丰富了产业内容的呈现方式，吸引了越来越多的用户，促进发展。用户影响力提升：核心用户群体逐渐成熟，开始影响周围，形成广泛的泛二次元用户群，为行业深入发展打下用户基础。

（二）推动二次元文化消费的措施

首先是，推动二次元内容创新机制建设，包括加大对优秀的二次元文化产品进行鼓励和奖励，营造宽松的创作氛围，鼓励知名二次元展会活动的发展，有效引导二次元消费。

其次是促进建立国内以及国际二次元企业制作委员会制度。通过相关机构或行业协会建立与日本、韩国漫画及动画公司、产业链相关机构建立制作委员会，推动二次元产品的有效生产和产出。

第三是鼓励国内二次元企业，组成相关联盟和联合体，针对国外企业，实现知识产权集中维权、内容版权采购方面集体采购。

第四是在行业主管部委的支持下，特别是驻外使领馆、中国文化中心支持下，响应国家文化走出去号召，紧密配合国家“一带一路”政策，推动二次元文化产品出口、版权交易、投资并购等。

第五是整合二次元产业链，推动行业自律，反对行业不正当竞争，建立行业自律规范。

第六是推动行业人才的培训，提升行业人才竞争力，为二次元产业的发展提供持续动力。

加强社区文化建设、促进农村文化消费对策分析

赵志英[①]

新型农村社区文化建设是农村改革的一个重要课题。加强农村社区文化建设，满足农民日益增长的精神文化需求，既是时代发展的要求，也是提升文化软实力的重要途径。

一、农村社区与农村社区文化

（一）农村社区的涵义

“社区”一词最早于1887年由德国社会学家F·腾尼斯（Ferdinand Townies）在《社区与社会》（Community Society）一文中提出。他认为，社区是基于亲族血缘关系而结成的社会联合。后人又完善归纳出构成社区的七大要素：1. 人口；2. 地域；3. 经济；4. 社区的专业分工和相互依赖关系；5. 共同的文化制度；6. 居民的凝聚力和归属感；7. 为社区服务的公共设施。以上是从社会学的角度给社区下的定义。其实，由于学科的不同和人们说明问题的取向不同，社区有各种各样的解释，但都含有“社区是一个区域性的社会”这一基本内涵，通常指以一定地理区域为基础的社会群体。

在中国，严格意义上的农村社区是具有一定自然、社会经济特征和功能的相对完整和独立的社会单元，主要从事农业生产和农民聚居的地方，除进行经济活动外，也进行政治、文教、风俗与社会活动。

新型农村社区建设，既不等同于村庄翻新，也不是简单的人口聚居，而是要加快缩小城乡差距，在农村营造一种新的社会生活形态，让农民享受到跟城里人一样的公共服务。自从新农村建设开展以来，新型农村社区大量涌现，已经形成与城镇和村庄相并存的农村居住和生活方式，其本身在中国社会发展进步中就具有很明显的文化特征。

---

① 赵志英，吉林人，中共吉林市委党校，研究方向：文化研究。

（二）农村社区文化的内涵

农村社区文化是加强农村文化建设、全面建设小康社会的内在要求，是树立和落实科学发展观、构建社会主义和谐社会的重要内容，是建设社会主义新农村、满足广大农民群众多层次多方面精神文化需求的有效途径。社区文化是我国新时期兴起的一种社会文化形态，是指在一定的区域范围内，在一定的社会历史条件下，社区成员在社区社会实践中共同创造的具有本社区特色的精神财富及其物质形态。农村社区文化不仅仅是一种文化娱乐、文化设施，还包括人们的行为规范、民情习俗、信仰观念、人际关系等。因此，在社会主义新农村建设时期，农村社区文化建设不仅要发展农村文化设施，丰富农民精神文化生活，而且要提高农民的素质，引导农民形成正确的价值观和行为观，对社区产生认同感和归属感。

二、农村社区文化建设的重要性

（一）加强农村社区文化建设，有利培养适应时代发展需要的新型农民。科学文化教育，对于一个国家或地区的发展具有基础性、先导性和全局性的作用。农村社区文化决定着农民的人生观、价值观，决定着农村社会的价值和伦理取向，构成农民的行为准则。农村社区文化随着社会的发展和进步，文化的功能和价值越来越大，文化对经济建设的推动力、对思想建设的感召力、对环境建设的辐射力、对人才成长的铸造力也日益凸显。我国绝大多数农村劳动力仍属于体力型和传统经验型农民，还没有掌握现代生产技术。因此，加强农村社区文化建设，培养造就千千万万有文化、懂技术、会经营的新型农民，充分发挥广大农民建设社会主义新农村的积极性、主动性和创造性，才能把科技兴农落到实处。

（二）加强农村社区文化建设，是推动农村经济快速发展的重要路径。文化是经济的内核，文化的繁荣是经济发展的重要条件。文化作为社会上层建筑的重要组成部分，长期以来，出于意识形态的考虑，人们片面强调文化的精神属性和政治功能，忽视和否定其经济功能，忽视其商品属性。实际上，文化与经济是密切结合的，在知识经济时代，文化是生产力的重要要素，是生产力大系统中不可缺少的重要组成部分。在经济与文化互相融合的市场经济条件下，文化已不再仅仅是经济发展的服务手段，而是新型的朝阳产业。有的地方已成为地方经济发展的重要支柱。在一些农村地区文化产业已经成了农村发展、农业增产、农民增收的有效途径。传统乡村社会文化资源的开发，正在成为许多地方农村经济新的增长点。

（三）加强农村社区文化建设，有利于推进农村民主管理的进程，夯实党的农村执政根基。“民主管理”作为人们参与政治、经济事务管理的一种权利或方式，民主管理意识的形成、管理能力的提高与农村文化事业建设和农民的科学文化素质提高是密不可分的。通过开展形式多样、内容丰富的农村社区文化活动，不断增强农村的民主意识、法制意识、参与意识，逐步实现农民对民主管理的追求，推进农村民主管理进程，加快新农村建设的步伐。因此，必须坚持先进文化的前进方向，努力推进新农村文化的建设和发展，为农民群众提供更多更好的文化产品和文化服务，丰富农民群众的精神文化生活，适时地向农民群众传达党和政府的政策主张，把农村基层党建工作与农村经济发展、农村环境改善、农民素质的提高以及农民物质和文化生活水平的进步紧密结合起来，不断拓展基层党建工作空间，充分发挥农村基层党组织在农村改革发展稳定中的战斗堡垒作用，有效彰显党在农村的影响力、凝聚力，夯实党的农村执政根基。

（四）加强农村社区文化建设，有利于农民树立符合主流意识形态的价值观，创新农村社会管理。没有农民思想观念的现代化，没有具有现代性的农民，农村现代化就是一句空话。如果不用社会主义先进文化占领农村市场，不用社会主义核心价值体系引领农民，就不会有农村的社会稳定。加强农村社区文化建设，有助于帮助农民确立以和谐为目标的道德评判体系，丰富和提高农民的精神生活，促使农村社会逐步形成以和为真、以和为善、以和为美的风气。发展农村文化事业，通过多种大众媒体和方式途径，深入宣传尊重劳动、尊重知识、提倡科学、反对迷信、关爱弱者、伸张正义，用社会主义核心价值体系占领农村市场，有利于在广大农村形成与新农村建设相适应的社会主义新风尚，进而推进乡村社会的全面进步。

三、农村社区文化建设的现实困境

（一）农民文化生活贫乏，思想文化教育弱化。农村社区文化建设在许多地方还基本上是空白，或者文化站建成后就形成一个“空壳”。农村思想文化教育弱化，教育目的不明确，教育内容缺乏针对性，教育方式简单化，教育效果自然得不到保证。如何以科学、文明、健康的思想占领农村基层思想文化阵地已成为关系社会主义新农村建设大局的问题。

（二）农村公共文化基础设施建设滞后，文化事业建设经费投入不足。农村文化设施是传播先进文化的载体，也是农村文化事业发展的重要标志。目前，大多数农村社区文化基础设施建设相对滞后。农民群众看书难、看戏难、看电影难的问题仍然还很普遍。近年来我国一直在不断加大科学文化教育事业的投资力度，目前农村文化建设事业的经费投入仍然跟不上广大农民开展各项文化活动的需要。文化、教育水平远远落后于城市。

（三）农村文化队伍建设亟待加强。农村文化队伍是加强农村文化建设事业的主体。而现行的农村社区文化主管干部和工作人员兼职过多，人员缺位现象比较普遍，文化工作者人员素质参差不齐，农村文化建设目的不同，加上农村文化人才后继乏人，农民参与文化建设的主体意识不强，在很大程度上制约和影响了农民参与文化建设的积极性、主动性和创造性，农村文化建设队伍现状令人堪忧。

（四）农村社区文化建设意识不强。乡村干部重经济轻文化的治理模式以及各种陈规陋习成为新农村建设的桎梏。当前多数乡镇政府都把主要精力用在了发展经济和维护稳定上。因为这两项指标都关乎基层干部的仕途发展。因而，片面追求经济增长，致使农村文化建设严重滞后于经济发展。同时，由于当前的市场经济及现代价值的渗透，使农民传统的生存价值边缘化，农民的生活主体地位在强大的市场组织力量面前，显得非常渺小，文化落后也导致农民对发展农业生产、增加非农业收入缺乏信心，存在得过且过的思想。

四、加强农村社区文化建设的对策思考

（一）提高认识，加强领导，统筹规划。要从实现全面建设小康社会、基本实现现代化的高度，从落实科学发展观、构建社会主义和谐社会、建设社会主义文化强国的高度，充分认识加强农村社区文化建设的极端重要性和紧迫性。加强对农村文化工作的领导，确保农村社区文化建设的正确方向。各级政府应根据本地区的实际情况，尽早制定和出台农村文化建设的目标体系，将农村文化建设纳入国民经济和社会发展的总格局中，统筹规划，协调发展，使农村的文化建设与农村经济、政治和社会建设同步推进。

（二）加快推进农村公共文化服务体系建设。尽快建立以政府投入为主、其他社会力量和个人积极参与的农村社区文化建设投入机制。政府要加大文化资源向农村地区的倾斜力度，文化领域新增加的财政投入应首先考虑农村。要在农村社区文化建设中引入“民办公助”和“公办民营”等多种实现模式，提高公共文化的社会效益；要坚持以政府为主导，以乡镇为依托，以村为重点，以农户为对象，发展乡、村公共文化设施和文化活动场所，构建农村公共文化基础设施网络；要根据农村文化由于受地区间文化差异和地域文化特色的影响，继而在文化设施和文化活动方面呈现出差异性的特点，鼓励弘扬和挖掘民族民间特色文化，引导地方和社会资金支持农村非物质文化遗产保护项目，发展农村特色文化。

（三）充分挖掘民间文化资源，实现传统民间文化与当代先进文化的有机结合。传统民间文化是农村的生活过程创作出来的精神财富，它们反映了一个地区的文化发展历史，反映了当地群众的审美情趣，富于渗透力、凝聚力和感召力，

具有鲜明的民族性、地域性、传统性特征。加强农村文化建设，要注重突出发展“乡土文化”，充分发掘各地的人文资源、传统文化、民俗文化、民间艺术资源，并对之加以整理、保护、传承和利用，使之成为农民所享用的丰富精神财富。在此基础上，注重把传统民间文化与当代先进文化的融合，不断加以创新，推出更多富有民族特色、时代色彩的文化产品，打造出中国农村新文化的精品。只有这样才保持传统文化旺盛的生命力，促进农村文化的蓬勃兴起。

（四）实施城市文化反哺农村战略，促进城乡文化均衡发展。农村文化发展离不开城市的支持。在推进农村文化建设中，通过实施城市文化反哺农村战略，调动城市文化、教育、科技、卫生、广播电视等部门参与农村文化建设的积极性，继续扎实开展文化、卫生、科技“三下乡”活动，完善形成“三送”的长效机制。要加大“五大文化惠民重点工程”（广播电视村村通、乡镇和社区综合文化站、文化信息资源共享、农村电影放映、农家书屋建设）实施力度，严格按照各项工程规划努力推进实施。动员城市单位和居民以各种方式向农村捐赠计算机、图书杂志、音像电子出版物等，不断扩大农村文化服务的资源总量，逐步缩小城乡文化建设的差距，不断满足农民群众对文化产品和文化服务的需求。同时，要坚持“送文化”和“种文化”相结合方式，真正激发农民追求符合自己需求的多层次多元化精神文化需求的积极性，提升农民参与社区文化建设的热情，激发农民的文化创造活力。

（五）加强农村文化工作的队伍建设和阵地建设。有了稳定的队伍，才会有经常性群众活动的开展，文化设施的利用及功能才能得到充分发挥。为此，必须建立一支以专职为主、兼职为辅、群众社团组织为补充的形式多样的农村文化工作队伍。一是把好用人关，培养一支政治思想好、责任心强、有一定专业素质和较强组织能力的文化从业人员队伍，选拔优秀大学生到农村乡镇文化站工作。深化各文化单位内部机制改革，选拔优秀人才担任文化骨干，采用聘用、专兼职配备的农村文化从业人员。二是要切实改变县级文化馆、图书馆、乡镇综合文化站等公益性文化事业单位人员编制及工作人员工资待遇不落实的状况。三是要进一步加大基层文艺人才培养力度。充分利用群艺馆、文化馆的专业力量，采取“选调培训”和“下乡辅导”相结合的办法，进一步加大乡镇和农村文艺骨干的培训力度，努力提高基层文化人才队伍素质。

队伍扶持专项资金，采取以奖代拨的办法，扶持农村业余文艺队伍发展壮大，保护农民自办文化的积极性。要充分利用节假日、双休日和农闲季节，组织开展群众广泛参与的文化活动，特别是要开展一些形式新颖、思想向上、内容健康、易于群众广泛参与的文化活动。

（六）建立健全农村文化绩效评估考核机制。各级地方政府要从维护群众基本文化权益的高度出发，树立科学发展观，建立、健全科学合理的农村文化建设的绩效评估考核机制：一是各级党委、政府要制定公共文化建设考评和奖惩办法，并将“两馆”建设、乡镇综合文化站建设和村级文化活动中心建设纳入“政府工作考核目标”、“新农村建设目标责任制”、“构建和谐社会指标”等考核体系中。确保公共文化服务机构，尤其是县、乡、村三级公共文化服务机构的正常运转，努力在全社会形成关心支持公共文化基础设施建设的良好氛围。二是将农村文化建设的相关要求纳入创建文化强县（市、区）、文化先进乡镇和创建文明村镇等相关评价体系。建立动态管理机制，对已创建的各类文化先进单位进行全面复查，优存劣汰，确保质量，从而推动农村文化建设的规范化、制度化。三是建立健全基层文化单位的评价体系，将服务农村、服务农民作为基层文化单位工作的重要考核内容，认真落实中央、省市关于农村文化建设的相关规定，通过各种规范和制度的设立和实施，推进农村文化建设的进一步繁荣和发展。

我国城乡文化差距大，文化建设重点在农村，难点在农村。农村社区文化建设是一项系统工程，需要循序渐进地向前推进。马克思说：人既是历史的剧中人，又是历史的剧作者。马克思又说：“社会关系实际上决定着一个人能够发展到什么程度。”我们有充分的理由相信：以人的全面发展为目标的农村社区文化建设将对提高“剧中人”的素质和提升“剧作者”的价值作出应有的贡献。农村社区是农民的乐园，是社会的基础。在中国，一个又一个农村社区文明了，祥和了，一个高度和谐的社会必将屹立于世界的东方。

挖掘节庆文化价值，大力提升文化消费

王 丽①

丰富的节庆活动是塑造和传播城市形象、提升城市的国内国际知名度的重要手段，为树立良好的国家形象奠定基础。当今，“节庆搭台，经济唱戏”已成为许多城市的座右铭，放眼望去，各式各样的节庆活动在全国遍地开花，但大多内容重复、缺乏创新，无法满足人民群众的生活和审美需求，导致昙花一现，劳民伤财。因此，如何科学运用节庆活动来切实有效地传播城市形象，促进文化消费和城市经济社会的可持续发展，是需要我们理性思考的重要问题。

节，就是传统的节日，主要包括传统节日、法定节日、地方独有的节日和外来的节日；庆，则是庆典，指因为节日而开展的一系列庆祝活动。节庆主要是指以地方传统节日为依托，由地方政府牵头，社区民众、企业和外来游客共同参与的庆祝活动。在节庆过程中产生的系列经济现象即是节庆经济，这体现了我国文化消费的一种重要趋势，对文化消费的提升具有重要作用。

一、当前提升文化消费的必要性

文化消费作为文化产业链上的终端环节，文化产品和文化服务只有通过文化消费，才能实现内在价值。并且，文化消费水平直接影响甚至决定着文化产品生产能力和流通效率。因此，文化消费不仅体现了文化产品创作和生产的目的，它也同时是文化创作和再创作、生产和再生产不可缺少的重要条件。当前，随着我国文化产业的加速发展，文化消费领域出现了许多新现象和新问题，如何对待新时代出现的新情况，加强对文化消费的科学引导，提升文化消费的水平和价值，从而满足广大人民群众日益多样化、多层次、多方面的文化消费需要，是摆在我们面前亟待解决的重要课题。

文化消费提升指的是通过文化消费数量扩张、结构优化和层次提高来达到经济社会发展的多重目标。文化消费需要从个人、产业和社会等层面加以促进才能真正体现出提升的内涵，而其中存在的循环因果关系往往使政府政策面对一定的

---

① 王丽，北京市社会科学院传媒所博士后，研究方向：文化创意产业，文化传媒。

限制与选择障碍，需要对其进行深入分析才能明晰政策的着力方向。

当前，我国的文化消费正在从过去的封闭、内向向开放、交流和互动发展，从过去的求同、求稳向求新、求变、求时尚演进，在促进人的全面发展、提高社会文明程度中发挥着积极作用，同时，当前文化消费也存在一些不容忽视的重要问题。

第一，文化消费观念落后，文化产品品味不高，阻碍了文化消费的潜力发展。大多民众目前在消费观念上相对保守，以往理论界所预测的“当人均生产总值接近或超过5000美元时，会出现文化消费的倍增态势”的现实图景在中国并没有出现，群众对文化消费的热情始终不高。据有关调查显示，有41.6%的居民对文化消费采取谨慎态度，并且文化产品品味不高，文化消费中娱乐性、享受性、消遣性的消费所占比例偏大，相对高雅、严肃的文化消费严重短缺。许多文化消费只关注游戏式、休闲式、快餐式等浅俗层面上，缺乏思考、欣赏、领悟等较高层次的文化体验，一些人满足于消费低俗、粗滥、无聊的所谓文化产品；一些人热衷于消费所谓科学实为伪科学的文化，更有些人沉溺于赌博、迷信等有害活动，这些品味低俗、结构单一、层次不高的文化消费产品，严重妨碍了广大消费者积极的文化导向，限制了文化消费的潜力发挥和发展。

第二，当前对文化消费的管理体制相对滞后，影响了文化市场健康运行。我国市场经济发展历史较短，在这种背景下发展文化产业，按照市场发展规律，建立健全政府宏观调控下由市场配置资源的运行机制尤为重要。但长期以来，政府统管各项文化事业，造成角色错位、管办不分等问题。目前，仍有大量国有文化产业单位从生产到管理由政府统包统揽。这样，既割断了文化单位与市场的联系、剥夺了文化单位市场主体和法人实体地位，又无法真正反映消费者文化需求，最终造成文化产品消费者与文化产品经营者之间的分隔，造成文化产品供给与市场需求之间的不均衡。

第三，文化创意不足，文化产品价格偏高，限制了文化消费需求增长。

目前，我国文化整体消费定价水平高于大部分普通民众的心理预期和消费能力，文化产品针对高收入群体的较多、面向大量低收入群众的则较少。然而与高收入者相比，低收入者对文化消费增长的潜在贡献更大。纵观人类社会发展史，每次产业结构的重大变革都伴随一个或几个标志性的创新产品。在激烈的市场竞争中，成功的创新产品能开拓新的市场，为企业创造新的利润增长点。同样，创新也是文化产品的灵魂，是影响文化产品利润最重要的因素。经过引进和学习，我国文化产业的生产模式大多已与发达国家和地区较为接近，但由于原创性不足和优秀创意缺乏，不能形成有竞争力的文化产品品牌，很少拥有获得市场广泛认同的拳头产品，这严重阻碍了我国文化市场潜在需求向现实需求的转化。比如就发展空间巨大的动漫产业来说，我国的动漫企业仍以加工为主，原创作品少，优秀原创作品更少。此外，居民收入水平偏低也影响了文化消费。改革开放以来，我国经济虽然快速发展，但居民总体收入水平还不高，这是我国文化市场潜在需求不能转为现实消费的重要原因。随着我国经济发展和消费水平的提高，社会需求结构和消费结构发生了深刻变化，文化消费由过去的结构单一、消费层次低逐步向多样化、高层次转变。但目前我国文化产品供求结构性矛盾较为突出，一方面大量文化产品难以进入市场，另一方面群众需要的文化产品又严重缺乏。从市场需求看，随着经济发展和人民生活水平提高，整个文化消费市场潜在需求巨大，特别是需要大量价格低廉、群众喜闻乐见的优质文化产品和服务，而我们提供的文化产品不论数量还是质量都远远不能满足群众的文化消费需求。另外，受经济条件、个性心理、文化环境等复杂因素的影响，我国居民的文化消费观念还普遍滞后，压抑了文化消费需求的释放，导致文化消费总量较低，文化消费水平总体偏低。①

“十三五”是我国转变经济发展方式的关键时期，是全面实现小康社会的决胜时期，宏观经济步入新常态，消费升级成为新基调，服务消费、信息消费、绿色消费、时尚消费、品质消费、农村消费等将迎来新的发展高峰，文化消费成为“十三五”时期的消费热点，给未来中国经济的升级和持续增长注入新的动力。因此，当前提升文化消费的价值和层次具有重要的意义。

文化消费提升既直接体现了文化产业发展的目的，又构成了文化产业发展的内生动力。第一，文化消费提升是深化文化体制改革的题中应有之义，是破解改革现实困境的关键所在。第二，文化消费提升是人民群众文化需求层次不断提高的必然结果。随着我国经济社会的快速发展，文化需求快速增长，文化消费日益活跃，并向高品质、多样化和个性化发展。只有增进居民偏好和文化消费之间的结构性和动态性匹配，才能从根本上推动我国文化发展。第三，文化消费提升是促进经济可持续发展的必然要求。一方面，作为内需的重要组成部分，文化消费数量的扩张仍然具有巨大潜力。另一方面，文化消费层次提高和结构优化可以通过多种渠道为经济发展提供长期动力，例如提升人力资本水平、促进文化资本形成、强化产业关联和优化制度安排等。在经济增长速度换挡、结构调整阵痛、前期刺激政策消化三期叠加的背景下，文化消费提升的重要意义愈发凸显。第四，

① 罗忻、黄永林《我国文化消费存在的问题及引导对策研究》，《兰州大学学报（社科版）》2013 年 1 月。

随着经济社会的进一步发展，文化消费提升必然成为我国立足世界强国的坚实基础：重视依靠体系化的消费层次的提升以有效解决文化产业与文化消费结构之间的不匹配，推动文化消费增长与引导文化产业结构升级，最终促进经济结构调整与转型；重视传统文化与现代文化的有机结合，从而促进文化消费结构的动态调整，在全球化和信息化的背景下彰显我国文化历久弥新的强大生命力；重视社会福利和个体满意度的同步提升，通过文化消费结构的优化，营造居民文化素质不断提高和社会环境日益和谐的局面。① 因此，当前文化消费升级趋势，为提升节庆经济的价值提供了重要的挑战和机遇。

二、当前节庆活动发展现状

当前国内的节庆活动越来越多，文化味也越来越浓，从文化搭台、经济唱戏发展到今天把节庆本身经营成为一个品牌，节庆活动在文化生活中扮演的角色日益重要。同时，我国节庆经济的模式还处在传统与现代交替的变革过程中，还存在一些亟待面对和解决的问题。

1. 定位重叠，缺乏创新

各地举办节庆活动，旨在通过系列特色活动，塑造和传播城市形象，并促进当地城市经济文化的协调发展。一年中大大小小的节日超过 20 个。其中既有春节、中秋节等中华民族的传统节日，也有近些年才热闹起来的外来节，如“情人节”“万圣节”等。此外，一些地方性节庆活动的影响也越来越大，比如大连服装节、青岛啤酒节、哈尔滨冰灯节等等。有统计显示，2010 年全国各地办了大小 2000 个节庆活动，节庆经济已经成为文化消费的重要组成部分。以华侨城为例，2010 年全年 7 个重要的节庆共接待游客 395 万人，占全年的 20%。为了牢牢抓住这块市场，华侨城从 1989 年创办“锦绣中华”开始，就不断围绕传统节庆展开策划营销以吸引游客，逐渐形成了在传统主题节日中再造一系列关联节日的做法，也就是通过形成“节日季”，把节日市场放大。现在每年暑期举办的旅游狂欢节同时在深圳、北京、上海和成都等地的华侨城景区举办，已成为华侨城的拳头产品之一。10 月下旬是北方传统旅游市场的淡季，但 2011 年华侨城“万圣节”期间 18 天共接待游客 100 万人，每天平均入园 5.5 万人，深圳世界之窗在 10 月 31 日“万圣节”当晚入园 4 万人，北京欢乐谷当天入园 4.6 万人、夜场入园 2.4 万人。② 可见，节日市场受淡旺季影响较小，人们的消费热情很高。当前国内很多城市举办的节庆活动缺乏个性，旅游节、文化节、美食节、摄影节、

---

① 洪涛、毛中根《文化消费的结构性与层次性：一个提升路径》，《改革》2016 年第 1 期。

② 胡梅林，《借力节庆提升文化消费》，《经济日报》2012 年 2 月。

服装节等内容重复、千篇一律，所设置的环节如商品展销、歌舞表演等，虽名目繁多，却陈词滥调、不具新意，无法从根本上引起人们群众的关注，对塑造和传播城市形象的作用微乎甚微，甚至弄巧成拙。

2. 脱离群众，不接地气

作为大型的群众性活动，节庆活动被称为“平民参与的节日”、“有主题的公众庆典”，因此，节庆活动的主体是广大人民群众。但当前很多城市举办的节庆活动铺张浪费、奢侈豪华，一味追求大场面、大制作，盲目攀比所谓的格调高雅，脱离当地发展地域特色和主体需求，无法调动群众的关注度和参与积极性。并且，中国少数民族众多，福建、云南等更是少数民族聚集地，当地的少数民族节庆其实可以成为经济增长的动力。但是由于缺乏宣传，少数民族节庆仍旧十分小众，仅限于当地民众，而另一方面，由于游客少，当地居民对于节庆经济的认识较为传统，没有形成系统的市场经济思维和行为方式。

3. 宣传不力，昙花一现

节庆活动的可持续发展需要增强品牌传播能力，丰富活动内容，以调动国内外以及社会各界的广泛关注和参与。以福建客家旅游地区为例。客家文化作为传承至今的古老汉族文化的优秀代表，无论是文化还是景点都具有极强的观赏价值。客家不但保留了完整的汉族传统节日，更因笃信佛教，形成许多带有宗教色彩的节日。从节庆活动来看，客家地区的节庆活动非常丰富，许多庆典内容在大城市或者是传统的汉族地区已经难得一见。这些原本可以成为正在强力发展旅游业的客家地区消费升级的重要内容，但是由于宣传较少，没有形成统一的品牌，市场运营能力不足，客家旅游至今仍旧停留在客家土楼和客家小吃的基础景点和物质消费层面。当前，西洋节日在中国愈加盛行，从情人节到母亲节，从感恩节到圣诞节，每一个西洋节日都被商家推动后，爆发出巨大的经济潜力。而美国感恩节后的“黑色星期五”和圣诞打折季，更是在中国形成了一股购物狂潮。对于西方国家的市场来说，显然获得了超出预期的经济效益，消费人群也凭借互联网拓展到了国外。而拥有众多节庆的中国却没有完全开发出自身应有的潜力，在一定程度上阻碍了中国节庆经济的范围外扩，导致中国丰富的节庆经济无法走出国门。

可见，当前很多城市对增强节庆活动的品牌意识不强，或者持续打造品牌力度不够，缺乏有效的市场运作，没有充分利用全媒体平台建构自身广泛的传播体系，并缺乏对当地文化生态和资源生态的合理保护，导致节庆活动轰轰烈烈一场，悄无声息收势，难以获得可持续性发展。

三、提升节庆价值和文化消费的策略

当前，我国正处于消费变革时代，由于市场经济改革深化、信息获取渠道多元、新媒体和新技术涌现等多种因素的影响作用，城乡居民开始对消费进行重新认识和反思，他们在追求产品价格的同时，更加关注产品质量及其实用性、安全性；在消费“品牌”的同时，开始追求消费体验、品牌文化和内涵；在追求物质生活丰富的同时，开始注重精神生活的充实；在解决实际需求的同时，开始强调各方面对生活品质的提升。以上这些转变意味着我国社会消费形态发展的新阶段——文化消费浪潮已经来临。“十三五”期间，随着社会商业模式、技术手段的不断创新和居民消费理念、偏好、行为的变化，文化消费将逐渐从低档次、无品牌的消费转向高档次、品牌或知名品牌的消费，并最终成为消费社会的主流之一。

今年春节期间得邀游览了“2017 中国大同古都灯会”，该灯会活动自 2013 年始已连续举办了四届，因其内蕴的独特古都文化和丰富多彩的展现方式，使灯会活动备受关注，吸引了更多的国内外游客和投资者，有效地提升了大同的城市品牌形象，促进了城市发展的经济效益和社会影响力。因此，本文将结合古都大同打造节庆活动品牌案例，为提升当前节庆经济价值促进文化消费升级提供一些针对性的建议。

1. 立足本土，增强特色创新理念

节庆活动的主要魅力在于展现城市独有的地域特色，节庆活动发展的基础在于独具魅力的特色文化和风土人情，也是活动可持续发展的重要保障。因此，只有注重差别化，推动特色发展，植根于城市深厚的历史文化底蕴，挖掘城市本身的特色符号，才能促进城市形象的有效传播。中国文化博大精深，节庆项目众多且包含了丰富的风土人情，遗憾的是，随着社会经济不断发展，人民生活水平不断提高，节庆的味道也不断变淡。如果把旅游作为第三次节庆经济提升的主要途径，就必须在旅游中体现各地的文化。普通的以吃喝玩乐为主的节庆消费虽然能够带来短暂的经济效益，却对长远的消费升级不利，应增强文化内涵，向世界宣传中国的节庆文化，同时将消费巧妙地融合在文化当中。以夫子庙灯会为例，南京市政府 2015 年再次将秦淮河灯会范围扩大，以夫子庙、江南贡院等文化遗产为中轴线，围绕儒家文化、江南风韵等主题布置灯盏，并组织民间手工艺人沿途表演糖人、剪纸等传统工艺，同时将秦淮灯会和梅花节安排在同一时间段，尽量使游客的游览周期拉长，收到良好的经济效益和社会效益。

大同古都灯会以其独具的古城墙为平台进行布展，既包含传统的主题，如寿星高照、瑞雪迎春、金鸡迎春等，也有本地胜景，比如云中八景、云冈大佛、恒宗圣境、北魏明堂、龙壁牌楼等大同古迹或传说，既宣传了大同古城独特的传统文化韵味，又体现了对大年看花灯的传统习俗的良好传承。古都庙会上游艺、绝技、非遗展演、文艺表演极具民俗特征，古城街头的秧歌、旱船、锣鼓、广场舞等充满特色意蕴，关帝庙戏台、纯阳宫戏台及华严寺广场时有戏曲、器乐演奏、歌舞表演，呈现出久远的传统节日气息，生动地展现了大同浑厚、深远的人文特色和历史韵味，有效地传播了大同城市形象，促进了大同灯会特色的节庆与城市经济的协调发展。

2. 注重品牌，建构全媒体传播体系

节庆活动是一个复杂的系统工程，需要依据地方特色文化和风土人情，增强创意意识，挖掘节庆品牌，并加强设计、开发、营销、策划等环节的系统发展，才能更好地满足广大群体的物质和精神需求，扩大品牌传播范围和力量，利用传统媒体、新兴媒体、户外广告等多种形式进行多角度、全方位、立体化的传播，加强新媒体与传统媒体的融合发展，建立广泛的全媒体传播体系，才能真正形成和扩大城市的竞争力和影响力。纵观世界各地的节庆市场，特别是新生的、非传统性的节庆市场，良好的节庆品牌对节庆消费，特别是旅游类型的节庆消费有明显的推动作用。比利佛山奥斯卡电影节、马德里斗牛士、日本京都祇园祭等，这些著名的节庆品牌带来了无数慕名而来的游览者和庞大的经济收益。因此，必须借鉴别国的成功经验，选择典型地区创建节庆品牌，必要时集中力量进行节庆活动策划、节庆活动管理、节庆周边产品的开发与营销。深入了解节庆品牌营销的战略和顾客消费的心理，在潜移默化中引导顾客关注自己的节庆，关注自己的城市。同时，创造节庆品牌不等于铺张浪费，不等于形象工程或者面子工程，应提升创造力，抓住城市和节庆的灵魂并将它们完美契合在一起，加强对文化的塑造和宣传，推动消费升级，促进地方经济社会发展。①

大同古都灯会连续四届举办，紧紧围绕“灯展”这一主题，无论是城市旅游宣传、生态文明建设，还是举办区域发展论坛、开展招商引资等活动，都紧紧围绕“古都灯会”特色主题来进行策划，通过一系列活动，打造古都灯会品牌，增强古都灯会的影响力和传播力。大同为更好地举办灯会活动，积极完善自身传播体系，大同传媒建立了以内容为经、以各传播平台为纬进行媒体报道的全媒体报道平台，包括：报纸专版、在线新闻、微信、微博、视频新闻和 H5 等宣传报道形式。并积极做好与各类媒体的沟通和合作，通过人民日报、新华社、中央电视台、凤凰卫视等 70 余家媒体的专题报道，以及全国各大媒体尤其是网络新兴

---

① 赖广昌，《消费升级背景下节庆经济的价值提升》，《开放导报》2015 年 4 月。

的自媒体的广泛关注和迅速传播，使“天下大同”的城市文化品牌得以广泛传播，让更多的人了解大同，促进了“天下大同”城市形象的塑造和对厚重文化底蕴的传播。

3. 面向群众，坚持可持续性发展战略

群众是节庆活动的主体，人民群众的积极关注和广泛参与是节庆活动生机勃勃的重要前提。因此，要促进节庆活动的可持续发展，必须面向群众，植根群众，聚集群众，增加群众参与度，调动群众积极性。特别是农民群众是节庆文化的消费者，也是节庆文化的生产者和供给者。政府需要制定鼓励扶持政策，在明确政府对节庆文化投入主体地位的同时，是农民群众称为节庆文化建设的主体。培养一批文化中心户、文化大院，组建一批群众文艺创作队伍，鼓励群众积极融入到节庆活动中来，通过扶持一批民间职业剧团、农村业务剧团，提高他们的积极参与性，把提高群众文化生活水平，丰富文化生活内容与发展节庆旅游产业有机结合起来，使群众称为新型节庆文化的创造者，同时也是节庆文化生活的享受者。

大同古都灯会植根于群众，通过广泛开展系列广场文化和街头文化活动、超大木炭火锅宴、年货大集、大家拍灯会摄影赛等群众性文化活动，并在大同古城举办登城墙、游灯河、览名胜、赏冰灯、滑冰车、看马戏、观表演、逛集市、品美食等多彩的集体活动，引起了国内外群众的广泛关注和积极参与，既宣传了古都大同的浑厚魅力，又推动了大同文化旅游产业的繁荣发展，并有效传播了我国优秀的民俗传统文化。

可见，节庆活动的科学举办对文化消费的升级、对城市形象的塑造和传播举足轻重。因此，各地城市在举办节庆活动之前需要进行针对性调研，调查城市的硬件和软件设施是否到位，分析活动定位是否体现自身城市特色，研究活动内容是否面向广大传播群体等。节庆活动结束后，需要认真总结、反思经验寻求改进之道，不能瞒山过海、得过且过，对这些问题的重视和解决力度，直接影响了节庆活动的可持续发展，影响了文化消费的提升以及城市形象的传播和影响力。

五、北京文创

立足北京特色　创新北京文化

——从发达国家的文化中心看北京文化中心建设

郭万超[①]

北京在建设全国文化中心的过程中，一方面要汲取具有世界影响力的国际城市建设经验，同时也要结合自身的文化特色，在营造多元文化环境、树立北京文化品牌、构建立体化人才培养体系、完善文化与科技创新融合体系等方面结合北京城市转型发展的实际情况，发扬北京精神，创新北京特色，使北京成为国际著名文化中心城市。

近日，北京市政府发布《北京市“十三五”时期加强全国文化中心建设规划》，为未来五年全国文化中心建设描绘了发展蓝图。在当前全球化背景下将北京建设成为“在国际上具有重大影响力的著名文化中心城市”，必须具有国际化的视角。正如费孝通先生曾说：“当我们探讨和研究不同文明如何相处的时候，必须充分了解和借鉴世界上各种文明，做到博采众长、开阔胸怀、拓宽思路、启迪灵感。”因此，加强对发达国家文化中心建设和发展的研究分析及学习借鉴，对当前推动北京全国文化中心的建设具有重要的现实意义。

一、发达国家文化中心建设特点及经验

纽约、巴黎、伦敦、新加坡、东京等城市，作为具有世界影响力的国际城市，在推进文化中心建设中积累了丰富经验，体现出创新多元的特色，对北京推进全国文化中心建设具有重要启发。

（一）立足自身，创新包容

发达国家文化中心城市建设虽各具特色，但它们都立足城市特质，紧密结合城市特性，寻求利于自身发展的创新路径。

作为美国的文化中心，纽约的文化建设紧紧围绕其移民文化这一最基本、最丰富的特质，体现了文化的多元包容性。正是在纽约对自身文化特质的清晰认识

---

① 郭万超，博士，研究员，北京市文化创意产业研究中心主任、北京市社会科学院传媒研究所所长，研究方向：文化创意产业，文化发展。

基础上，其对文化中心建设具有创新多元的文化特质。体现纽约文化包容性的不仅在于其对不同文化的兼容并蓄，还在于其对边缘性群体、弱势群体、前卫性艺术探索的宽容接纳。据纽约艺术联盟近年的统计数据，2009 年访问纽约的游客中有 1，900 万游客参与了纽约市的各类文化活动，占游客总数的 42%。其中 77% 是国际游客，33% 是美国国内其他城市和地区的游客。国际游客参观历史遗迹的占 77%，一般观光的占 67%，参观博物馆和画廊的占 59%，参观文化遗产的 42%，观赏音乐会和戏剧演出的占 40%。

二战后美国的崛起，使法国的文化传统和产品受到英语国家的渗透与侵蚀。面对挑战，戴高乐政府于 1959 年成立了法国历史上第一个文化部，阐明了法国的文化政策。在财政上，法国政府对文化事业的发展给以大力支持，对文化及相关产业给予不同形式的财政补贴或赞助。面对其他国家的文化侵蚀，法国政府采取了强势立场。面对纽约取代巴黎成为世界新的文化中心的时代背景，巴黎立足自身的实际情况提出了法国特色的文化发展战略：即在充分弥补公众文化设施不足的同时，充分发挥自己丰富而独特的文化遗产的魅力，并赋予它们新世纪的新活力。巴黎以其特殊的方法，为世界各地的文化人才，提供了宽松多元的文化建设氛围。

作为东南亚重要的金融及转口贸易中心，新加坡一直是一个多种族、多元文化的社会。新加坡强调种族和谐，在立国之初就确定了各族平等的政策，并且鼓励多元文化发展。1988 年，新加坡政府成立了文化艺术顾问委员会（the Advisory Council on Culture and the Arts），研究文化艺术在新加坡的国家发展中所能担当的角色。通过连续推出三部“文艺复兴城市计划”，新加坡近年来的发展获得了国际上的认可。

（二）市场主导，科技创新

纽约没有专门的促进创意部门发展的总协调机构或组织，也没有制定创意产业发展战略规划。纽约的市场经济高度发达，创意产业的发展主要遵循市场规律。仅成立了市长电影戏剧与广播办公室，作为纽约市电影、电视产业的政府扶持部门，帮助从事影视戏剧领域的公共、私人组织和个人，促进该产业的发展；提供影响该产业发展的政策和管理事物方面的协调；提高纽约市作为国际产业中心的声誉。该机构设立了一个“纽约制造”办公室，通过营销和税收抵免等优惠政策鼓励纽约电影产业发展。美国的科技转化率非常的高，文化产品与高新技术有机的融合，提高高新技术转化率。文化产业中融入高新技术不仅改变了传统的文化产品，改变了人们的生产生活方式，也为美国带来了巨大的经济利益。美国在满足国内需求的同时积极向海外传输，获得了巨大的利润。科技的创新与文化的创意有机的融合使美国的文化产业处于产业链的最高端，具有较高的产业附加值。解决小微企业融资难的问题。主要包括多元化的混合投资、通过金融制度创新筹措资金以及利用国际直接投资等多种渠道。

日本本土的自然资源极度的匮乏，为了加快本国经济发展速度，1996 年日本提出了文化立国的方案。该方案把文化产业的发展作用国家重点发展的产业，积极提高文化产业中的科技含量。日本的动漫游戏、电影、电视、尤其是动漫业取得了较好的发展。东京在发展传统的文化产业，如展览、演出、体育、新闻媒体、广播影视等基础上，结合其民族特点，把握文化市场核心要素，使得东京的文化产业发展较快。长期以来，日本经济界形成了一种被称为“产、官、学”的发展模式，即企业通过与政府及研究机构的合作来谋求发展，政府负责提供政策支持、研究机构负责提供市场预测、发展前景等信息支持，企业则利用这些优势充分发展。

对于伦敦来说，大伦敦政府作为伦敦市战略决策的行政机关，担负着制定和实施伦敦全市文化发展策略的法定责任。为发展文化创意产业，政府高度重视科学技术的发展。数字化技术的发展受到了很大的关注，英国政府制定了全国性的政策纲领文件《数字英国》，旨在全国推广数字化水平，提高数字化的保护力度。这些积极的政策措施提高了科技创新工作者的热情，数字化水平取得了飞速的发展。文化产业中数字化的比重越来越高，文化产品品质以及水平得到了不断地提升。创造出了高端的文化科技融合的产品。政府政策法律等一系列的制度保障措施营造了良好的社会环境，从而加快了国内外对于文化创意产业的投资力度。

（三）主打品牌，人才至上

文化中心城市都具有自己独特的文化品牌，并使城市产生重要的国际文化影响力。比如，纽约的百老汇、迪斯尼；伦敦与创意，东京与动漫，巴黎与艺术等。品牌的开拓主要依赖人才，因此它们将文化人才的培养和知识产权保护作为重要的发展战略。

纽约的“百老汇”属于表演艺术产业中比较传统的一种，但在市场经济发展中，它成为美国艺术演出产业和市场运作的缩影。除了演出场所经营商，运营中还有两个重要的组成部分，即演出内容制作商和演出经纪商。纽约有 280 多个音乐舞蹈演出团体，而美国的演出内容经营公司约有 3000 余家，内容制作和经营注重原创剧目的开发和市场的细分，筹集并投入资金，积极地取得原创剧目的知识产权；相应的行业协会也十分完善，如美国剧院与剧目制作者联合会、美国剧院联合会等等，负责相关行业之间的利益维护和协调工作。这样的联合运作使得百老汇的演出精彩纷呈，如家喻户晓的《音乐之声》《悲惨世界》《狮子王》等等。纽约市的人口结构，为城市文化品牌的拓展提供了重要的人才资源。据美国统计局2010年人口统计，纽约市大约有20.4%居民出生于国外，多元文化带来了城市更多的创意思维，也生发了城市的包容性；纽约是美国的教育中心，拥有63所高等院校，因此，居民中25岁以上的成年人，有27.4%拥有学士或以上学位，高于全美24.4%的平均比例，人才及技术劳动力的聚集，促进了纽约创意产业快速发展，同时也铸就了创意产业大批成熟的观众群及市场。纽约的智库机构——都市未来研究中心（Center for an Urban Future）最早在相关研究中提出，纽约城市创意核心部门包括非营利性的艺术、文化机构，以及盈利性的创意公司，如广告机构、电影制作机构和出版机构等。据都市未来研究中心2005年出版的《创意纽约》报告统计，美国创意部门的劳动力大约有8.3%生活在纽约。其中，全美国1/3的演员，大约27%的时尚设计师，12%的电影编导，10%的装置设计师，9%的平面设计师、8%的建筑设计师以及7%的美术家聚集在纽约。纽约中部曼哈顿有一片时装区，第七大道已成为“时尚大道”的代言。不仅一些非营利机构积极促进时装区的发展，同时纽约高等教育机构，如时装技术学院，在人才培训以及新技术使用上给予大力支持。

在从某种意义上说，百老汇的演艺产业是在传统剧场演出的基础上，依靠集聚效应做强做大的，而“迪斯尼”的发展模式，则更显现出品牌和产业链形成后的多元化经营开发优势。从1923年的制作室起步，迪斯尼集团一直坚持以创新为主导的多元化战略，将触角伸向新兴产业，逐步扩大赢利范围，将“创意内容”和各种新兴的文化娱乐形式结合起来，利用建立品牌形成的价值链实现产业嫁接，成为全球性的传媒巨头，目前它旗下的业务部门几乎涵盖了娱乐界的所有项目。考察迪斯尼走过的路，我们可以看到一种以知识产权为中心的产业发展模式。首座洛杉矶迪斯尼主题公园建于1955年，1971建成奥兰多迪斯尼世界，1983年和1992年迪斯尼以出售专利的方式，分别在东京和巴黎建成迪斯尼主题公园。2012年4月，开始在上海浦东建设迪斯尼主题公园。网络兴起后，迪斯尼快速发展电子商务，用购买的方式形成19家自己的大型网站。目前，在迪斯尼的全部收入中，电影发行、电视制作等占30%，主题公园的收入占20%，而50%则来自于品牌产品的销售。它在全球拥有4000多家特许经营商，各类商品应有尽有，仅2000年一年，这项延伸的业务带来了10亿美元的利润。可以说，迪斯尼是艺术创意产业化后，又在市场运作中成功转型的现代意义上的文化产业模式。

东京拥有很多作为产学合作基础的大学和研发机构，全国的学术、研发机构的15.3%都在东京，为814所。并且，从事研发的年轻的大学研究生、博士生中

26.4%都在东京，约69,000人，为产学合作提供了丰富的人才。2012年研究经费达34,148百万日元；东京大学接受了委托研发项目，14件，接受的科研经费达5,066,682千日元。作为研发成果的专利申请，2006年东京的专利申请件数约占全国的一半。2013年在日本人申请的专利中，东京都申请专利139,603件，比上一年度为95%，在全国271,731件中占51.4%。并且，为了在海外进行产品销售，防止赝品的侵害，国际专利申请的件数也在逐渐增加。邀请外国担任文化行政的高官、博物馆、美术馆、艺术剧场等负责人、高水平的文化人与日本进行合作、开展讲演。在美术、音乐等文化艺术领域，为本国的新进艺术家提供外海研修的机会，参与外海艺术团体的活动。在文化遗产领域，派遣文化遗产的专家或邀请国外专家，实施研修，加强日本古美术、文化遗产建筑的管理和修复技术的合作，为文化中心的建设储备了丰富的专业人才。

文化声誉是城市的无形资产，伦敦政府十分注重城市的整体包装，通过举办各种文化活动，扩大城市的国际影响，成功打造了伦敦“世界文化创意之都”的形象。有效地促进了伦敦重点创意产业的发展，扩大了伦敦品牌创意产品的展示范围及国际影响力，实现了可持续性的经济效应。伦敦文化创意的繁荣与知识产权的有效保护密不可分。英国政府和伦敦政府从法律和制度方面为文化创意产业营造了有利的社会环境。早在20世纪50年代，英国就制定了旨在鼓励创新的《设计法》。在20世纪90年代，英国先后颁布一系列文化法律、法规，规范文化创意产业发展的市场环境和竞争格局。伦敦知识产权申请程序简单，申请专利、商标和设计注册只需登录知识产权局网站就可以下载申请表格。通常申请专利后十八个月授权发布，审批和保护程序公开透明、操作规范，从以精于知识产权保护的法律服务而拥有一流的专业教育机构和大量的人才储备，使整个城市充满了浓郁的人文气息，给创意活动提供了充分的空间。

二、对北京建设全国文化中心的启发

文化中心的内涵丰富而多元，国家文化中心建设更是一个复杂而系统的工程。作为全国文化中心，一是城市要成为一个国家或民族的精神文化象征；二是要具有强大的国际影响力和巨大的文化辐射作用，并能够形成相当规模的文化产业；三是具有自由、活泼的文化氛围，能够成为世界上艺术家和学者，尤其是年轻人的向往之地；四是著名的国际文化交流中心，每年会有大量的国际性文化、体育活动；五是拥有现代化的服务设施，能够成为众多国际组织的驻地和国际会议的承办地；六是市民要具有良好的文化素质，城市要有各种完备的社会保障制度。发达国家建设国家文化中心的经验给我们有益的启发，我们应该在辩证吸取的基础上，结合北京城市转型发展的实际情况，发扬北京精神，开创北京品牌，创新北京特色。

（一）开展北京城市形象全球民意调查，营造多元文化环境

“大足以容众，德足以怀远。”当前北京推动文化中心建设，亟需提升北京的国际文化影响力，以北京品牌、北京精神扩展北京的文化辐射作用，因此必须注意国际化语境，强化目标人群。需要有针对性地了解目标市场国的文化习惯和文化市场状况，根据目标市场国的实际情况制作、发行文化产品。需要高度重视和关注新一代的国际消费者及其生活方式的变化，特别是新媒体环境下的年轻一代消费者及其生活方式和文化需求的变化。

开展以北京为主导的城市形象全球民意调查计划，加强目标深度研究。通过对国外民众对北京城市文化印象的调查，探究北京文化的特色和发展潜力，并通过分析国外民众所体现的价值观和思维方式，凸显中国首都文化的价值取向、文化身份、话语权，探索当前积极培育和践行社会主义核心价值观的理论价值和现实意义。并在爱国、创新、包容和厚德的北京精神的全方位推进下，提高人们的文化自觉和文化自信，培养城市独特的精神品格，营造文化多元的环境，展示北京的文化魅力，使文化成为引领北京发展的内在力量。

（二）创建北京品牌，健全文化市场体系建设

推进品牌发展战略，重视塑造品牌和延长产业链互动发展，特别是影视、动漫、网络文学和延伸作品、主题公园开发之间存在紧密的互动关系。加强文化产品的创意开发、设计创新，以文化产品的工艺设计创新、文化内涵的丰富创新、文化品牌的品质开发和多样性生产，激活文化消费市场活力，满足消费需求。

在文化创意产品的生产策略上，应强调以现代方式激活传统文化资源；在市场策略上，应变被动的“请进来”为“请进来”与“走出去”相结合；在品牌策略上，应变单纯的产品品牌为“北京品牌”，以体现北京城市形象为核心，形成相关的系列国际品牌；逐步摆脱北京文化市场以往重制作生产轻宣传营销的经营模式，建立从产品策划、制作、发行到衍生品开发、销售、品牌运作等以版权价值为核心的产业链，逐步形成完整的市场开发体系。

（三）构建立体化人才开发培养体系，完善国际人才资源综合利用机制

纽约、伦敦等城市文化中心建设实践证明，只有突破传统的行业门类，造就“复合型”文化创意人才群体，才能保持文化创意产业的领先之势。因此，亟需创新北京文化创意人才的培养模式，构建多渠道、多形式、多途径的立体化人才开发培养体系。既要利用高等院校和科研机构，形成本专科生、研究生以及MBA 等立体式文化创意产业人才培养体系，又要实施产学研一体化的教育模式，

推进企业、学校和研究机构的合作教育，加快复合型和应用型人才的培养。同时，需要加强国际交流与合作，强化整合国际专业人才资源，特邀国内外著名城市文化研究专家和海外高端人才加入，打造协调有力的国际人才团队。鼓励科研机构和高校设立短期流动岗位，聘用海外高层次文化创新人才来北京开展合作研究、学术交流或讲学；积极推进北京文化创意产业园区基地建设，吸引国际知名文化企业、中介组织和研发、培训机构进驻，打造世界一流水平的创意研发平台和高端创意人才基地；鼓励跨国文化公司在北京建立地区总部或研发中心，吸引各类国际组织、论坛机制落户北京，积极参与国际化人才的市场配置，多渠道用好境外人才和境外智力；通过财政扶持、金融服务等政策，支持北京文化企业在境外投资设厂、并购或建立研发中心，吸纳当地优秀人才为其服务，打造在策划、创作、生产、营销等各环节协调有力的国际人才团队，“不拘一格降人才”，推动国家文化中心的全面建设。

（四）完善文化与科技创新融合机制，加大文化创新力度

创建文化科技创新中心，抓好国家文化与科技融合示范基地建设；推动文化与科技融合，打造以高新技术为依托、以数字内容为主体、以自主知识产权为核心的新兴文化业态；针对新兴文化业态发展趋向，综合利用高新技术，创新各类文化内容和艺术的表现形式和表现手段；增强文化艺术产品的表现力、感染力与时代感以及开展针对提升文艺作品创作、创意协同等关键技术研究的思路和举措；针对各类文化遗产保护传承和各类艺术表现形式资源积累的需求，利用高新技术建立起文化基础资源的信息采集、转换、记录、保存的应用技术体系。

借鉴纽约文化中心建设的经验，健全文化投融资服务体系。以文化金融创新为宗旨，建立政府专项发展基金、商业银行项目融资、非银行类金融机构的长期基金等不同形式投融资主体，促进文化资源和资本市场参与者全面对接，支持整个文化价值链各个环节。加大文化创新的支持和奖励力度，发挥高新技术、文化创新带动、促进和推动传统文化产业转型发展、文化创意产业新兴业态发展的作用，改变内容产业创新水平落后于数字技术发展的状况，着力促进北京文化的创新发展、融合发展、提升发展、品质发展和高端发展，增强北京文化国际影响力，创新中国特色社会主义文化中心建设新路径。

以文化创新引领北京文化创意产业发展

肖怀德[①]

北京市在“十三五”规划中提出建设全国文化中心。作为全国文化资源、文化人才、文化要素集聚区，新时期提出的全国文化中心应该赋予新的时代内涵，因此，建设全国文化创新中心就是北京市新时期建设全国文化中心的应有之义。具体如下：

一、从时代特征看北京市建设全国文化中心的发展机遇

认识北京市建设全国文化中心的时代使命和内涵，必须准确认知我们身处的这个时代。从文化创意的视角来看，我们的时代呈现出以下几个显著的特征：

一是我们已经进入全面的文化消费时代。当前，随着消费社会和大众文化的普及，文化接受的视觉化、故事化、体验化发展，文化消费成为当前文化接受的主要形式之一。文化走向商品化经济阶段，文化创意产业作为当代文化接受的主要产业形态，是推动中华文化现代化、培育和践行社会主义核心价值观、提升国家文化软实力、增强当代人生活幸福感的重要力量。正是基于这样的认知，我们一方面要改变文化服务、文化灌输的传统思维，勇敢拥抱和顺应文化消费时代，为大众生产出更多既有人文内涵、价值引导，又有商业价值的文化消费产品。另一方面，既要尊重市场规律，也不能唯市场论，要正确认知和评估文化价值，不能简单用产值来评估文化商品的价值，既要考虑经济效益，也要考虑社会效益；遵循商业伦理，也遵循道德伦理；既有常规效率，也有超常规效率；既需要政府调节、市场调节，也需要道德调节。

二是我们已经进入情感经济时代。随着中国中产阶级消费群体的崛起，对功能性产品需求逐渐走向情感型、精神型产品需求，教育、健康、体育、旅游、娱乐等幸福型产业方兴未艾。对这一代消费者来说，他们有个人主张和个性，有独特的审美追求，不再趋之若鹜，不再一味求同。他们更加追求产品背后传递的价值和温度，更加追求情感的共鸣和价值的认同。而对于产品生产者而言，卖产

---

① 肖怀德，博士，北京大学文化产业研究院副研究员 。

品，卖的已经不是功能，而是情怀和人格。人们在文化消费过程中，更多的追求仪式化场景、情感性共鸣、游乐化体验、强度化刺激。真正赢得大众追捧和买单的文化产品不再是个人化、小众化、情怀化产品，而是有温度、有故事的击中社会共同痛点的极致性爆品。

三是新技术革命将重塑文化生产、传播和消费的格局与版图。互联网、大数据、人工智能、物联网、3D 打印、虚拟现实等每一轮技术变革在影响政治经济社会发展的同时，也深深地影响文化的发展。互联网时代打破了传统的文化圈层，颠覆了传统的文化生产、传播和消费方式，每个独立的个体既是文化的生产者、传播者，也是消费者。共享经济将让私人性文化产品获得可能的共享机会，社群经济将改变小众类、思想性文化产品的生存状态，平台经济让很多离散的创意工作者与需求方之间实现了无缝对接，版权经济让 IP 内容争夺变得白热化，粉丝经济让自媒体冲击着传统的传媒格局，虚拟现实（VR）、增强现实（AR）将在文化娱乐领域得到广泛应用，人类的文化娱乐体验、教育方式将发生巨大的变革，人工智能的发展将重塑人类的生产分工，传统的计算式、机械式、知识型工种将被人工智能取代，思想市场、想象力经济成为人类未来的核心竞争力。

四是文化创意作为一种全新动力将融入社会生产生活全过程。随着中国经济进入新常态，供给侧结构性改革成为中国经济转方式调结构的核心抓手，创新、协调、绿色、开放、共享的发展理念成为指导中国未来经济社会发展的航向坐标，文化创意产业一方面作为一种战略性新兴产业，成为未来现代服务业的重要引擎。同时，文化力、创意力也成为诸多传统产业转型升级的动力源泉，成为提升产业附加价值，提升产品品牌认知度的重要力量，文化创意已经不仅仅停留在小文化范畴，而是全面融入到国民经济全过程中。

关键句：文化消费时代要求一方面要改变文化服务、文化灌输的传统思维，勇敢拥抱和顺应文化消费时代，为大众生产出更多既有人文内涵、价值引导，又有商业价值的文化消费产品。另一方面，既要尊重市场规律，也不能唯市场论，要正确认知和评估文化价值，不能简单用产值来评估文化商品的价值，既要考虑经济效益，也要考虑社会效益；遵循商业伦理，也遵循道德伦理；既有常规效率，也有超常规效率；既需要政府调节、市场调节，也需要道德调节。

二、北京市建设全国文化中心的创新路径

站在时代的风口上，北京市建设全国文化中心应该打破传统的文化发展思维和路径，以文化创新全面引领全国文化中心建设。具体可以从以下几个重点创新方向创新。

1. 内容跨界集成创新。面对文化消费的升级，消费者对文化产品的品质、

特色提出了更高的要求。文化内容的生产要突破传统的单打独斗，要实现跨界融合创新，创造新物种、新价值、新商业。跨界集成创新主要有三个维度：一是打通文化事业与文化产业的边界。当前，我国文化管理条块分割、各自为政的现象还很严重，文化产业的内容建设严重不足，文博系统主要从保护、考古的角度思考文化问题，将文物资源融入现代生活、公共教育和公共社会服务还远远不够，公共文化服务主要考虑用财政资金把网络、场馆建起来，基于老百姓的实际文化需求的内容供给远远不足。而中国传统文化资源中有大量的故事版权、形象版权，主要掌握在文博系统中，文化传播、传输的主要渠道大量掌握在文化事业单位手中，不把这些系统的资源、渠道释放出来，文化创意产业发展就缺乏动力，缺乏内容支撑。因此，必须建立文化建设的贯通思维，盘活现有文化资产，打通文博系统、公共文化服务、文化产业三者之间的行政和体制壁垒，互相借力，互相反哺。二是要鼓励不同文化艺术门类之间的跨界合作。随着文化消费的极致化、个性化需求增长，消费者对文化产品在故事、视觉、美学、声音、色彩、游乐体验方式等方面都提出了更高的综合性要求，这就要求剧场工作者、作家、设计师、音乐创作者、工程师之间进行跨界合作，生产出具有综合审美品质和文化内涵的文化消费产品。三是强化文化创意产品生产传播营销的全过程创意管理。我们传统的文化内容生产往往以部门化、工种化分包为主，建筑设计、景观设计、内容创意、节目制作、技术集成、运营管理等部门相对割裂，使得最后每一个部门和工种都不对最后的产品市场负责，最后的产品出现散装零部件都不错，但最终产品四不像。对此，要强化不同部门、工种之间的协同作战，实现创意策略的全过程管理和系统新集成创新，保障产品最终的品质和满足市场需求。

2. 产业融合服务创新。文化创意与相关产业、国民经济的融合趋势为北京市建设全国文化中心注入了新的活力，北京市在产业融合上要走在前面。一是要在文化创意与相关产业融合业态上，北京市要在文化创意与科技、文化创意与旅游、文化创意与金融、文化创意与商贸、文化创意与休闲农业、文化创意与制造业等领域要创新融合业态、产品和商业模式，为北京市产业升级注入动力，在全国发挥示范作用。二是要充分发挥北京市文化创意人才作用，让文化力、创意力、故事力、设计力渗透到房地产转型、大型购物商场提升、工业制造提升等诸多传统产业中，提升产业附加值和生命力。三是在产业融合服务上，北京市不仅要满足北京本土的产业转型升级需要，更要在全国产业融合和转型升级上发挥更大的智力输出、产品输出和模式输出的作用。

3. 技术运用协同创新。北京市拥有丰富的科技创新资源和经验，中关村一直引领着科技创新的方向标。在新的时期，北京市要在文化与科技融合创新上充当排头兵和先锋队。一是要组织跨领域、跨部门的专业力量，加强对文化科技融合重大基础性攻关技术的研发力度，夯实文化科技底盘。二是要创新科技管理体制，加大对政府直属事业单位、行业协会、科研机构、企业之间的产学研用协同创新平台建设，真正让科研成果走出实验室，获取市场价值。三是要加强对人工智能、大数据、虚拟现实（VR）等基础性、革命性技术在文化创意领域各行业的应用研究，为这些细分文创领域提供应用型解决方案。比如，VR 在文化旅游领域，可探索游客预览 VR 体验、游客 VR 体验线路和内容规划设计、VR 旅游系列节目创作传播、、虚拟场景漫游游戏开发等应用模式，为旅游景区提供 VR 应用指导。四是要培育创新文化，为北京市科技产业转型升级注入动力，让大众创业、万众创新的活力得到全面迸发。

4. 城市文化再造创新。文化是城市的灵魂，北京市要让传统文化和现代文明交相辉映，历史文脉与时尚创意相得益彰，成为具有高度包容性和亲和力，具有人文关怀、人文风采和文化魅力的社会主义先进文化之都，因此，在城市文化品格定位、城市文化景观营造、居民生活美学等方面就要下功夫。北京的文化类型既有皇城文化、胡同文化等历史文化脉络，也有科技文化、奥林匹克文化、商业文化等现代文化业态，只有将这些历史文化进行更新与再造，将现代文化融合居民生活，城市文化魅力才能得以彰显。在城市文化品格塑造上，要让更多的建筑师、景观设计师、作家、诗人、画家、音乐人、舞蹈艺术家、公共艺术家为北京市的旧城改造、胡同改造、历史文化遗址的保护利用、历史文化挖掘整理贡献智慧，形成独立的历史文化体验和生活区域。要加大对 CBD 地区的商业文化、时尚文化、媒体文化、中关村科技文化、鸟巢及周边区域的奥林匹克体育文化等内容的深入挖掘与提炼力度，进行主题性规划设计，让这些现代文化融合于当代创新创业、生产生活过程中。要大力倡导居民生活美学，活化文化资源，将优秀传统文化的思想、器物、价值、精神转换为当代审美、产品、人文精神、文化空间，只有在审美生活化、生活审美化的过程中，现代人才能真正体会到古人的文气、雅气，才能真正静下心来品味生活。这样的文创业态不是“高大尚”，不是一堆厂房、园区，而是温情、温暖、温润的，是充满人情味的。

5. 文化创意人才机制创新。文化创意人才作为一种特殊的专业群体，有其独特的人才特质。他们工作机制灵活，渴望自由，不喜欢被约束，被强制，需要宽松的管理环境。他们对工作内容的选择更强调价值感、作品感，经济利益和财富积累不是他们考虑的首要因素。他们具有强烈的好奇心和想象力，对工作环境氛围和同伴有较高的要求，渴望沟通交流和思想激荡，从而激发创意创作的灵感。北京市作为文化创意人才的集聚区域，如何为文化创意人才提供良好的发展环境，成为北京能否引得进、留得住这些专业人才的关键。要倡导对文化创意人才的弹性化、专业化管理方式，摈弃传统的机械式管理和流水线生产方式，给他们更多的创作自由和空间。在激励机制上，加大对名誉、作品的激励手段运用，为文化创意人才赢得应有的尊重和尊严感。大力培养艺术、商业思维兼具的跨界型创意管理人才，让他们成为文化创意产业的引领者，打通艺术创作与文化商品之间的“最后一公里”。要搭建更多文化创意人才交流、合作的公共性服务平台、活动、沙龙，让他们在交流中加强思想的激荡和合作。

6. 文化管理体制机制创新。我们当前的文化管理方式，进入了“一管就死，一放就乱”的怪圈，行政管理体制过度格式化、流程化、刻板化，与现代文化管理、艺术管理理念风格不相一致。政府在文化管理上要加快推进简政放权，真正由办文化向管文化转变。要充分尊重市场规律，培育市场主体，尤其是政府公共资源、扶持政策、资金支持要更加公开、透明，创造更加公平、合理的市场环境，让民营文化企业享受与国有文化企业同等的市场待遇和竞争机会。要积极培育第三方力量，构建政府与市场之间的缓冲地带，政府应成立各类文化艺术基金会、协会、资金管理平台，让它们承担部分政府管理职能，发挥积极作用。要鼓励民间成立各类文化智库、基金会、协会、非盈利机构、社会型企业等组织，社会型企业既承担社会公共责任，又有一些产业运营板块，实现反哺循环。

VR时代下北京文创产业的发展机遇

姜　申[1]

“VR”即Virtual Reality（虚拟现实），是一种可以建构、体验虚拟情境的计算机仿真系统。它利用数字计算生成视听拟态环境，利用信息融合的多元交互式三维视域及仿真体验使用户沉浸到虚拟环境中。沉浸感、交互性和想象力，是推动VR创意延展的三大核心基础。VR的概念在科学应用里已不鲜见，20世纪90年代末意大利科学家借助虚拟现实技术还原庞贝古城的历史原貌；2001年法国借助互联网开启“虚拟卢浮宫”展示；在中国甘肃敦煌的数字虚拟展馆已建成开放；在北京，圆明园的虚拟场景建构已有十年经验，虚拟现实技术已经应用于兵马俑残片的自动化数字拼合……这一切表明VR对场景的凝聚之气、对文化空间的重塑，都昭示出它有着与文创产业良久而亲密的关系。

一、虚拟现实的质变

在当代认知中“虚拟现实”这个概念似乎并不陌生，人们普遍将2016年称为VR元年。VR在技术演进、受众共识、市场应用、审美拓展、文化领悟中经历了一系列的“质变”过程，VR的新变化具体如下：

其一，由科学应用向文化市场的转型。这意味着VR正走出实验室，技术积累已到了向文化市场延伸的关键节点。无疑，现阶段VR在文化产业的具体应用上已初步具备可操作性。各旅游景点的VR广告大战正全面铺开；VR娱乐（游戏）体验馆正快速在各大购物中心布局；各门户网站陆续开通VR频道、视频网站开展VR直播业务、社群媒体正积极构建VR社交平台、购物网站预判“VR虚拟购物”时代即将来临；首都博物馆的临时展览已启用VR头盔对商代“妇好墓”进行360度全景式、逐层呈现；VR影视剧的创作亦如火如荼。其他诸如：新闻、医疗、教育、广告、房地产等领域也都在积极迎接VR时代的到来。可以说，VR在文化领域的应用前景空前广博。

其二，由嵌入式窗口向沉浸式全景的渗透。虚拟现实的“呈现方式”正经

---

① 姜申，博士，北京师范大学新闻传播学院副教授，研究方向：视觉文化传播，新媒体。

历翻天覆地的变化——从电影银幕到电视机荧屏到电脑显示器再到手机终端和可穿戴智能手表，传统视觉媒介的浏览视域在不断收窄，二维显示窗口受到持续挤压；同时，受众与显示窗口之间的距离却不断拉近，最终这个“距离”（对媒介本体的感知）消融在 VR 眼镜/头盔的爆炸式增长之中，360 度的全景观感将为人们带来无穷的沉浸体验。

其三，由高科技专业化向普众集成化应用的演进。VR 正由高精三维建模、立体动画渲染等专业壁垒中走出，Gopro 拼接、单镜头 VR 拍摄设备的快速迭代使 VR 融入真实影像环境，拼接/后期软件的高度自动化集成使初级创业者、业余玩家及青年学生亦有机会接触其创作。全民观赏、全民参与，成为 VR 时代的重要卖点。

其四，由客体观赏的“距离美”向主体参与的“体验美”过渡。VR 使传统审美过程的客体距离逐渐消解，取而代之的是越来越丰富的主观性选择，这为“交互”带来无限可能。无论声控体验、手势触摸、眼动识别，还是 VR 内容上的非线性选择，都预示着交互将成为引领 VR 未来发展的重心。

虚拟现实领域的井喷发展，无疑会为首都北京带来难得的机遇。古都景观的历史风韵、北京精神的现代承传、文化创新契机的培育、电子商务市场的开拓、国际文化交流的重任，都有赖于北京站在 VR 时代的转折点上，不断进取。那么更加具体的问题也便摆在人们面前：VR 能给北京带来什么？回答这个问题需要从两个方面来思考：一方面，VR 有什么新意？另一方面，北京的发展需要什么？只有将这两方面考虑清楚，然后进行有机的结合，才能最终提供问题的答案，从而推动 VR 与北京文创产业的融合发展。

二、VR 带来的新意

VR 无疑在时空创新方面显现出蓬勃的生命力。虚拟现实因其观看的密闭性，隔绝了体验者的生活空间与认知空间，使得 VR 对空间感知的重构成为可能。与传统的视觉产品不同，VR 不是创作具有客体距离感的视听结果，而是创造一个活生生的、包裹着在场身体的沉浸式空间及其体验过程，对过程性的塑造包含着即时性的交流与互动。正因为空间重构提供了这种可能性，所以人们在 VR 中的时间性体验过程不是回溯历史，而是回到历史中去；不是触碰未来，而是生活在未来之中。因此，空间重构的这种可能性就使时间穿越的体验非常真实，达到了忘我的程度，即短暂抽离“生活空间”的意识，从而形成了 VR 的体验基础和特色；如果丧失了这个特点和基础，那么，VR 就不具有任何新意。

当然，新意也源于 VR 虚拟的真实性。在一个表象早已代替本质成为文化主流呈现的时代，VR 的真实性是通过对虚拟影像的加法或减法，最终创造出适于今天的受众所感知的——空间真实性与历史真实性。在此，虚拟的现实中加入了加了新的元素——沉浸于其中的人。因此，无论 VR 视听是否是真实的存在，人的体验却成为始终真实的存在，进而构筑成了 VR 重归“人本”视野的基石。

VR 所带来的“人本”视野，通过时空交互的可能与观众自由的选择得到了具体的显现。在单向传播如日中天的大众媒介时代，人们不会想到广播和宣传终有一天会被个体的自由化信息诉求取而代之。交互媒体的诞生使主流意识长久赖以生存的舆论控制体系受到挑战，转而寻求舆情引导力的支撑来实现主流意识的新生。过去传统的教条和灌输方式再也无力托起主流意志的大旗，未来的媒介影响力将取决于交互的广延性与选择的自由度，因此，VR 自身具备的这种带入感，也就成为未来媒体发展的保障。

此外，VR 的新意还体现在动画与实景的交融之上。以往，动画与影视在二维银幕上各自呈现出独立的形态，难以相互融合；而今，虚拟空间的全景构建需要同时发挥动画在三维建模、实景在影像逼真等方面的优势，从而开始促成二者在 VR 领域的融合性发展。

不过，虽然媒介的新颖也使 VR 在短期内成为极具卖点的吸引力，但从长远发展来看，受众所关注的，可能不再是 VR 技术的外在神秘感，而是 VR 内容的迅速跟进。“技术搭台，文化唱戏”，这句话对于 VR 的发展也就有了极其迫切的现实意义——VR 如果不能在有限的时间内变“技术吸引”为“文化吸引”，前景将不容乐观。因此，VR 与文化创新的结合也就迫在眉睫、势在必行！

三、与北京需求的结合

作为全国的政治文化中心，北京要“聚拢民心”，在文化上就要有凝聚之气。面对新兴媒介的不断汰变、更迭，如何巩固宣传阵地便成为舆论话语的重要课题。互联网营造的社交媒介群落化将传统媒体所培育的受众场域逐渐消解，这意味着公共对话基础的式微，而受众丧失舆论焦点，结果很可能回到一盘散沙的无序状态。对此，“受众在哪里，传播就在哪里”，跟着受众的兴趣走，积极利用新的媒介形式，善于分析、利用新生媒介的优势，成就话语、开拓未来。而身临其境的 VR 有很好的“现场带入感”，受众选择性强，视听感染力极具宣传价值和鼓舞性，无疑具有积极的作用。这对于结合受众自主的过程性参与意识、较早地加以培育和引导，建设首都信息宣传的有利阵地具有重要的价值。

作为古都和历史文化名城，北京亦需要凸显“精气神儿”，即传统文化的继承发扬与现代化精神文明建设的结合所显现的“北京精神”——爱国 创新 包容厚德。通过 VR 技术将“北京精神”反映北京在历史变迁中，以不变的执着与情感，用传统的“文字符号”所具有历史感与凝练特性，还原城市精神的视听气韵，这对于重构北京城市精神的时代景观面貌也具有很好的意义。

此外，作为国际大都市，北京也是中外文化沟通与交流的重镇。中国故事与现代东方的精神风貌要走出国门，北京要成为东西文化交流的桥头堡，从而让我们丰富的历史遗迹、物质文化遗产突破时空的界限，使全世界领略华夏文明的博大精深和源远流长。因此，VR 在我们“文化走出去”战略中可以扮演积极的角色，通过突破传统的空间地缘限制，将故宫的博大、长城的壮美、颐和园的秀丽、天坛的庄严，以及“色香味俱全”的当代北京的种种生活，高效地传递到世界文明的每一个角落，必然会带来令人惊叹的效果。当然，北京要搞 VR 旅游：在每个景点门口建数字化 VR 体验馆，还要把旅游宣传阵地拓展到纽约、伦敦、巴黎、里约，通过“虚拟现实”对空间的跨越、对地缘的突破来达到更广阔深度的文化沟通与交流，实现文化走出去的目的。人们常讲，越是民族的，就越是世界的；虚拟现实无疑会为这两个概念带来更多的交集。

最后，也要看到 VR 作为新兴媒介，在其初期发展阶段，技术发展、市场普及、受众接受习惯等方面也存在的诸多困难。例如，VR 显示的延时问题导致观众头晕、无法长时间观看；目前市场上的高端 VR 产品尚难以摆脱笨重的电脑支持，一体机及行业技术标准尚未达成一致；专业高清级别的 VR 实景拍摄中图像拼接还有未解决的难题、VR 影视语言及视觉本体的应用经验尚待积累；习惯了单向信息传递的“受众”面对 VR 突如其来的交互性与自主选择，还有点手足无措。这些不足和困难还有待技术的持续改进、市场的开拓以及 VR 内容及创意研发的迅速跟进。但这也正凸显了“文创”参与 VR 发展的必要性。所以，文创产业不仅要孵化与培育，体现出它“伯乐”的一面；而且也要担负“连接”的重任，为新兴媒介搭建和拓展产业生态平台与领域。北京作为高科技创新中心，虚拟现实给首都带来的绝不仅仅是一个眼镜或头盔，而是各种新兴业态发展的基础性信息连接平台。比如：VR 对交互游戏与非线性影视产业的决定性颠覆、对体育娱乐产业的全景直播号召力、对在线教育产业的助推，以及对电子商务平台及消费者购物习惯与环境的颠覆性变革等等。总之，以“互联网 +”为核心的商务时代已来临，那么未来以“VR +”为核心的、全景产业链交融的时代也将触手可及。

北京市文化创意产业融合发展环境分析[①]

赵玉宏[②]

随着科学技术的不断进步和传统文化的不断挖掘，北京丰富的科技资源和厚重的文化资源近年来日益融合在一起，取得了巨大成就，形成了一些新的业态，呈现出一些新的特点和发展态势，并且这种融合正在逐步由自发走向自觉。但是，北京文化创意产业融合发展仍然是不充分的，存在着诸多问题，例如融合的深度尚有欠缺、文化与科技融合的基本工作机制不完善、融合驱动力不足等。文化创意产业融合成长是在内外部因素的共同作用下，因此为了更好地分析创意产业融合成长所处的宏观环境的变化及其对文化创意产业成长的影响，PEST 分析是指宏观环境分析，通过总体上对产业所处的宏观环境因素进行把握，常常又被称为一般环境分析，是指影响一切行业和企业的各种宏观力量。本文通过 PEST 分析法对北京文化创意产业融合发展现状分别进行宏观和微观的分析研究。

一、政治与法律环境

文化创意产业融合发展离不开一定的政策环境。近年来，从中央到地方政府连续出台一系列政策与法规，为文化创意产业与相关产业融合保驾护航。

（一）文化创意产业融合发展的政策环境

1. 国家层面的政策环境

2014 年 1 月 22 日，国务院总理李克强主持召开国务院常务会议，会议指出，文化创意和设计服务具有高知识性、高增值性和低消耗、低污染等特征。依靠创新，推进文化创意和设计服务等新型、高端服务业发展，促进与相关产业深度融合，是调整经济结构的重要内容，有利于改善产品和服务品质、满足群众多样化需求，也可以催生新业态、带动就业、推动产业转型升级。会议确定了推进文化创意和设计服务与相关产业融合发展的政策措施。

一是加强创意、设计知识产权保护，健全激励机制，推进产学研用结合，活

---

① 本文系北京市社科院课题《北京市文化创意产业有效供给研究》阶段性成果。

② 赵玉宏，博士，北京市社会科学院传媒所副研究员，研究方向：文化创意产业，跨文化传播。

跃知识产权交易，为保护和鼓励创新、更好实现创意和设计成果价值营造良好环境。

二是实施文化创意和设计服务人才扶持计划，支持学历教育与职业培训并举、创意设计与经营管理结合的人才培养新模式，让更多人才脱颖而出。

三是以市场为主导，鼓励创意、设计类中小微企业成长，引导民间资本投资文化创意、设计服务领域，设立创意中心、设计中心，放开建筑设计领域外资准入限制。

四是突出绿色和节能环保导向，通过完善标准、加大政府采购力度等方式加强引导，推动更多绿色、节能环保的创意设计转化为产品。

五是完善相关扶持政策和金融服务，用好文化产业发展专项资金，促进文化创意和设计服务蓬勃发展。

这是继在十七届六中全会《决定》中提出文化与科技融合发展战略之后，中央政府进一步支持推进文化创意产业与相关产业融合发展的决定。

2. 北京市相关扶持政策

2012 年，北京市推出了《关于金融促进首都文化创意产业发展的意见》。除鼓励金融机构提供多元化服务外，《意见》还提到，将连续四年，每年统筹 100 亿元资金，支持文创产业发展。

2015 年 4 月，北京市人民政府印发了《北京市关于推进文化创意和设计服务与相关产业融合发展行动计划（2015—2020 年）》。该政策的提出是为深入贯彻落实《国务院关于推进文化创意和设计服务与相关产业融合发展的若干意见》（国发［2014］10 号）精神，进一步加强全国文化中心、科技创新中心建设，更好地适应文化创意和设计服务在经济社会各领域各行业呈现出的多向交互融合发展态势，加快构建“高精尖”经济结构。预计 2020 年，在《行动计划》的影响下，北京市将基本形成文化创意和设计服务与相关产业高水平、宽领域、深层次的融合发展格局。

2016 年，《北京市国民经济和社会发展第十三个五年规划纲要》发布，在着力建设全国文化中心方面，《纲要》指出提到要大力促进文化与科技融合。加强重点文化创意产业功能区建设，发挥好市级文化创意产业示范园区的引领带动作用，以中国北京出版创意产业园区、国家文化产业创新实验区、国家对外文化贸易基地（北京）、中国乐谷、中国（怀柔）影视产业示范区等为支点，发挥科技、文化融合带动作用，提升产业附加值和功能区内涵，形成文化创意产业与科技、金融、旅游等相关产业高水平、深层次、宽领域的融合发展格局。积极培育以数字内容、新媒体等为主体的文化科技融合产业，有效扩大和引导文化消费。

（二）文化创意产业融合发展的法律环境

经过多年的努力，我国的文化产业法制建设开始走上了制度化、规范化的轨道，目前，在文化领域我国制定了两部法律：《文物保护法》和《著作权法》，初步做到了“有法可依”、“有章可循”。

然而，在现有文化立法中，文化管理方面的立法数量居多，而文化产业发展方面的立法还很欠缺，我国类似《文化产业促进法》的法律法规尚未制定。文化产业各行业的发展，除《文物保护法》和《著作权法》有少部分内容涉及文化产业外，基本上缺乏专门的国家法律支撑。

目前，文化产业的规范和管理仍主要依靠国务院发布的行政法规，以及大量法律层级和效力都较低的部门规章及规范性文件。如《电影管理条例》《广播电视管理条例》《出版管理条例》《营业性演出管理条例》《娱乐场所管理条例》《音像制品管理条例》等。在进入文化产业领域方面，中国加入世贸组织后，凡外资准入的文化产业的领域原则上同时视为国内非国有资本也准入。

有一些较早出台的行政法规已不适应当前文化产业的快速发展，例如，2003年文化部颁布的《关于支持和促进文化产业发展的若干意见》，虽然提出了逐步放宽市场准入政策的原则性意见，但从法制的角度看，现行法规在一定程度上禁锢国内演出市场的规定并没有改变，国内演出市场的发展和繁荣仍缺乏法律的保障。

文化产业与其他产业融合发展过程中产生的法律问题解决方法以及行政监管领域还尚属空白，直接负责的行政管理机构不明确。在行政许可方面，对文化产业的行政许可行为处于无序、混乱的状态，在行政许可的设定、程序、时限、效力、标准、条件、监督等方面也存在许多问题，有待进一步规范。文化产业法制环境建设亟待加强。

以文化产业融合产生的新业态——数字出版业为例，我国目前还未出台专门的数字版权保护法，有关的法律依据除了2001年修订的《著作权法》和2006年颁发的《信息网络传播权保护条例》，其他还有《互联网出版管理暂行规定》、《互联网著作权行政保护办法》《最高人民法院关于审理涉及计算机网络著作权纠纷案件使用法律若干问题的解释》等法规和解释。但现有的法律体系已经明显不适应网络技术的发展。其中涉及很多问题都为数字版权的保护带来困惑。

就北京市文化创意产业发展的法律环境而言，近年来，北京在加强知识产权保护方面采取了诸多措施。建立了一套比较完善的知识产权保护服务体系，取得了较好的成效。

2006年12月，北京市统计局与国家统计局北京调查总队联合正式发布《北京市文化创意产业分类标准》，这一标准将文化创意产业定义为：“以创作、创造、创新为根本手段，以文化内容和创意成果为核心价值，以知识产权实现或消费为交易特征，为社会公众提供文化体验的具有内在联系的行业集群。”这一定义是从产业链的角度界定了文化创意产业的概念，同时强调了知识产权的重要性。

2007年12月北京市知识产权局负责，市版权局、市工商局协办，完成了《北京市文化创意产业知识产权保护和促进办法》；北京积极完善文化创意产业的市场服务体系，北京产权交易所、国际版权中心及时发布项目，帮助企业寻找合作伙伴，促进文化创意产业化发展等等。这一系列知识产权措施，促进了北京文化创意产业的进一步发展。

然而，北京市文化创意产业法律法规的出台仍旧滞后于产业的发展，对文化产业与科技融合发展过程中产生的新业态还缺少相对应的法律保护。

二、经济与信息环境

（一）北京文化创意产业发展水平居全国领先

北京市是全国文化创意和设计服务业发展的“排头兵”。近年来北京市文化产业发展呈现文化贸易稳步扩展、文化消费持续增长、产业集聚日益突出的特点，文化创意产业持续健康快速发展。

“十一五”期间，北京市文化创意产业创造的增加值由2005年的674.1亿元增至2010年的1697.7亿元，年均增速20.3%，超过全市地区生产总值年均增速5.1个百分点；增加值占全市GDP比重由2005年的9.7%提高到2010年的12%，共提高了2.3个百分点。

“十二五”期间，文化创意产业进一步发展，北京文化创意产业的整体实力持续增强，2015年全市规模以上文化创意产业收入合计13451.3亿元，同比增长14.0%；资产总计20140.2亿元，同比增长20.6%；从业人员122.3万人，同比增长6.2%。2015年全市文化创意产业实现增加值3179.3亿元，占地区生产总值的比重达到13.8%，比上年提高0.6个百分点，在全国占比最高。① 此外，在文化消费、对外文化贸易、文化企业竞争力等多项指标方面，北京在全国均处于领先地位。

（二）文化消费潜力巨大

按国际经验，当人均GDP达到3000美元的时候，文化消费可以快速增长。

① 数据来源：《北京文化创意产业发展白皮书（2016）》，中国经济网，2016-11-22。

当接近或超过5000美元的时候，文化消费则会出现井喷，文化产业高度发达的欧美国家，文化消费已经占到家庭消费的30%左右，对其他行业会产生显著的拉动作用。2012年我国人均GDP达到了13727美元，文化产业消费总收入已经突破了万亿大关，文化消费进入快速增长期。

一方面，按常住人口计算，2012年北京人均GDP达到13797美元，依据世界银行划分各国贫富程度的标准已达到中上等国家水平，同时也到了文化消费的爆发期。另一方面，北京市作为全国文化中心，拥有丰富的文化市场资源，较为健全的文化市场体系，庞大的文化消费群体等不可比拟的文化优势，文化消费拓展空间巨大。根据中国人民大学和文化部文化产业司联合发布的中国文化消费指数数据，北京文化消费环境指数高于上海、浙江、广东等省份，位于全国首位。

然而，据调研数据测算，我国文化消费潜在规模为47026.1亿元，占居民消费总支出30.0%，但当前实际文化消费规模为10388.0亿元，仅占居民消费总支出6.6%，存在36638.1亿元的文化消费缺口。潜在文化需求未得到有效满足，我国文化消费存在着巨大的市场空间。

（三）文化科技融合产生的新型文化业态发展迅速

十八大报告正式将“新兴文化业态”一词改成“新型文化业态”，这表明文化和科技融合产生的新型文化业态已经基本成型，并正在快速发展。科技与文化融合发展效果明显，为文化创意产业发展注入了新活力，催生了一批新兴文化创意企业，有力地带动了文化创意产业的发展。北京文化创意产业收入已突破9000亿元。

2012年12月，北京市政府召开专题会议，研究《关于实施“双轮驱动”战略加快推进文化科技融合发展的意见》和《北京市推进文化和科技融合发展三年行动计划（2013—2015)》，指出推动文化科技融合发展，实现科技创新、文化创新“双轮驱动”是由首都功能定位决定的重大战略，是加快转变经济发展方式的关键抓手。

北京市依托科技资源，涌现了一大批以软件、网络和计算机服务为制作和传播手段、以提供文化产品和文化信息服务为经营内容的数字文化内容产业（网络传媒、数字出版、动漫游戏业、数字影视业、创意设计业等)，这些产业是科技文化融合最显著成果和最具发展潜力的文化创意产业门类，使文化创意产业业态不断优化；仅海淀区文化创意产业企业总量超过3.3万家，超十亿元的企业有40家，涌现出百度、新浪、搜狐、乐视、优酷、开心网、方正、水晶石、数码视讯、新奥特等一批行业龙头企业，企业集群日益壮大；产业规模效益逐步显现。

互联网正在革新文创企业传统的生产模式。以移动和大数据为代表的新互联网时代已经到来，以阅读为例，移动阅读已经无处不在，这迫使传统文创企业去升级自己的生产方式，否则只会被淘汰出局。另外，网络游戏等新兴业态增势迅猛，催生与电影等文娱业联动发展新模式。

（四）数字北京：文化创意产业融合发展的信息环境

北京信息通信技术飞速发展，全市已拥有光纤、数字微波、卫星、移动通信、数据通信、互联网等世界上最先进的信息通信技术手段；长途传输、电话交换和移动通信已实现了数字化，形成了以光缆为主、卫星和数字微波为辅，覆盖全区、连接世界的现代化立体信息通信平台。

信息素养是人们必备的一种对信息社会的适应能力，它直接影响到一个人的学习能力与竞争能力。近年来，北京市民应用信息技术的意识和能力不断提升，数字化生活方式逐渐普及。北京市网民数量由2005年的428万人提高到2013年的1556万人，同比增长6.7%，互联网普及率为75.2%，在全国排在第一位。北京市民对首都之窗网站的使用率明显提高，从2005年的11.8%增至2009年的26.7%，表明北京市民的信息素养逐渐增强。

北京市的信息基础设施以及发达的信息通信技术，较高的互联网普及率以及逐年递增的市民信息素养，为北京文化创意产业的跨越式发展奠定了坚实的科学基础、技术保障和人才储备，确保了文化创意产业融合产生的新业态的文化产品传播渠道的畅通，极大地推动了新兴数字技术支持的新媒体信息产业的内容创新和产品创新，以数字化等高新技术促进文化的产业化、改造传统文化生产流通方式，带动了整个文化创意产业的全面提升。

三、社会与人文环境

社会文化资源体现着各个民族独特的思维方式和文化价值，是人类文明的重要载体，文化创意产业的发展离不开对一定文化资源的使用和开发。我国是一个文化资源大国，却是文化产业小国，原因在于对我国优秀文化资源的开发和利用不够。文化创意产业融合发展的过程中，必须把文化资源所蕴含的经济价值通过各种方式体现出来，形成社会财富。

（一）丰富的历史文化资源与当代创意结合

作为全国文化中心，北京3000多年建城史和800多年建都史为我们留下了极为丰富的历史文化，这些传统文化经过创意的催化，形成了独具北京特色的文化旅游、影视作品、文艺表演、年节活动、现代手工艺等文化创意精品项目和产品，极大地丰富了北京文化创意产业的内涵。

现在，人们越来越意识到保护古城、传承和发展传统文化的重要性。因此，以故宫、长城、胡同、四合院、京剧、景泰蓝、烤鸭等为代表的传统京味文化，在新的形势下，获得了新的发展空间。同时，人们也逐渐意识到，传统文化资源并非一定能够变成经济与文化实力，只有与当代创意融合，借助文化创意产业对传统文化资源的再创造，把握其精髓和神韵进行合理开发，才会产生具有深厚文化底蕴的文化产品，促进文化创意产业的发展，反过来又会推动传统文化的传承和发扬光大。

近年来，北京利用互联网、动漫游戏等新兴文化产业与传统文化资源相结合，对传统文化的表现形式进行创新已初见成效。例如：应用动漫等新手法演绎京剧，将京剧艺术与动漫结合是促进京剧发展的一个新手段。动漫是大众喜闻乐见的一种艺术表现形式，尤其深受青年喜爱，将京剧的故事情节、美学元素和文化内涵等以动漫形式重新创造，可以让人们在轻松愉快中欣赏京剧唱腔之美、形式之美，引发人们对京剧的兴趣，从喜欢到传承。

北京历史悠久，文物古迹众多，对旅游者有着很大的吸引力，故宫、长城、颐和园、天坛、十三陵这些世界文化遗产是中外游客到北京旅游的首选地点。北京充分利用自身的文化资源，通过创意将文化与旅游融合，大力发展文化旅游，用传统文化带动旅游，以旅游促进传统文化的发展，目前已初步形成了一些具有特色的文化旅游区域与线路，将独具魅力的传统文化与丰富多彩的当代文化相结合，形成北京文化旅游的知名品牌，如“胡同游”。

（二）文化创意产业人才是产业融合的推动力

文化创意产业融合是集文化、创意、知识和技术高度关联的产业，由此决定，创意产业融合所涉及的产品融合、市场融合、或者企业融合都与人才密不可分，是一种极其依赖管理者的心智能力的活动，需要既懂经营、懂文化，又懂技术特点的领军人物。因此，人才资本是创意产业融合最核心的生产要素，能否拥有大量的各类创意人才，将成为夺取创意产业发展制高点的决胜因素。

北京作为全国科技创新中心，其科技、教育、文化资源丰富，积聚了各类科技研发及创意人才。“十一五”期间北京文化创意产业从业人员年均增长8%，2011年年底达到140.9万人，2012年底达到152.9万人，其中创作、策划、管理和投资经营等方面的人才种类不断丰富，层次有所提升。大部分就业者在文化创意产业新业态相关的软件、网络及计算机服务业工作，达69.8万人，占总数的46%，将近总从业人数的一半；从事艺术品交易行业人员最少，只有2.8万人，占2%。

但是，要构建创意之都，北京同样遭遇人才瓶颈，相比纽约、伦敦、东京等文化创意产业繁荣城市，北京市文化从业人员占全市总从业人员的比例仍然较低，据统计，北京的创意人才只占全市从业人员的1%，而纽约为12%。人才不足严重制约了首都文化事业的持续发展。以动画及多媒体行业为例，虽然相应的动漫教育机构、动漫人才数量迅猛增长，但是动漫产业的发展仍出现人才告急的现象。据了解，业界需要的人才是15万至20万人，而每年能够提供的合格人才仅为1万人左右，随着动漫产业的发展壮大，这个缺口还会不断加大。因此，尽快集聚大批优秀的创意产业人才成为当务之急。

针对这一问题，北京专门开设文化产业高级人才研修班，建设文化创意人才基地，希望为文化产业领军人才发展创造良好的环境和氛围。

良好的社会人文环境可以为文化创意产业融合发展提供丰富的创意源泉和强大的精神动力支持，而且直接反映出一个地方的文明程度，提升区域文化产业竞争的无形品牌和竞争力，吸引金融资本以及其他相关产业与文化产业相结合，使文化进入一、二、三产业的各个领域，提高文化产品的市场化率和附加值。

四、技术与产业环境

（一）文化创意产业集聚发展效应显著

产业集聚可以说是产业融合的一种外在表现形式，是建立在企业内融合和产业链融合基础上的更为高级的产业融合方式。企业的发展需要技术、人才、资本等生产要素的共同作用，产业的融合过程就是这些要素的集聚过程。例如：北京市中关村示范区作为全国第一个国家自主创新示范区，可以说是北京市二、三产业融合发展的典型模式。

文化创意产业融合发展方面，2006年起，北京陆续认定了30个市级文化创意产业集聚区，经过多年发展，市级和各区县的集聚区已经成为北京文化创意产业的一个重要载体。以CBD国际传媒产业集聚区为例，内部聚集了众多影视传媒、网络服务、广告业等文化传媒企业。2011年1至5月，北京CBD国际传媒产业集聚区规模以上文化创意产业法人单位数为288个，实现收入123.6亿元，同比增长20.2%；从业人员2.3万人，同比增长4.4%。

2012年5月，为贯彻党的十七届六中全会上提出的“依托国家高新技术园区、国家可持续发展实验区等建立国家文化科技融合示范基地，把重大文化科技项目纳入国家相关科技发展规划和计划”的要求，中宣部与科技部会同文化部、广电总局、新闻出版总署，开展了国家文化科技融合示范基地认定工作，认定北京中关村国家文化科技融合示范基地等16家为首批国家级文化和科技融合示范基地。

截至目前，北京市整合打造20个文化产业功能区。这20个功能区分别是：

天坛—天桥核心演绎功能区、雍和园—德胜园文化科技融合功能区、文化金融融合功能区、北京老字号品牌文化推广功能区、CBD—定福庄国际传媒产业走廊功能区、奥林匹克公园文化体育融合功能区、潘家园古玩艺术品交易功能区、大山子时尚创意产业功能区、中关村文化科技融合示范功能区、中国戏曲文化艺术功能区、动漫网游功能区、房山历史文化旅游功能区、国家创意设计与艺术品交易功能区、天竺文化报税功能区、会展服务功能区、国家新媒体产业功能区、中国（怀柔）影视产业功能区、昌平未来文化城功能区、平谷音乐产业功能区、文化和生态旅游休闲功能区。

文化创意产业集聚区为产业融合提供了完善的产业链、供应链、服务链；以公共服务平台和公共技术实验室建设为抓手，以资金支持、政策配套为保障，科学合理的安排功能区规化，推动大企业、大项目在功能区落地，推动文化创意产业融合的发展。

（二）文化创意产业融合技术优势明显

就技术环境而言，创意产业的成长离不开高技术的渗透与融入，高科技为创意产业提供了技术支持和发展平台，特别是随着数字技术、多媒体技术和互联网技术等信息技术的发展出现的数字融合、网络融合进一步促使了媒介融合和产业融合的出现，这改变了创意产业的成长环境。高新技术和创意产业的融合是抢占21世纪创意产业制高点的一条捷径，高技术给创意产业的存在形态和发展趋势带来革命性的变化。

北京文化创意产业融合发展具有良好的技术优势。高新技术加快向传统产业渗透与融合，以新技术和新需求为导向的新兴领域不断涌现。信息技术的发展融合催生出移动互联网、云计算、物联网、数字出版等快速发展的新兴领域，特别是在数字出版、移动互联网等领域形成了比较完整的产业链。

综上所述，从北京市文化创意产业融合的政策法律环境、经济信息环境、社会人文环境以及产业技术环境等几个方面的考量可以看出，正是由于北京文化创意产业所处的宏观环境发生着一系列的变化，共同推进了北京文化创意产业的融合成长。

北京市文化产业土地政策评估研究

许周钦[①]

近年来，北京市文化产业土地政策环境不断优化，但在扶持引导政策上尚缺乏完整的配套体系，土地使用管理上不规范，土地政策的产业指向性不清晰。因此，需要制定科学的土地供应和利用体系，加强土地监管政策体系建设，强化土地税收、金融政策的杠杆调节作用，从而在一定程度上更好地提升和优化北京文化产业发展环境，促进首都文化产业发展。

土地作为人类生存和发展的物质载体，在人类社会发展进程和国民经济中的地位是不言而喻的。土地政策是土地管理的重要手段之一，在调节人的关系、促进社会经济协调发展起着重要的作用。从长远来看，人类发展的总体趋势是人口数量的不断增长，这必然造成对物质精神文明需求的上升态势，无论第一、第二还是第三产业，都离不开土地资源，在其无法继续增加的情况下，必须通过土地资源的合理开发和利用来促进和协调产业间的良性发展，因此，土地政策对产业结构、经济发展趋势具有重要影响。

产业发展是伴随人类对土地利用程度的提高而演化的，土地资源作为生产经营的基本要素，其土地政策的功能本质则是以政策为调节杠杆，引导和促进各方力量努力提高土地生产率，并对土地资源进行合理分配，保障各方利益的最大化发展。近年来，国家大力推进文化产业发展，作为国民经济的支柱性产业，国务院、文化部、国土资源部等部委和地方政府相继出台了一系列文化产业土地优惠政策，在土地供应、规划、利用、管理以及土地金融和税收等方面对文化产业的可持续发展给予了巨大支持。虽然截至目前，我国还没有制定专门的文化产业土地政策，但现行的针对文化产业发展的土地优惠政策也一定程度上提升和优化了文化产业发展环境。北京市文化产业土地政策环境不断优化。

一、支持文化产业发展的土地政策环境不断优化

2016 年，为了深入贯彻落实《京津冀协同发展规划纲要》以及北京市有序

---

① 许周钦，新兴宏基顾问机构董事长。

疏解非首都核心功能的需求，加快建设北京文化中心，努力构建高精尖的文化产业体系，北京市政府办公厅发布《北京市文化创意产业发展指导目录（2016 年版）》，指出要保障产业配套用地的需求，优先保障国际级和市级重点文化创意产业园区、基地、重大项目、龙头企业建设和新增用地；支持利用工业厂房、仓储用房、老旧商业设施等存量放低资源转型兴办文化创意企业，并对民营机构投资兴办文化创意产业基地设施给予土地、财政、金融等支持；支持国有文化事业单位转企改制，盘活原有土地资源，吸引社会资本共同设立混合所有制企业开展经营活动，创新土地资源开发利用模式。《目录》中土地政策的实施对推进工业遗址、废旧工业设施和空置工业厂房改造，积极拓展文化产业发展空间，更好地调整北京市产业结构做出了具体说明与阐释，推进了北京市产业转型升级服务，提升了北京资源集聚效应。

2016 年 8 月，北京市政府办公厅印发，《关于支持戏曲传承发展的实施意见》的通知，明确指出，北京市鼓励有条件的历史建筑、工业遗址等，通过改造利用形成戏曲演出场所和戏曲演出集聚区，为弘扬中华优秀传统文化，促进戏曲繁荣发展，对推进公共文化设施以及集聚区规范经营做出了努力。

2015 年 7 月，中共北京市委十一届七次全会通过《中共北京市委北京市人民政府关于贯彻〈京津冀协同发展规划纲要〉的意见》，指出要在京津冀交通一体化、生态环境保护、产业升级转移取得突破的基础上，推动要素市场一体化，加快公共服务一体化改革，完善市场环境，盘活存量资产，建立房地产健康发展的长效机制，促进区域协调发展，形成新的经济增长极。

近年来，北京市推出的一系列鼓励和支持文化产业发展的土地政策以及优惠措施，都一定程度上提高了文化资源的利用率，优化了土地使用结构，为文化产业的发展提供了强大动力，加快了文化产业基地建设和园区发展，也体现了北京市对文化产业发展的高度重视。

二、北京市现行文化产业土地政策发展问题

作为新兴产业，文化产业门类众多，不同类型行业对土地资源的需求程度以及产业发展制约程度不同，在政策具体实施过程中，仍然存在一些问题。

（一）扶持引导政策缺乏完整的配套体系

文化产业的发展，虽然有政府部门的大力提倡与扶持，但目前在土地、房产等配套政策上仍没有形成完整的配套政策体系，对文化产业专项土地政策的说明力度不够，比如关于土地使用、市政配套、基础设施建设等方面缺乏具体扶持政策，对时间、空间以及奖惩细则的说明欠缺，普遍缺少整体的土地利用规划。政

策的宏观性较强，但怎样落实，落实的程度等方面，各区域差异较大，难以做统一考量。加之，不同类型文化企业对土地资源的需求和依赖程度不同，内容类型文化产业与制造类文化产业类型就存在很大差异。即使同一类型的文化企业，在不同形态发展环境，对土地资源的利用和需求程度也有所差异。比如，以文化艺术品中的工艺品为例，工艺品的生产制造需要参照工业用地的原则来规划落实，而工艺品的展览、展示、交易则要参照商业用地来落实，但对于这些需求，文化产业土地政策都缺乏细化的举措和说明。

（二）土地使用管理不规范

随着文化产业的发展，文化园区因其物理空间特性，硬件投入便于参观展示，园区成为各地方政府主抓文化产业、突显政绩的主要载体。但目前，文化园区的发展存在大量圈地现象，一些民营文化园区，以文化之名圈地盖楼，不注重文化建设的长期效益，只考虑回收资金的经济效益，文化园区沦为只收房租的物业模式，无法发挥文化的集聚和外溢效应。中国人民大学金元浦教授曾指出，借文化产业名目要地、拿地，实际搞房地产及其他产业开发，凸显房地产利益，使文化产业园区和基地名不副实。在开发过程中，很多园区并没有根据当地本土资源进行定制化改建，而是在建设过程中大规模拆除原有当地已有生产生活建筑、破坏原有场地环境，完全忽视了极具本地特色的自然、人文资源，一些土地资源由于在园区建设中与园区的设计吻合度并不大，变为废弃土地，没有在文化园区的建设中合理规划，公共文化资源的有效利用率较低。

（三）土地政策的产业指向性不清晰

文化产业重在创意，对创意环境、创意人才的要求比较高，文化氛围浓厚，创意环境优越，人才资源丰富的区域较容易发展文化产业。不同区域或同一区域不同空间土地政策的落实和使用也会因地域的差异而有所不同。以海淀区为例，海淀山后地区尚未完全开发，基础设施、铁路线路等原因都难以吸引相关企业入驻，而山前地区却集中了中关村和上地等产业密集地带，高额的房租利润使其难以实现重新规划，只能根据现有土地资源引导文化企业聚集。目前，北京市出台的文化产业土地政策虽然对产业的分布和规划做了一定限制，但对区域产业的具体指向性并不明晰。如《北京市文化创意产业发展指导目录（2016 年）》对限制类、禁止类的行业在区域土地资源方面做了相关限制规定，但并没有相关细则对产业的发展做出清晰的指向；对鼓励的行业门类在区域空间和土地资源方面也未做出明确说明。土地政策产业指向性的模糊性，难以实现土地资源的优化配置，一定程度上造成资源的浪费和无效。

三、促进文化产业土地政策优化和提升的建议

北京市通过扶持和鼓励文化产业发展的土地政策有效调控土地资源供应总量和结构，优化文化产业布局，要想进一步推动文化产业成为国民经济支柱性产业，合理利用土地资源，要进一步发挥文化产业土地政策的导向作用。

（一）制定科学的土地供应和利用体系

土地利用规划是在一定区域范围内，对国土资源进行深度的开发和保护，兼具政府和市场双向调节优势，对划拨以及闲置土地进行统一回收、置换，适度调整土地供应总量、结构、进程，重新确定土地用途并供应市场，提高生活和工作环境。土地的利用和规划要有计划性和强制性，实现时间、空间和产业之间的优化配置，为了进一步优化文化产业园区用地有序、有质、有量发展，希望可以在城市建设用地分类内增设文化及相关产业规划用地类别，定向用于文化及相关产业发展，并明确后续土地用地、规划细则的实施管理办法，有效指导文化产业用地，将文化用地纳入政府土地利用总体规划编制之中。对文化产业等符合国家发展导向的新兴产业用地，在地价、周期等方面能够给予一定的优惠支持，鼓励城市转型过程中退出的工业用地优先用于发展文化产业。完善工业惬意低效推出机制，有序推进土地资源再利用，助推城市产业结构调整和文化产业转型升级。

（二）加强土地监管政策体系建设

不同区域的资源环境承载能力、产业和人口集聚容量、发展内涵和战略都各不相同。在新经济形势下，如何保留、合理利用当地土地资源，避免土地资源出现盲目拆除新建问题，需要立足于合理利用当地资源，运用数字化、网络化、信息化等高科技手段，增强文化传播力和感染力，将区域自然资源、人文资源充分整合和深度利用，增加创意，形成差异化定位，因地制宜的利用土地政策。对非物质文化遗产、工农业已有资源等进行整合，强调土地集约化发展，避免建设中盲目效仿城市园区、城市设置等问题，优化合理利用土地资源。加强对项目开发经营过程中的监管，细化出让合同，加强相关条款约束，建立项目后评估制度，进一步完善土地用途管制政策、地价管理制度、土地收益制度等规则，建立统一的区域文化产业发展规划，防止土地使用不当、不规范、利用文化产业圈地等行为，为文化产业用地建立公开、公正的监督执法体系。

（三）加强土地税收、金融政策的杠杆调节作用

土地税收政策对贯彻国家经济发展战略、调节项目用地、规划文化产业空间布局意义重大；土地金融政策可以利用土地资产用来担保、抵押融资，实现土地资源的资本化和货币化，以利率为杠杆，对企业土地抵押融资进行调控。希望政

府可以根据文化产业空间布局，合理调整文化产业土地资源的规划细则，利用税收、金融等杠杆，调节土地收益，对文化产业资源不发达的地方减免税收，提供金融信用担保，暂免收取土地收益金，提升文化产业发展活力。希望可以支持原产权单位，在暂不改变土地用途和土地使用权人的前提下，利用旧工业厂房、传统产业街、仓储用地等存量资源转型发展文化产业，并对文化产业发展过程中的土地使用权进行合法化界定。

文化产业的发展与政府的土地政策有着紧密的联系，文化产业园区建设是提高土地资源利用率，促进文化产业规模化和集约化发展的重要措施。北京市完善文化产业土地政策，有助于合理利用土地存量资源、优化土地结构，促进文化产业园区健康有序发展。

关于北京文化智库建设的研究报告

孙 博[①]

当前，北京作为全国文化中心的城市战略定位已经明确，在建设社会主义文化强国，实现中华文明伟大复兴的进程中，拥有精英荟萃、思想开放、强而有力、影响深远的高端文化智库既是文化发展的动力支撑，也是文化建设的应有内涵。建设“文化智库”是北京落实中央关于建设中国特色新型智库体系精神的重要内容，是增强北京文化软实力和实现国际文化话语权的重要途径，是北京作为文化领域思想创新、观念创新、体制创新先行者、示范者和引领者地位的重要表现。同时，建设高端文化智库，汇聚文化领域智力资源，为文化发展出谋划策，也是现代文化治理体系建设的重要内容，是提升文化决策科学化、民主化、专业化水平的重要保障。因此，建设首都文化智库对于新形势下发挥首都文化智力资源优势，保持文化竞争优势地位，增强城市人才凝聚力具有重要的战略意义。

一、北京建设文化智库的必要性

一是有效整合北京文化智力资源。北京作为全国文化中心城市，拥有最为丰富的文化智力资源。北京中央机构集中，政府研究力量充沛，贴近高端决策层，政策领会充分。北京地区教育优质资源集中荟萃，高端研究机构高度集聚，文化创意人才储备充足，文化艺术大家精英辈出，国际文化人才比比皆是，市民文化素养基础良好。但目前相应的文化研究力量丰富却分散也是不争的事实，因此在现行的文化管理体制和行政权限划分下，建设北京文化智库，有利于突破部门、区域、所有制等体制局限，整合北京文化智力资源，促进文化智力要素合理流动，提升文化人力资源配置效率；有利于推动北京文化决策和政策制定的科学化、民主化和开放化水平；有利于形成更为高端、更有实效、更为合理的文化发展顶层设计，加快全国文化中心的建设进程。

二是大力凝聚文化发展力量。文化发展实际上就是“人化”，文化归根到底

① 孙博，女，博士，北京市文化局研究室主任科员。

是人才资源的有效运用和人的主观创造性的充分激活。简单的数据资源整合是“物化”层面的资源归集，而文化智库的建设发展是以制度层面的改革、创新和整合有效盘活首都文化发展的智力资源，最终形成精神层面的向心力与凝聚力，沿着政策激励，制度吸引到精神凝聚的发展路径形成北京对全国乃至世界高端文化人才的集聚效应，将北京的文化人才优势转化成文化发展优势，将北京打造成为我国文化建设发展的思想库、动力源和精神支柱，彰显文化人才“实验区”、“先行区”、“示范区”的品牌效应。

三是占领主流文化发展阵地。文化领域是当今社会多元思想交流，多重价值观念碰撞，世界文明发展融合的综合体现，也是社会制度变迁争鸣，意识形态交锋冲突的集中反映。北京由于独特的政治、文化和区位特征，更是成为各种文化、思想、意识形态主要争夺的前沿阵地，在北京各类文化人物争相发声，争夺思想文化的主导权。建设文化智库，充分发挥文化智库对于文化意见领袖、文化精英主体、文化思想引领人群的聚合作用，有利于掌握主流文化发展阵地的话语主动权，通过对文化思想发展的引领者、文化建设议题的设置者、文化主流意见的表达者的整合凝聚，通过思想深邃、观念创新、视野宽广，具有普遍意义、指导意义和示范意义研究成果的推广应用，实现对整体文化发展方向的调整与带动，将北京建设成为全国思想高地和价值观高地，充分发挥作为社会主义先进文化之都的价值导向作用。

四是弘扬文化正能量。文化在城市治理中越来越具有独立的价值，文化已经成为城市转型发展的核心动力，是凝聚城市精神，促进社会和谐，提升人民福祉，增进情感交融的重要手段。建设文化智库，有利于实现首都文化建设的科学统筹规划，形成具有城市特色的文化发展顶层设计，将文化繁荣与首都城市功能转型有机结合；有利于通过文化研究成果对于充分发挥文化功能，培育社会共同文化价值观念具有重要的战略意义。

二、北京文化智库的基本情况

北京作为全国文化中心，文化研究资源充沛、研究氛围浓厚、研究人才集聚，已经形成了相应的文化系统智库体系雏形，目前从事相关领域研究具备成为文化智库能力的单位和机构主要包括以下几类：

（一）行政机关调研系统（官方、半官方智库）

一是文化部序列调研部门，如文化部政策法规司，文化部下属具有研究职能的学会、中心等事业单位，如中国艺术研究院、文化部艺术发展中心、文化部民族民间文艺发展中心、中国艺术科技研究所、文化部全国公共文化发展中心。除正式拥有编制的文化单位之外，文化部还成立了相应领域的一些专业研究智库班子，如最近新成立的文化产业专家委员会，由来自立法机关、行政机关、高校、科研机构等的首批18名聘期两年的专家组成。同时也与高校机构合作，将一些研究中心落户于高校，成立智库联系点，如建立了国家行政学院文化政策与管理研究中心、武汉大学国家文化创新研究中心、中国传媒大学文化发展研究院、中南财经政法大学知识产权学院等文化改革发展四大研究基地。

二是北京市决策研究系统，主要包括北京市四套班子研究室、市委宣传部研究室、各委办局研究室或承担研究职能的相关处室、各区政府研究室。隶属于官方的北京市社科联、北京行政学院、北京市社科院等专属研究事业单位，性质居于行政机关与专业机构之间，处于决策研究的网络节点，既有学术研究色彩又有政策咨询职能。

三是文化系统专业调研力量，主要宣传文化系统相关委办局的研究室，如，北京市文化局研究室，北京市新闻广电出版局政策法规处、市文资办规划处等，市委宣传部管辖的两家文化专业发展中心，北京市文化创意产业促进中心（2006年成立，隶属于市文化创意产业领导小组）、北京文化发展中心（1996年成立，宣传部直属事业单位）。首都图书馆、北京文化艺术活动中心、北京戏曲艺术职业学院艺术研究所、区文委承担相应研究职能的机构。

这些研究机构直属于党政机构，可以快速承接研究任务并将成果以“直通车”方式呈递决策部门，经费来源主要依靠财政拨款，经费使用随着财政考核制度的规范约束限制较多，经费难以用于对自有人才队伍的激励，而多采取委托调研课题的形式委托外部机构研究使用。官方智库的人员任命、经费获取、业务内容都源自党政组织，决策研究的独立性与自由度不足。

（二）高校研究系统（学术型智库）

目前北京市有很多高校都成立了相应的文化研究院，较为著名的有：

1. 北京大学文化产业研究院，擅长领域文化创意产业综合分析研究，每年推出中国文化产业年度研究报告（一般包括年度总发展趋势报告 + 各行业分报告），领军人物：陈少峰

2. 清华大学国家文化产业研究中心，擅长领域文化创意产业研究、新媒体前沿、传媒理论研究，领军人物：柳斌杰、熊澄宇、金兼斌等

3. 中国人民大学文化产业研究所，擅长领域文化创意产业研究，长于省市文化产业发展指数综合评价分析，每年推出中国文化产业发展指数、中国文化消费指数等，领军人物：金元浦等

4. 北京师范大学文化创新与传播研究院，擅长领域国学文化研究，传统文

化与官员思想道德素养提升等，领军人物：于丹等

5. 中国传媒大学文化发展研究院，建有国家文化改革发展研究基地、国家对外文化贸易理论研究基地、文化部公共文化研究基地、国家文化创新研究中心、新型城镇化研究中心、一带一路文化研究中心、《中国文化产业年鉴》（中、英文版）编辑部、《文化经济研究》编辑部等多个学术研究机构，领军人物：范周

6. 中央财经大学文化经济研究院，擅长文化与经济、传统文化艺术与现代创意活动交叉与结合新兴领域，文化发展与国家文化财经政策，领军人物：魏鹏举

7. 中国邮电大学数字媒体与艺术设计学院，主要擅长动漫游戏专业分析及数字化媒体科学实验研究，与北京市文化局长期合作从事我市动漫游戏年度发展状况研究，领军人物：王文宏

8. 北京交通大学文化产业研究中心，领军人物：皇甫晓涛

9. 首都师范大学文化研究院，是北京市委市政府正式批准的全额拨款正处级事业单位，归口北京市教育委员会，是首都师范大学与民进北京市委共同建设的研究咨询平台。领军人物：陶东风

高校智库具有凝聚多学科力量、占领国际国内学术前沿、拥有多层次研究人才的优势，特别是能够将专业学科研究力量与公共决策研究相结合，对理论研究、发展前沿、国际趋势把握比较到位。但目前高校智库与政府决策研究系统间的常规互动机制尚未完全建立，相应制度也有一定欠缺，高校的研究成果多偏重于理论，对北京文化建设实际工作指导性不强，研究人员多缺乏政府工作经验，研究成果直接转化理论率不高，理论研究与决策实践之间尚未实现优势互补。

（三）社会智库

主要包括一些专业从事研究咨询的研究机构，如与我局开展合作较多的北京均衡博弈环境科学研究院（近年来合作课题包括：研究室 2013 年度“北京建设文化创新城市专题研究”、“文化驱动力专题研究”；2014 年度“激发全社会力量投入文化建设领域专题研究”、“进一步深化文化体制改革对策研究”、2015 年度“京津冀三省市文化协同发展研究”。

北京宏道大略管理咨询有限公司，自 2009 年开始连续与我局合作年度演出市场调研分析报告。如自 2013 开始一直承担我局演出艺术处“北京演出市场环境调研及重大节假日、年度演出市场统计分析报告”的研究工作。

北京中立远略文化艺术有限公司，近年来一直承担我局产业发展处年度艺术品市场研究报告。

北京文思智库信息咨询中心，承担我局电子游戏娱乐场所研究报告、网吧文化市场年度发展报告等研究课题。

目前一些大型公司本身也内设相应的研究院，如腾讯、阿里巴巴、百度等都会进行文化产业相关领域的专题问题研究，很多研究咨询报告对行业发展前沿把握准确，非常具有借鉴意义。

在文化领域目前新型智库也有一定程度的发展，即与传统智库有形的组织形态不同，主要采取灵活的组织结构，不拘泥于固定的人事关系，紧密依托具有一定学术和公众影响力的专家，以大型论坛、专家研讨会、闭门会等形式组织以研究项目为导向的研究团体，撰写研究报告，并通过智库内部渠道报送相关决策部门，从而对领导层产生决策影响力。如中国文化产业30人高端峰会、国家文化创新论坛等。

三、首都文化智库发展存在问题

一是智库资源分散，缺乏统筹合力。北京文化智库资源丰富，但是相应的协同合作机制尚未形成。从政府调研系统来看，条块分割严重，中央、市、区各级政府都有自己的智库研究机构，各委办局也都有相应的专设机关，但条块之间封闭运行，政府自身决策系统内部缺乏有力的统筹协调机制。从外部来看，政府决策系统与高校、民间智库之间的交流沟通机制也没有完全建立，各类智库“各自为战”，相同或近似的决策问题可能被多个智库反复研究，既浪费经费，产出质量又低下。同时由于智库之间缺乏信息沟通合作，难以形成团队合作的集团攻关优势，散兵游勇式的决策研究多，研究内容的广度与深度都大受影响。

二是智库参与文化决策的制度规范尚未形成。文化决策过程中对于智库参与咨询的制度性规范缺位，智库咨询环节在很多决策形成过程中是非必要常设环节，是否履行程序往往依据领导个人决策，从而导致智库辅助决策作用影响有限。体制内外智库参与决策机会不均等，缺乏可靠而稳定的沟通交流渠道，体制外智库对政府机关决策需求情况了解不足，体制内机构了解决策需求但相应研究能力有限，因而造成体制内调研单位闭门造车与体制外单位“报国无门”现象并存。同时相应的智库参与决策途径不明，智库专家对于应当通过什么渠道参与决策研究不了解，导致智库资源游离于决策程序和决策活动之外。

三是文化智库研究保障机制不足。首先即使在首都作为全国文化中心的发展定位保障下，文化研究在政府决策研究系统中仍处于相对弱势地位，相应研究缺乏系统性，文化发展与城市整体建设没能实现有机融合，北京的文化资源优势没能完全转化成为发展优势，文化驱动城市转型发展命题未能取得突破性进展。同时文化专项智库的缺位使得文化专业研究力量薄弱，政府研究系统相应课题研究主要是命题式、项目式、问题式研究，缺乏长期性、战略性、整体性、指导性的文化宏观发展研究，仅就点问题的研究导致研究层次较为浅薄，很难把握文化发展的特殊规律。其次政府系统内部的调研单位研究职能履行保障不足，很多调研单位往往不是专职机构，还要承担大量行政事务工作，如文稿起草，研究经历有限，同时也很少能深入基层一线和实际工作进行系统性调研，研究的专业性、前瞻性、实用性均不足，对问题很难形成有水平的提炼与思考，决策应用研究的质量与效果不高。再次高校智库机构的研究人员受制于科研考核、成果推销、项目申报等机制限制，往往追求学术论文发表，决策研究成果与实际职称评定等切身利益联系不足，研究人员贡献得不到应有回报，导致相应人员往往应付课题研究，成果质量很难得到保障。最后各智库体系缺乏充分竞争机制，官方智库缺乏灵活激励，高校智库政策咨询路径不通畅，民间智库自身专业素质、管理水平和组织建设都有高有低，各类智库成果产出质量参差不齐。

四是智库成果产出转化率较低。首先是大量研究成果处于沉淀状态，很多成果报送只停留在“递折子”状态，材料提交上级部门参阅后，往往束之高阁，很多重大招投标课题成果都未能实现二次转化利用。其次是由于缺乏信息沟通机制，大量决策研究课题重复调研，几乎都从零开始摸排基础数据，课题重点简单概括已有情况，所提交成果问题相同，结论相似，内容空泛，缺少创新。再次，是成果与需求存在较大脱节。要么与现实发展需要严重不符，无法指导实践。要么偏重理论研究，能够实际落实执行的方案性研究很少。最后，智库成果利用渠道单一，社会影响力弱。目前的智库研究成果水平仍有待提升，能够发挥作用的领域也仅限于领导决策，特别是官方智库成果往往只注重利用体制内渠道传播，对社会大众，尤其是如何实现相应研究成果价值利用最大化和相应的知识产权价值转化仍缺乏实践经验，很多研究成果仅限于固定的圈子，各类智库向社会公众传播成果的机制尚未形成。

四、首都文化智库的建设目标和原则

（一）建设目标

一是建成一个思想创新独立、理论实践兼备、社会影响广泛、文化决策部门认可的，具有北京特色、全国水平、国际标准的文化智库系统，为文化决策提供高效服务，成为政府推动文化发展的参谋助手。二是建立运行北京文化智库，搭建文化系统调研资源分发平台，整合全市文化智力资源，优化文化研究资源配置，全方位、多角度地服务首都文化决策、文化政策、文化研究和文化交流，形成多元力量共同支持北京文化建设的良好格局。三是建立健全重大文化决策的智库参与制度，搭建文化决策部门与智库的经常性沟通平台，通过项目招标、直接委托、课题合作、决策评估等方式，实现智库研究与政府文化决策的有效对接。四是以北京文化智库的组建、运行与发展为抓手，在智库的组织架构、运作模式、经费管理、绩效考核、成果转化、价值分配、资质评聘等方面进行创新改革，探索建立和完善适合文化智库运行特点、符合文化发展规律、有利激发活力的北京高层次文化人才管理制度。

（二）基本原则

第一、把握方向，以文为本。文化智库建设要坚持社会主义先进文化的发展方向，凸显文化的思想引领作用；要有文化立场，充分尊重文化研究的本体地位，把握文化发展的特殊规律。

第二、顶天立地，对接需求。文化智库建设要上承国家，对接整体文化建设大势，贯彻中央文化改革发展部署；要下接地气，服务首都转型发展需求，服务北京文化建设实际需求，强化北京全国文化中心示范地位。

第三、高端定位，双轮驱动。文化智库建设要以服务文化领导决策为基本宗旨，发挥作为党和政府文化智囊团的基础角色定位作用；要坚持理论和实践双轮驱动，既要在文化理论研究上有所突破，也要“研以致用”，推出具有专业性、实践性、实用性的成果报告。

第四、改革创新，人才为先。文化智库建设要以发挥首都人才资源优势为重点，构建起灵活高效的运行机制，充分激发首都文化研究人才的创新活力；通过智库建设凝聚一流的研究队伍，凸显北京文化研究集群优势，打造面向全国的文化研究网络。

第五、国际视野，开放共享。文化智库建设要以将建设世界文化中心城市为目标，形成全球意识和国际视野，对比知名世界文化中心城市，建立全球文化发展参照体系，阐释北京对于全球文化发展共性议题和重大问题的见解与立场，提升中华文化国际影响力。要坚持开放共享，加强与国际智库学术交流和人才合作，以北京建设海外文化中心为支点，推动北京文化智库“走出去”。

五、工作内容

一是摸清北京文化家底，建成北京文化资源数据库。以专家库、资源库、项目库建设为重点，夯实文化建设研究的数据资源基础。建设北京文化专家库，以文化系统的专家人才梳理为起点，如获得国务院津贴的高端艺术人才，“四个一批”“海聚工程”“高创计划”工程人才，文化艺术奖项获得者，知名老艺术家，各艺术门类的领军人物，各级非物质文化遗产传承人，知名文化研究学者、大型文化国有企业带头人，著名文化民营企业家等，分门别类的形成各领域文化高端人才信息库。建设北京文化资源库，系统梳理目前北京文化资源，如公共文化设施资源、文化创意产业园区基地资源、文化创意产业集聚区、剧院等文化娱乐设施资源，建立分类统计制度并通过对资源分布的对比分析为首都文化发展布局规划夯实基础。建立文化分行业发展数据动态监测跟踪数据库，加强数据分析利用，实时掌握文化发展变化，出具有实效性、时效性和针对性的建议咨询报告。建设北京文化研究项目库，根据北京目前文化建设领域面临的重点、难点和关键问题，系统整理一批文化研究重大项目、重点文化技术攻关项目、重要文化领域专业项目，整合文化研究课题资源，减少重复调研、交叉调研和冲突调研，形成系统研究合力。

在建成上述数据库的基础上，可以考虑以智库数据资源共建共享机制为核心，加强各智库间数据信息交流沟通，助力各级官方研究机构打通行政管理和文化研究数据资源流动路径，筹建全市统一的文化公共决策研究网络与成果数据库，由专业机构负责数据库日常管理，夯实文化公共政策数据决策基础，让政策的酝酿、制定、实施、修订、考核均有准确的数据信息支撑。同时为保障数据使用安全，可以根据使用者所隶属的不同智库类型设置不同的使用权限。

二是整合北京文化研究机构，形成文化智库研究体系。第一是建立北京文化智库机构资源库。加强北京文化研究机构的资源摸排调查，区分不同序列，理清智库研究体系基础架构。以政府部门研究为主导，综合高等院校、科研院所、专业机构、行业协会、社会组织、市场主体等多方力量的立体化综合调研系统。第二是建立文化智库纵向组织体系。明确不同序列智库主体的资源优势、研究优势和渠道优势，以特色化定位，差异化发展，互补化合作为原则，对各类智库主体的功能进行科学调整和重新定位，在职责上合理分工，形成有梯度、有层次、有侧重的智库组织体系。在不同序列的组织主体中选择牵头单位纵向整合组织资源，形成系统合力。第三是建立文化智库专业研究中心。对同一序列内部各研究主体进行横向优势对比分析，根据不同研究机构的擅长领域有针对性地分配调研课题项目，专题专项专机构，以延续性的课题研究逐步形成北京文化分领域研究中心，如北京社科院挂牌北京公共文化服务政策研究中心，中央财经大学挂牌北京文化投融资研究中心，增强文化智库研究的体系性、延续性和系统性。第四是建立文化智库准入门槛，对参与机构和入库专家进行资质认证，在坚持正确文化发展方向的前提下，充分保障学术自主，给予智库更多运营和研究的独立空间。第五是建立智库专家个人发展机制，突破单位、地域、国别、体制等限制，允许专家以个人身份、独立工作室或项目协作形式等参与智库建设，承接智库项目，建立报酬、奖励、评级、授权等多重激励手段相结合的专家动力挖掘机制，尊重专家学者的思想价值，激发创新活力。

三是建立智库成果应用服务体系，加强成果转化利用。第一是建立文化智库成果立项协调机制。以源头治理为原则，成立智库选题立项专家评审委员会，引入常设机构与专家大会双重治理机制，常设机构负责选题事项的常规事务性工作，专家大会负责选题规划、立项、审定等决策性工作。把好文化智库研究课题规划关，合理设置议题，减少重复研究。第二是建立文化智库成果供需对接机制。以服务决策、服务市场、服务学科为宗旨，区分不同研究需求，形成理论与实践双轮驱动的协同发展格局。加强对文化领域基础性、学术性、理论性、前沿性的研究成果支持，政府引导资金重点投入相关领域，选取若干高校建设文化理论基础研究阵地，积极鼓励学术创新、理论创新、思想创新，形成文化研究成果的长期跟踪研究机制。加大对实务性研究成果的应用力度，促进文化研究“承接上情、立足市情、把握实情”，选取有实力的大型公司研究院（如阿里研究院）进入文化智库，加强对其研究成果的政府采购力度，推出一批“务实、管用、对症”的研究成果。第三是构建文化成果应用转化体系，提升文化研究成果转化应用效率。建立智库研究成果综合展示体系，运用专业期刊、文化专著、报纸专刊等多元文化智库成果刊发形式，推出年度北京文化研究蓝皮书系列丛书；建立成果直报绿色通道，推出文化智库专项内参刊物，畅通智库研究成果呈报文化决策层的信息渠道。推出文化研究信息日报，利用手机报、微信推送等形式实时向文化决策层报送最新文化研究成果、文化发展数据和文化舆情动态，推出智库研究成果的快速传播、及时使用，使成果顺畅流转到公共政策决策部门，提高成果的转化率与利用率。第四是创新成果转化机制。建立文化智库成果推广机制，坚持研究、交流、培训为一体，定期举办智库研讨会、纪念会、报告会、培训班、讲座，拓宽智库成果转化应用渠道。建立文化智库新媒体传播机制，结合受众需求，调整传播媒介和传播方式，活化成果表现形式，加大对新型媒体网络平台的推介应用，推出适合微信公众号、网络自媒体等新型话语领域的理论与实践研究成果，在服务政府科学决策的同时，强化公众对主流意识形态和核心价值观的认知认同，引导社会舆论导向。

四是创新智库运作体制机制。第一是，构建智库发展体系，统筹推进文化智库发展。以北京文化智库的建立为龙头，形成文化政府系统内部智库纵向贯通，高校、研究机构、行业协会、市场主体等各智库主体横向协作的首都文化智库发展体系，通过成立领导协调小组、联络推进机构、联席委员会议等方式加强对智库资源的整合规划，解决同质化问题，降低信息沟通成本。第二是创新智库运作机制。形成政府引导、市场主导、公司化运作、联盟式协作的智库运营机制，充分整合多方力量；探索建立以理事会为治理核心，以专业研究中心为运作主体，以专家委员会为评价主体的智库运作组织架构；建立以项目制为中心的合作机制，破除部门区域本位思想，根据研究方向和研究课题配置资源；设立智库发展基金，成立智库基金管理机构和董事会，董事会决定资金使用方式，管理机构负责资金管理和保值增值；建立文化智库资源对接分发平台，推进众包众创。通过平台横向整合不同体制、部门、学科、所有制的文化研究主体，打造文化学术和实践研究共同体，协作攻关，协同创新，发挥“小机构、大网络”、“小核心、大外围”的同心圆作用，形成面向全国乃至全球的文化研究网络。第三是加大对智库发展的资源支持力度。加大政府购买智库服务力度，由购买机构、人力、劳动向购买产品、人才、服务转变，灵活运用委托课题、定向采购、项目合作等多种采购服务模式。建立文化智库课题公开招投标机制，引导不同智库主体之间展开合理竞争，提升经费使用和服务决策效率。打造智库研究的“生产链”、“价值链”。对文化智库举办公共活动吸引资金支持给予政策优惠，允许智库以决策咨询、社会公益形象宣传等形式给企业以回报；鼓励文化智库向特定用户提供定制服务。建立文化智库利益协同机制，推动政府、市场、社会、行业等不同利益相关方的利益对接，找准服务痛点，形成智库自我运行的发展机制。

五是筹备北京文化智库国际论坛，打造文化研究国际交流品牌。充分发挥智库在对外开放和国际文化交流中的独特优势，承担北京作为国际交往中心的重要职责。将文化智库国际论坛打造成为全球文化研究、政府公共管理、战略决策规划领域的知名品牌，塑造中国文化学术研究的“金名片”。通过论坛的举办展现我国文化研究的前沿成果，推广我国的文化思想和价值观念，掌握文化研究的话语权与主动权，占据对外文化传播思想阵地，提升对外文化交流的层次水平，实现思想交锋，观念交流，价值交融，让国际社会以北京为窗口，以文化为视角，加深对中华文明的了解，促进中华文化的传播。以北京友城文化合作机制为依托，通过举办文化研究国际论坛，与各国文化智库建立沟通联系，构建文化研究国际合作及交流机制，掌握国际文化研究发展趋势，共同探索全球性文化发展问题，开拓对外文化交流新渠道，助力北京文化“走出去”。

六是提升北京文化人才培养水平。通过文化智库建设遴选一批在文化领域研究能力强、专业水准高、辐射影响力广的决策咨询专家和文化大师级人物。建设北京文化人才库，如：首都高校文化相关专业人才统计，北京文化创意产业从业人员信息数据库，北京文化志愿者信息库，群众文化组织员信息库等人才资源基础数据库。研究建立灵活的智库人才引进使用机制，探索推出机关事业单位等体制内单位人员与智库人员身份转换相应的激励政策，促进体制内外人员交流互通，形成有吸引力的智库人才福利待遇和激励机制。研究形成文化智库与政府部门人才双向互通交流机制，发挥智库中的人才“旋转门”作用，鼓励有条件的政府工作人员专职或兼职参与文化智库研究工作，将公共管理目标与政策意图带入社会层面，做好文化研究知识储备，形成文化战略头脑，培养尊重和使用智库的思维意识；在条件具备的情况下，通过挂职锻炼、交流转任等方式选取智库专家进入文化行政部门任职，将其深厚的理论知识带入行政决策圈，提升文化行政管理部门干部专业素养，加强智库人才决策需求理解能力，明确研究方向。研究推进北京文化人才培养示范基地建设，在智库成员单位中遴选一批高等院校、研究机构挂牌成立首都文化人才培养重点基地，抓好文化研究人才建设基础，形成智库人才的梯队建设。通过文化智库建设进一步提升首都文化研究人才的专门化、专业化、职业化水平，加强对文化特定研究领域专门人才的培养，深入发掘掌握文化科技、文化装备制造、文化金融、文化经营管理等专业领域核心知识与技术的专业人才，鼓励文化人才面向市场竞争，提升实践能力。通过文化智库用项目研究的方式，放眼全球，“柔性”集聚一批高端文化研究人才服务首都文化建设，解决目前资源环境约束条件下对人才引进的限制问题，发挥智库在文化人才发现、培养、使用上的桥梁纽带作用，延伸联系手臂，团结引导新的文化组织和文化群体中的高端人才服务首都文化建设。

基于文化场景理论的郎园文化产业园区运营

冯明园[①]

以往我们对于文化产业园区的研究很少涉及具体的文化场景搭建和文化氛围营造，主要从经济角度出发，如资金、技术、运营模式、产业融合等因素出发来探究文化产业园区建设对于区域经济发展、产城融合、产业集群的推动作用，但是随着文化强国战略的推进，新的研究趋势正在形成。人们越来越关注文化产业园区作为一种空间载体对于城市、社区发展的文化外部性，因此，本文以朗园为个案，从文化场景构建的角度探究未来文化产业园区发展的路径和方向。

一、文化场景理论

文化场景是文化表现的载体[②]。“场景”即表现为一定的社区的空间结构和人们所具有的种族、阶层、性别、教育背景等个体特征，也体现为这些因素的结合以及人们参与的活动，同时这些因素还能够用人们真实体验到的价值观及其维度进行解释，价值观内涵及生活方式意义是“场景”的核心要素[③]。文化场景的打造不仅需要有形的空间和形态承载，更需要从人们的需求出发，以文化活动为牵引，凝结一个区域场景不同时间的空间记忆，揭示并流露出某种特定文化，为文化偏好者之间的有机互动提供了一个有效的情景。文化场景理论坚持以人为本，旨在为处于更高文化消费需求中的人们提供一种新的生活方式。从城市成长、产业发展和人居生活的角度看，文化场景在城市发展中的类型可分为共时性的文化场景和历时性的文化场景。

（一）共时性的文化场景

共时性的文化场景，即在某一特定时刻内，区域内各种有形和无形文化因素相互关联，并形成各种具有某种文化特征的场景，进而吸引文化偏好者集聚，使

---

① 冯明园，中国传媒大学经管学部硕士研究生。

② 张艳，“文化场景”特质与景观风格形成［J］．城乡建设，2012（07）。

③ 徐晓林，赵铁，特里·克拉克．场景理论：区域发展文化动力的探索及启示［J］．国外社会科学，2012（03）。

人们找到了文化认同感和社会的归属感。春节里，贴春联、包饺子、放鞭炮等各种文化因素的交互作用，形成并与人分享对于美好事物的期盼、对于家人团聚的渴望等价值观，使身处这种文化场景中的人找到了自己的文化属性和社会属性，获得归属感和幸福感。在某一特定时刻内，各种文化因素的不同组合就会构成不同的共时性的文化场景，蕴含不同的文化内涵，文化场景超越了各种硬件设施的本来意义，节庆活动、创意市集、社群活动、文化展览会都不再仅仅是一种简单的集聚，而是带有某种文化价值观的载体。

（二）历时性的文化场景

历时性的文化场景，即特定区域系统内文化因素在不同的时期的发展变化，具有时代性和历史性，并以此把握区域的文化的本质和内核，使历史与现实、传统与现代和谐统一，为人们的过去和现在的情感记忆提供了依托载体。四川宽窄巷子的规划保留了清代遗留下来的休闲文化记忆，又融入了具有地方特色的当代文化风貌，使传统建筑与当代景观小品、古树与新树相融合，成为了历时性文化场景的代表。在特定的区域内，历史文化与当代文化的演绎向现世的人传达着历史的记忆，这是文化情感和文化内涵的沉淀，习俗的演变、文化场所的更迭以及文化设施的变迁不仅仅是一种变化更新的过程，更是传统文化在当代的阐释和表达过程。

但是，共时性的文化场景和历时性的文化场景并不一定是独立存在的，在一定的条件下相互交融，在共时性的文化场景中包含着历时性的文化场景，在历时性的文化场景又蕴含共时性的文化场景，并有可能随着时间的变化，原有的共时性文化场景可能变为历史性的文化场景沉淀下来。

二、文化场景理论下文化产业园区运营困境

文化产业园区是共时性的文化场景和历时性的文化场景的统一体。对于文化产业园区而言，其共时性主要体现在园区企业之间、园区与社区之间的有机互动，其历时性主要体现在融过去、现在、未来为一体，彰显自身的文化特色。而当前文化产业园区过于重视经济利益而忽视了文化效益，很少能从文化场景角度出发打造一个能够激发创造活力的公共空间。因此，根据文化场景理论，当前文化产业园区建设主要存在以下几个问题：割裂了园区与社区的关系，使园区脱离了整体的文化生态环境；内容与形式脱节，过度重视硬件建设从而忽视了园区的文化内涵和创意氛围的培育。

（一）园区与社区的割裂

当前，文化产业园区的发展更加强调地理意义上的集聚，其专注于对具有某

种相关性的文化企业的物理集聚和专注于强调减少企业之间的交易成本的运营方式，有可能存在忽视了加强与外界社区之间的联系，弱化了其社会的影响力和凝聚力的问题。根据文化场景的共时性特征，系统内各要素之间相互作用，彼此共生，各种文化要素越活跃。其彰显的文化价值观越具有凝聚力。因此文化场景的设计必须从园区和社区生活的各项关键文化元素出发，打造一个体现园区及社区文化价值观的场景，吸引园区职员和社区居民参与，打造和谐的邻里共生单元。

社区作为文化与地点交叉融合的产物，其特有的文化属性是文化创意产业的蔓生空间和潜力空间，脱离了社区文化底蕴，园区文化建设变成了“无源之水，无本之木”。因此，文化产业园区的建设必须汲取社区特色文化，加强与社区居民之间的互动联系，深化园区与社区的合作，营造丰富的文化场景，构建以创意为驱动的新型社区生态体系。以青龙胡同创新街区项目为例，歌华设计联合周边众多文化产业园区及文化企业，通过创意市集、诗歌朗诵、胡同改造等各式活动来搭建与社区居民沟通交流的文化场景，加强园区和社区之间的联系，以此来促进邻里之间的和谐，企业创新的共享，实现更加长远的共赢。

（二）内容和形式的脱节

据不完全统计，2002 年全国文化产业园区仅有 48 家，园区增长缓慢，但是在 2011 年由中央颁布的《中共中央关于深化文化体制改革的决定》打破了这一局面，在政府的大力支持下，园区数量呈现井喷式的增长，截至 2015 年，中国文化产业园区数量已高达 2506 个①。这种情况下发展起来的文化产业园区不仅存在“质量不高”的问题，还违背了文化场景理论，忽视了园区文化内涵的建设。园区仅仅被看做是生产经济价值的载体，轻视了文化活动在园区创意营造中的重要作用，忽视了人们在社区环境中文化需求和生存价值的表达。

文化内涵是承载园区过去、现在、未来生命特质的无形载体，也是园区内部企业和园区与社区之间各种要素互动的结果，同时具有历时性和共时性特征。在文化场景的塑造过程中，文化产业园区首先要基于过去、现在的文化特质，找到未来成长发展的文化立足点。其次，要依托当前社区、生活文化设施等有形时空与文化活动等无形时空的有机互动，丰富和拓展园区的文化内涵。园区不仅仅是简单的地理空间集聚，更是一个具有情感维度和品牌识别度的时空场所，是园区与入园企业以及社区民众之间感情链接的纽带。因此，文化场景建设中的内涵建设是文化园区和文化街区优化的重点。例如，休闲文化因子的注入给予了华山

① 智妍咨询：2016 - 2022 年中国文化市场运营态势及与战略咨询报告［R］. 北京，智妍咨询集团，2016.

1914文化产业园区发展的活力，从一家殖民酒厂发展为娱乐休闲的艺文空间，再到大众消费社会的文化创意产业园区，休闲文化场景的塑造以多元及文化内涵的培育使其成为艺术交流碰撞的中心、民众娱乐休闲的场所、创意的萌发地。

形式固然重要，但是内涵建设才是文化产业园区的精神表达的手段，只有这样，才能充分发挥文化产业园区聚集创新资源、培育新兴产业、推动城市化建设的使命，激发园区与企业、社区民众之间的情感共鸣，以软件建设带动品牌提升，形成具有文化特质的产业园区。

三、郎园文化产业园区运营的创新

（一）郎园 Vintage 塑造文化场景的实践

郎园 Vintage 地处 CBD 核心区，北临长安街，南到通惠河北路，是 CBD 核心区唯一大面积低密度厂房改造项目。在郎园文化空间的重塑过程中，以文化活动为纽带，消弭园区和社区、人文和商业边界的“文化场景”思维，为老厂区注入了新的活力，让郎园华丽转身为极具工业文明特色的低密度文化创意街区。这表明，文化场景正在把“园区转换成社区”的同时也把“社区转换成园区”。作为一种引领艺术和设计的文化创新理念，“文化场景”或将成为创新文化产业园区改革发展的一种思维和一种远见。

随着大审美时代的到来，场景理论已经不仅仅局限于设计领域，已逐步蔓生到文化生活的各个方面。就文化产业园区而言，不应偏重于硬件建设，关注企业集聚带来的溢出效应，也应注重文化内涵的培育和邻里共生文化空间的营造，郎园 Vintage 便是秉承“文化场景”理念进行空间营造的典型个案。

郎园 Vintage 根据文化场景的共时性特征，以丰富的文化体验拉近园区与企业的距离，以优质的文化活动平台拉近园区企业与企业之间的距离，以轻松的文化氛围来拉近园区与居民之间的距离，赋予园区新的意义和价值。朗园在对文化空间进行形塑的过程中，遵循文化场景的历时性特征，保留其时代外貌，将历史与时代、时尚与建筑相结合，向生活其中的人展现出其原有的历史文化内涵，并结合园林景观为企业创造出激发创造活力的办公、商业与休闲空间，使朗园成为众多文化产业园区中打造共时性文化场景和历史性文化场景的代表。

（二）郎园 Vintage 基于文化场景的创新

郎园 Vintage 坚持文化场景理念，从人们的文化诉求出发，引导人群之间的互动交流，创新运用各种表现情景的场面及活动来更新园区文化内涵、搭建园区与社区之间和谐共荣的平台，以品牌活动活化文化场景，以社群建设促进产城融合，以文化教育提升文化品质，以平台建设完善服务体系。

1. 以品牌活动活化文化场景

创意和活力是文化场景的重要维度。文化产业园区的运营离不开文化品牌活动的助力，郎园立足于已有的文化产业传媒业态和社区环境，依托其已形成的创意机构 office、国际创意商街、时尚艺展中心，打造一年一度的国际创意文化节，从 2012 年的《老厂房的艺术狂欢》到 2016 年的《文化创意 改变城市》都将艺术与生活紧密结合，以系列品牌活动来打造文化空间，以创意氛围来激活郎园年轻群体的创新思维，使郎园成为创意人群的集散地。2016 年第五届郎园国际创意文化节活动之一的电影研发体验活动《爱的谩骂与痛打》，以话剧形式结合好莱坞最新电影测评设备以及线下调研问卷的方式，实时测评话剧现场观众反应，并通过科学的数据分析法，为后续的电影市场开发提供科学的指导。它以技术创新打造高端的文化生活场景，使人们获得多元互动和更加新颖的体验，将其自然的带入一个充满艺术的氛围并沉浸其中，获得美的感受，从而带动整个文化园区创意和活力的提升。

2. 以社群建设落实文化惠民

人群之间的互动吸引是文化场景的重要环节。文化产业园区的运营离不开社群的助力，社群建设是文化产业园区加强社会联系的纽带，落实文化惠民的具体行动，更是打破园区社区壁垒的最佳手段。为了活跃园区氛围，增进郎园邻里之间的交流，郎园 Vintage 结合自身条件打造多样的文化场景，为园区内企业提供了更加轻松的工作环境。无论是为预祝北京和张家口申办冬季奥运会助威的千人水枪大趴，还是为园区小伙伴们解决单身问题的“七夕情人节 in 郎园”，都使员工从工作的紧张和忙碌中得到彻底的解放，为文化产业园区内部企业员工以及园区周围的居民区之间的互动合作提供了一个开放的平台，还为其打造共同的情感记忆提供了契机，深化了社区居民间的社会关系，营造出 CBD 核心区独有的人文气氛。2016 年郎园北京波尔多葡萄酒狂欢节邀请数十家法国波尔多知名酒庄展示了几百款波尔多葡萄酒和甜品美食，为社区居民提供品鉴中法葡萄酒与葡萄酒文化的机会，拉近了普通人与文化艺术之间的距离，为建设“文化大院”提供良好的文化氛围和产业空气，真正将文化惠民行动落到实处。从某种意义上来说，社群活动已不单单是郎园文化场景建设的一部分，更是一种将心比心的情感运营方式。

3. 以文化教育提升园区品质

引导公众行为、发挥教育功能是文化场景的魅力所在。除了精彩的品牌文化节以及社群活动之外，郎园注重文化养成项目的开展，以优秀的文化产品和文化服务满足社区居民的教育需求，不断提升园区的文化气质。“放学别走”本是一首充满青春回忆的主题曲，而在郎园却是大学系列课堂的别称。郎园以提升员工幸福感为核心，开展形式多样的培训、交流活动，不仅照顾到了社区居民的硬件需求，而且致力于自身文化品质的塑造和保持。瑜伽课的开设使员工的身体素质得到提升，油画课、红酒品鉴课既可以深化人们的艺术体验，同时又可以提升艺术情操，电影晚自习的开设也为人们提供了艺术欣赏的机会。总之，每个人都可以通过“放学别走”深造学习，加强对生活、对艺术的美的感受，为居民提供了一种品质的生活方式，同时也为郎园品质提升创造了机遇。

4. 以平台建设完善服务体系

文化场景建设的关键在于满足人们的需要。文化场景不仅包括文化活动的举办，也包括创意平台的搭建。当前我国的文化企业大多是中小型企业，在资金、技术以及人力资源、信息获取等方面处于弱势，而创意平台作为一种文化场景在整合各种信息和资源上发挥了重要的作用。郎园的公共文化服务平台是业界的领头军。郎园关注园区企业的人性诉求，始终坚持“搭建服务平台，促进文化创意产业自由跨界”的服务理念，建设了“金融服务、品牌推广、孵化服务、文化交流、艺术服务平台、线上服务、会员交流、生活服务”等八大服务平台，致力于整合各种资源为园区企业提供优质服务，解决园区文化企业融资难题、技术难题，实现信息共享。

除此之外，郎园立足于文化传媒的园区定位，设立艺文中心和兰境艺术中心，致力于为园区企业提供了艺术活动、艺术跨界、艺术咨询、艺术顾问、艺术家服务、艺术空间场地等服务。一方面，为园区企业提供了艺术交流、合作、展示的平台，可以充分利用艺术中心的品牌优势来扩大活动的影响力，取得良好的经济和社会效益。另一方面，园区品牌推广平台的搭建也利于彰显园区自身的文化品牌内涵，突出服务优势吸引更多文化传媒类企业的入驻，为园区创造更高的经济收益。

四、郎园 Vintage 打造文化场景，重塑文化空间的启示

就园区发展而言，“文化场景”具有重要的社会功能和研究价值，文化产业园区不仅与经济发展密切相关，而且以文化空间载体存在的园区成为社会发展的重要力量，这也说明了当下“文化场景”所具有的意义和价值。文化产业园区的建设，必须根据文化场景的共时性和历时性特征，以“活动”为载体让美的因子在园区及周边涌动，以浓厚的文化氛围来带动企业之间的互动合作，加强整体性的文化创意营造。

1. 文化氛围营造是园区创新的空气

文化氛围是园区的一种精神、一种气质、一种理念。文化产业园区建设必须

要突破内容和形式脱节的瓶颈，加强在共时性和历时性空间中文化价值的表达，为园区创造活力的释放提供良好的土壤。影响文化氛围的因素主要有：（创意人群，创意人群是文化氛围形塑的主体，要考虑到其对于高品质生活的要求，给予其充分的创作空间，以创意群体的创造性成果带动园区创意气息的滋生。（历史地理因素，园区的历史因素关系到当今园区的文化定位和文化精神，地理因素关系到园区所处地域各种文化特色的表达。因此，园区氛围孕育必须坚持整体统一和主题性原则，着眼于园区过去和现在的文化环境，立足社区和园区已有的创意元素，将其进行新的阐释和国际化表达，以具有明确主题表达意义且形式丰富多样的文化生活场景为载体，吸引持有相同价值观的园区及社区居民有机互动，从而激发园区空间范围内人们的创造活力，进一步感染并提升人们与周边环境的美感，增强园区的品牌竞争力。

2. 文化邻里单元是园区建设的核心

文化邻里单元是消弭社区与园区、企业与居民界限的有效方式，也是“园区”转化为“社区”的关键所在。文化产业园区的发展必须解决园区与社区之间联系割裂的问题，完善社区运行的公共空间。邻里单位就是“一个组织家庭生活的社区的计划”①，因此，邻里单元的建设，一方面，要完善社区硬件设施，健全邻里生活所需要的各种服务设施与服务机构，为软件环境的形成提供了良好的基础。另一方面，开展主题性的社群活动。结合热点事件，深入了解园区和社区居民的多样化、多元化的文化消费需求，适应消费结构升级新需要，以文化活动和创意体验为纽带，实现企业员工与社区居民的自发参与与有机融合，加强企业员工与社区居民的互动交流，打破园区与社区之间的交往壁垒，深化园区与社区的联系，为普通民众提供平等的艺术欣赏交流的机会，为建设“文化大院”提供良好的文化氛围和产业空气，让园区丰富的社群活动成为融创意和生活为一体的文化展示空间，打造和谐共生的邻里单元。

3. 企业互动融合是园区发展的重要动力

企业之间互动融合是发挥产业集聚效应的有效路径。当今文化产业园区更多是文化企业在地理空间上的集聚，入驻企业之间的较少的沟通交流使联合生产无法实现，使企业间的信息共享、成本节约成为泡影，而服务平台建设恰是打破园区孤岛现状的关键。在专业化分工的今天，任何企业都不可能涵盖产业链的各个环节，因此园区必须以优质的服务平台来弥补文化企业的短板，着眼于入园企业的公共需求为其提供全方位的服务，深化园区与企业、企业之间的交流合作。首

---

① 1929年美国人科拉伦斯．佩里（Clarence Perry）创建的“邻里单元”理论。

先，要完善金融服务平台，资金问题一直是文化企业的痛点，文化产业园区通过深入了解文化产业相关扶持政策，为交易双方提供可靠的交易信息，进而提供专业化的融资、咨询服务，为文化企业拓宽融资渠道的同时，也降低了融资成本和风险。其次，文化产业园区的企业大多是文化创意企业，创意是其价值产生的源泉，必须建立完善的知识产权保障体系。完善的知识产权保障体系可以营造出尊重人才、尊重知识的创意氛围，充分释放企业员工的创造激情和创意活力，延伸企业的价值增长空间。再次，文化产业园区除了实体运营之外，也应该重视线上渠道的建立，充分利用线上渠道向全国辐射文化产业园区的创意魅力，扩散文化创意信息，以微信公众号、微博营销等多种手段来活跃社区氛围，并以信息的网络化来带动组织结构、资源、服务的网络化，为文化创意企业之间的交流、合作提供了渠道。

城镇化视角下古北水镇的文化旅游创新

高国丽[①]

从传统的观光旅游到多功能的文化旅游，深刻体现了文化产业向供给侧与需求侧双端发力的转变。古村镇将地域文化与旅游产业的深度融合不断推进的过程，同时也是通过产城融合来实现新型城镇化的路径。作为千年古镇和京郊罕见的山水城结合的自然古村落，古北水镇创新旅游市场机制，立足于历史文化街区再建设打造古镇形态主题公园，塑造了古村落文化传承与现代化转型的样本。

古北水镇位于被称为“首都的东大门”的北京市密云县，项目规划总占地面积9万平方公里，景区范围4000亩，距离北京仅100余公里，又处于京承黄金旅游干线上。古北水镇是北京市唯一的历史文化名镇，是京郊罕见的山水城结合的自然古村落，景区内有司马台长城、宋辽时期“杨令公庙”、明代大将徐达、戚继光修筑和驻守古北口等诸多人文历史资源。古北水镇独特的地理位置和丰富的文化旅游资源，为古北水镇旅游产业与城镇化的融合发展提供了契机。古北水镇充分利用了司马台长城的品牌优势，通过有效的产权模式、古镇形态设计、文化产品开发、专业资本运作等途径，成功打造古镇形态主题公园，为京郊乃至全国市场提供优质文化旅游产品，并且使得居民主动参与古镇的城镇化建设，在古镇文化保护和传承基础上，创造了古村落在旅游功能的主导下向现代化城镇成功转型的范例，在这其中积累了许多有益经验。

一、古北水镇文化旅游发展的创新实践

（一）更新发展理念，优化产品供给

特色小镇成为古镇旅游产业供给侧改革的重要切入点。特色小镇在本质上是一个产业选择问题[②]，古北水镇能作为特色小镇之一，实质是当地深厚的民俗历史文化基因、活态古镇主题特色旅游产业支撑和优质文化旅游产品开发共同发力的结果。古北水镇紧邻目前保存最好的司马台长城，长城与古镇为代表的特色文

---

① 高国丽，中国传媒大学经管学部硕士研究生。

② 王润身，营造魅力质量——中国公司的竞争方向［J］．中国质量，2005（2）．

化主题激活了旅游产品的开发和文化景观的塑造。在此基础上集聚了本地劳动力和众多文化资本的介入，旅游产业作为支柱性产业推进基础设施完善、配套公共服务的健全以及民众市场意识的提升。古北水镇在传统旅游功能之上通过商业会务、会展、大型演艺活动的承接和休闲度假等功能的延伸，以及节庆活动、系列文化产品的开发和村民为主体的制度化经营，破解了旅游小镇服务水平局限与游客需求多样性的矛盾，破解了旅游小镇特色产业支撑力不足与游客旅游消费升级的矛盾，破解了小镇城镇化推进迫切与当前产城融合能力有限的矛盾。城镇化是我国最大的内需潜力和发展动能所在，推进城镇化能够释放新需求、创造新供给①。特色是城镇建设的生命线，古北水镇的特色小镇建设成为推进新型城镇化的重要突破口，这也为古北水镇的精细化发展提供了外部动能，古北水镇特色产业的支撑性和差异化、打破单一门票收入结构而提供优质旅游文化产品、产业形态的融合衍生等无不体现古北水镇内部的"供给侧改革"。

"古镇形态主题公园"为要素供给转变下的文化旅游融合发展提供了新视角。古北水镇作为旅游市场的供给端，面临着需求端升级的机遇和挑战，而目前旅游行业和文化产业的巨大红利吸引着技术、政策、资本和创意人才的集聚，使得供给端升级速度呈现倍增趋势，在这种形势下古北水镇立足京郊市场成为深度文化品质游的引领者。古北水镇所在的密云县地处北京一小时经济圈，同时正处于环城游憩地带，古北水镇在密云县统一规划政策的环境下，塑造了基于深度古镇文化体验、度假休闲、商务会议和会展、旅游观光等功能集为一体"古镇形态的主题公园"，成为高品质文化型综合旅游目的地。古北水镇的整个景区主要分为汤河古寨区、卧龙堡民俗文化区和水街历史风景区和民国街区，庙会、非遗表演等不同的文化主题及活动蔓延其中所形成的文化脉络为古北水镇赢得了生命力。古镇形态下的建设把生态环境和深度体验作为重要提升内容，"乌镇"团队在"修旧如旧"原则上的缜密修建复古建筑，长城书院、震远镖局等展示了北国边塞小镇历史风貌和民俗文化。此外还有民俗馆、剧场等资源，古北水镇在提升景区承载力的基础上实现了高品质的体验，这种现代公园形式和复古主题的构建保障了当地居民生活权益和文化生态的可持续性的实现。

（二）发展复合业态，升级产业结构

三次产业的融合发展和新型土地流转模式成为城镇化质量提升必不可少的路径。产城融合最终表现为产业结构优化升级、城市核心功能提升、空间结构优

---

① 赵志耘．以科技创新引领供给侧结构性改革［J］．中国软科学，2016（9）：1－2.

化，产业和城市协调优化发展①。城乡二元发展的一个重要表现就是城市以第二和第三产业为主，而农村主要以第一产业为主，由此也造成了城乡收入的巨大差距。产业融合是指不同产业或同一产业内的不同行业通过优势资源的交叉融合实现相互渗透，建立新的产业链，从而逐步形成新的产业或增长点的动态发展过程②。古北水镇作为大型旅游建设项目的用地面积在规划初期面临不足问题，通过沟域开发和新农村建设，采用征用建设地、租赁山场和林地等非建设用地、荒山和荒地整理等方式有效进行土地流通。建设过程中并将原先8个较为落后、分散的村落安置在规划区域外，改造为集居住、民俗旅游接待功能为一体的住宅区。不仅如此，还将山场、果树、房屋等集体资产进行盘活，全村19块闲置用地按属性统一招租，用于果园、鱼池等公共设施建设，开发附加值高的农产品和旅游产品，在解决居民就业和改善生活条件的同时也将村落推向多业态并举的产业结构转型，形成三次产业相结合的新型乡村旅游体系。原来的司马台村由于土地资源缺乏和地理位置偏远，民俗旅游发展力量不足，本地劳动力多外出打工，在古北水镇项目带动下司马台新村的建设扩宽了农民的收入渠道，回购后的剩余资金、土地流转租赁收入、就业工资和民俗户的经营收入已然让农民的身份由村民转换成为“新市民”。破解了乡村地区土地等资源闲置与村民收入多元化需求的矛盾，破解了单一农业经济形态不能满足劳动力就业与村民回乡创业、就业意愿的矛盾，破解了乡村旅游普遍低端、经营分散落后现状与村民寻求高附加值的旅游产业生态的矛盾。

旅游产业的跨界融合发展创造出新的经济动能。产业融合是传统产业创新的重要方式和手段，有利于产业结构转换和产业升级，提高一个国家的产业竞争力③。目前古北水镇明显受到移动互联网技术的影响和改变，在此背景下信息的传播效率大幅提升，消费者更加依赖互联网实现古北水镇信息的收集和消费途径的选择，倒逼古北水镇的商业模式的进化。“旅游+交通”的融合提升了旅游运输服务质量，古北水镇与滴滴巴士运营公司联合打造东直门、龙泽地铁站两条直达专车线路一日两个班次，全程高速大幅缩减出行时间。“旅游+互联网平台”为游客提供多元化、一站式分销渠道，乌镇的官方预定平台、第三方平台（美团、携程等）、景区的官方微博、淘宝旗舰店、微信支付平台以及其他各种渠道的预定方式也全面上线，打破了景区与受众的地理界限。“旅游+智能APP”的融合破解了游客到达景区后最后一公里的服务问题，古北水镇与高德地图合作上

---

① 杜宝东，产城融合的多维解析［J］．规划师，2014，06：5－9.

② 单元媛，赵玉林．国外产业融合若干理论问题研究进展［J］．经济评论，2012（5）：152－160.

③ 马建，产业融合理论研究评述［J］．经济学动态，2002（5）．

线“智慧景区”服务，提供基于景区信息、游客位置的实时在线服务。“旅游+OTA”的合作提升了古镇知名度和娱乐性，例如承接“奔跑吧兄弟”综艺节目也拓展了古北水镇的客源和故事性。“旅游+房地产”形成新的区域经济增长极，古北水镇与知龙湖地产合作打造区域内唯一的房地产项目长城源著，带动资金人才和配套产业的开发、土地的升值以及生活环境的提升。以互联网为纽带的产业跨界融合、以技术革命推进的行业融合以及旅游市场需求激发的产业跨界已经成为旅游行业不可逆转的趋势，古北水镇在此基础上实现产业链的线上线下延伸、纵向横向的拓展，破解了传统古镇特色旅游产业支撑力不足的瓶颈，解决了古镇的现代化转型难题。

（三）创新主题活动，传承传统文化

以往城市文化处于强势地位，而乡村文化渐渐失去赖以生存的物质基础，但是随着城市生活的压力加大，人们更向往朴实简单的乡村旅游，休闲旅游的中心又从城市转移到了乡镇。古北水镇作为长城脚下的度假村，延续了特色小镇独具的文化底蕴，城乡文化在新生空间上进行了交流和碰撞。在北方的传统观念里冬季是旅游淡季，这是传统景区经营者的痛点。但随着现代消费观念的转变和人们生活方式的提升，季节已经不再是局限人们旅游出行的重要因素，这就需要景区运营主体发挥创新思维来开发跨越季节的特色旅游产品。旅游产品在某种意义上是一种快消品和体验，要想具有持久价值和吸引力，则需要赋予文化内涵和基因。

贯穿四季的主题活动构建了“城”与“镇”的共生文化圈。乡村文化是乡村旅游产品生产和组合的主要素材与着眼点①，充分挖掘乡村传统文化、农耕文化、民俗文化是发展乡村旅游的必要手段②。古北水镇在历史演变过程中积累了深厚的长城文化、民俗文化和军事文化等，因此，古北水镇的建设将旅游体验与多元化的文化产品、主题活动开发融为一体，不仅在最初的建造环节摒弃现代化的建筑风格和材质，采用“修旧如旧”的方式来塑造整体建筑风格，而且在后续的景区内主题体验活动中始终贯穿北方非物质文化遗产和系列民俗节庆活动。古北水镇长城书院、杨无敌祠、震远镖局、司马小烧、八旗会馆等为代表的建筑群的重建与司马台长城共同展示了北国边塞小镇风貌，通过造酒、染布、镖局、戏楼、祠堂等情景化活动的再现，民俗文化在古北水镇得到更加真实和多元体

---

① 乌恩，蔡运龙，金波．试论乡村旅游的目标、特色及产品［J］．北京林业大学学报，2002，04（3）：78－82.

② 何景明．国外乡村旅游研究述评［J］．旅游学刊，2003，18（1）：76－80.

现。贯穿四季文化主题活动使得节庆活动的传承和城区游客的文化情怀融为一体，春季推出以养生、约会和亲子娱乐多样化功能的踏春游主题活动；夏季开展浪漫之夜主题为“小镇灯初上，七夕夜未央”的七夕活动；秋季开展“长城中秋月、古北团圆夜”等主题活动，包括传统中秋拜祭月神活动、民俗表演、赏月活动等；冬季有长城冰雪谷和小松鼠梦幻冰乐园主题活动、古北水镇“过大年”活动。古北水镇多样化民俗文化产品的开发和体验性文化空间塑造凸显了小镇的文化基因，充分体现了对区域历史、民俗文化的尊重和理解。

公共服务的完善和文化保护的持续推进架起了“城”与“镇”的沟通桥梁。城镇化的核心是“人”，基于公共服务完善和文化环境完整的城镇化塑造，改善了本地居民生活空间，也为外界游客的融入和交流创造了契机。古北水镇项目区域的司马台长城是国家重点保护文物，项目开发通过邀请文物专家实地勘查并听取意见、严格遵守文物和长城管理规定以及政府的严格监控的方式确保将设范围内文化环境不受破坏。古北水镇在推进配套设施建设中遵循“基础设施旅游化”原则，道路交通、排水、供电、污水处理等均环保化处理，解决了京承高速司马台出口改造、公交线路调整等问题。古北水镇不仅如此，古北水镇将承载小镇文化基因的原住民作为文化建设的重要组成部分，通过系列相关培训提升了他们的整体素质和服务水平，高标准保持景区内餐饮住宿等服务的品质，并且创造性将传统非物质文化的传承有机嵌入小镇文化景观的建设，现场演绎老北京杂耍、河北梆子、京东大鼓、传统说唱、天桥手艺绝活、皮影戏和染织工艺等，传统文化在古北水镇得到了最大化的体现。与时俱进推进文化主题内容创新、满足消费群体的时尚化、现代化需求也在古北水镇得到体现，例如古北水镇联合国家大剧院上演了“五月音乐节”开幕式，让古北水镇迸发出横跨古今、东西方的文化底蕴。传统文化通过古镇的创意营造汇聚为城与镇的交流圈，城与镇之间有了共同的文化表达和碰撞。

二、古北水镇文化旅游发展的主要经验

（一）规划创新：明确市场定位，打造特色主题

古北水镇的选址有着显著的科学性，有机地贯穿起城市与县域之间的发展。古北水镇是在原有的三个自然村落的基础上修整改建而成，京郊与河北交界的战略空间使得古北水镇拥有京津冀，尤其是北京市的广阔市场空间。在市场定位上，古北水镇立足于京郊“微旅游”，结合密云县“生态涵养发展区”的整体定位，明确将自身打造为“在全国有示范影响的高端旅游目的地，京城的时尚旅游休闲度假新地标”，在与周边的旅游景区竞争中以深度文化体验、时尚休闲功能

和高品质服务树立了差异化定位。在景区设计开发与营造上，以贯穿四季的特色文化主题体验活动打破北方旅游冬季冰封期，以民俗体验和非物质文化遗产传承奠定小镇浓厚的文化基因。古北水镇的区域发展实践表明资源优势与区域市场具深入关联度，产业形态与文化、生活、市场需求相互依托，城镇化是人、资源和市场共同发力的过程，创造以需求为核心的产业支撑和市场营造，将会形成城镇化的经济脉络；文化遗产保护与开发实践表明了文化遗产形成的文化脉络与经济开发相辅相成，通过将无形的遗产通过多样化、时代化的表达方式呈现，就会产生就地城镇化的文化支撑，实现在城与镇之间文化遗产的活态传承。

（二）运营创新：政府与市场双端发力

城乡管理体制在古北水镇的建设中，密云县委、县政府坚持有序“放”“管”，市场和政府“两只手”的结合，为古北水镇的迅速投入市场产生效益起了巨大推动作用。古北水镇的建设也体现了政府简政放权带来的效率提升，不仅推动了项目的进程，也为企业提供了发挥的空间，并从保证了项目进行的公平公正性，这也为其他地区的城乡管理体制改革提供了借鉴经验。

首先在市场方面，企业为古北水镇建设试身蓝海。中青旅、IDG战略投资、乌镇旅游、北京京能集团按比例共同出资构建北京古北水镇旅游有限公司进行专门项目运作，引进成熟的团队化专业运作，进行多元化的市场拓展，为“古北水镇”量身打造了集观光旅游、休闲度假、商务会展、文化创意于一体的多重盈利模式。其次在政府方面，为古北水镇建设扫除障碍。“古北水镇”项目被确定为北京市深入推进行政审批制度改革工作的试点，项目建设采取市级部门指导、区县政府牵头的行政审批模式，简化和缩短了行政审批过程，同时政府有效平衡了居民与企业的利益，积极引导企业与村民对接并形成战略一致性，此外还给予基础建设补贴。古北水镇的运营实践表明市场和政府二元引导的城乡管理体制需要“因地制宜”，企业在城镇化过程中提供了资金、创意和市场开拓力，政府适宜的简政放权将会为小镇建设减负，我国的城乡管理体制仍在探索之中，古北水镇的政府简政举措也为其他小镇建设提供了借鉴意义。

（三）管理创新：颠覆产权模式，“村民”变身“社区居民”

在产权处理方面，古北水镇借鉴了乌镇的经验，实现了颠覆性的社区重构形式。古北水镇将原来的居民全部迁出，政府积极引导全村居民统一的基础上将土地流转到集体，后者再将土地出租给镇政府，村民通过腾地后由政府进行招商，并按照市场价格将土地租赁给企业，在获得租金之外，村民还可以利用政府发放的补偿款用于政府所建安置房的回购，建立起有序的社区模式。此外，政府在古北水镇设立一万平方米的民俗区用于对外招标，而村民可以享有优先租赁的权利，古北水镇在开发前就对吸纳当地人就业有明确要求，要求优先培训本地人成为工作人员。司马台新村建设于2012年7月完工，回迁工程包括1136人、499套房屋，同时建立了一套打破传统村民小组建制的新型农村社区管理模式，完成了统一规划的交通网络、供水、排水、通讯等设置。古北水镇的管理创新实践表明城镇化是以人为核心，政府要处理好居民与企业的利益冲突，两者要在互利共赢、保障居民权益的基础上实现开发，将居民有机纳入小镇产业生态中，形成具有约束力和创新力的新型管理模式，提升居民生活质量和环境，由此以形成居民与景区建设的协同经营体系。

三、古北水镇文化旅游创新的启示

古北水镇虽然在向旅游特色小镇转型的过程中对“城镇化”探索并积累了许多创新举措和经验，但从城镇化“速度”来看，古北水镇经过三年多的建设于2014年国庆节正式开放后迅速发展，居民由原来的本土生活观念转变到景区的经营理念，仍落后于景区的发展速度；从城镇化的“供给力”来看，目前市场存在相当一部分游客更具吸引力的是曾关闭两年多的司马台长城，这表明古北水镇离成熟的城镇化转型和品牌化运作仍然存在距离；从城镇化的“承载力”来看，目前古北水镇在节假日出行高峰阶段游客较多对古镇产生了较大压力；从城镇化产业融合的“支撑力”来看，古北水镇三次产业的深度结合仍待实现。古北水镇是这类对文化遗产和具有旅游资源优势得到环境通过后期开发形成旅游主题的古镇的代表，诸如此类具有相同问题的古镇在城乡间生产要素的流动、文化交流越来越频繁、区域间一体化发展趋势之下，将会以一种新型的城乡关系来引导小镇实现旅游功能主导下的文化传承、生产生活方式更新。

完善顶层设计，强化要素支撑。构建和完善文化旅游发展规划，文化旅游发展规划要与土地利用规划、环境保护规划以及经济发展规划等协调统一，尤其在城镇化建设过程中土地资源成为文化旅游发展的限制性指标，通过规划的有效统一来实现更加科学、合理的功能利用。加强土地保障，严格控制土地建设指标，对荒山、荒坡、山地等可利用土地资源进行有选择地开发，可适当向文化旅游项目倾斜。在此基础上可编制专项发展规划，将区域内的文化资源进行分类，例如文化古迹类、名人传说类、自然生态类等，有针对性的进行开发保护。还要加强区域间的产业规划整合，共同制定文化旅游的空间和功能定位，高效利用区域内的文化、土地资源等资源共同打造带动能力强、综合效益凸显的文化旅游项目。

此外，加强基础设施的服务水平建设，制定旅游设备水平和服务指标标准体系，构建起政府主导、市场化运行的旅游集散中心，承担处理旅游咨询、应急处置、紧急救援、投诉、旅游保险等功能。健全多渠道的融资机制，转变政府职能，从单纯扮演资源调配和收益分配者角色，转变为指导性规划的确立和发展方向引领的提供者，根据城镇发展需求建立健全各项制度，让特色小镇能成熟地面向市场发展，而以政府的各项制度和政策作为支撑和保障。

拓展文化旅游融合新形式，提升供给端的产品开发能力。一方面，文化旅游业逐渐走向“创意化”，在互联网 + 时代为衍生出新的文化旅游产品途径提供了可能，跨界思维成为引导城镇产业发展的思想装备，文化旅游与现代农业、影视传媒、教育和医疗养生等产业都会产生融合效应。另一方面，城镇文化旅游业需要良好的生态环境建设作为支撑，这就要求城镇建设中要有环境优化战略意识和具备现代化管理能力。还要通过特色的产业定位和增强在其他要素支撑下的产业集聚能力，汇集人才、资本、技术等高端要素来支撑新产品、新业态和新的商业模式的开发，形成以创新为导向的人文产业生态。此外，在区域协同化发展的背景下，本地的发展同周边省市文化旅游市场产生共赢效应，文化旅游一体化战略通过市场的联结与开放将会形成更大范围的集群效益。互联网科技为文化旅游业带来机遇和挑战，要科学地利用科技来推进产业间的融合，打造智慧景区、智慧文化旅游产品等来不断进行供给端的内容升级。以创意思维引领，培育游客新的文化消费增长点，发挥产业的集聚效应，立足全域旅游发展理念。

强化品牌塑造，提升文化内涵。品牌塑造是游客消费结构升级的必然结果，目前我国的旅游产业由单一的观光功能向综合体验型转变，特色小镇的建设和旅游市场的繁荣、国家政策的倾斜加剧了旅游市场的竞争态势。而品牌塑造是文化旅游提升的重要途径，特色文化主题的提炼和文化产品的立体化推介、公关文化品牌塑造成为城镇文化旅游业竞争的重要内容，要创新融资模式来构建具有竞争力的文化旅游项目，不断提升特色产品供给能力来满足消费结构的升级，注重多媒介和平台的形象传播和塑造。城镇化建设中村民是文化旅游建设的有机组成部分，要注重村民素质的提升和文化创新意识的培养。“文化 +”作为产业融合的媒介，对旅游产业有着增加附加值、提升文化品位的作用，要创造多重文化体验空间，提升城镇的文化内涵，是要注重整体文化氛围的营造和细节的处理，而非生硬地植入文化符号，尤其是在民俗文化资源丰富的城镇，要积极引领节庆文化与旅游业发展结合起来，通过高科技、创意化的方式将地方文化融入旅游活动中，达到文化传承和产业发展的双重效益。

结语

我国乡镇拥有丰富而独特的文化遗产资源而受到资本的青睐，特色小镇建设也在如火如荼的展开，这为我国新型城镇化的推进和乡镇经济转型升级提供了

"窗口"，也是我国践行文化产业供给侧改革的举措。古北水镇作为特色小镇复制"乌镇模式"并通过以旅游业为主导的产业开发深度契合了城镇化的推进，为其他类似地区的城镇化提供了可复制的模式和新的启示。古北水镇在规划创新方面，准确的市场定位和特色文化主题活动形成了古镇、长城文化为品牌的错位竞争优势，在城镇化过程中把握了文化传承与产业发展的高度一致性；在运营创新方面，政府与市场双端发力为古北水镇的城镇化提升了效率和保障；管理创新方面，颠覆产权模式使"村民"变身"社区居民"为古北水镇的城镇化提供了动力和提升了质量。对于文化特色凸显、生态环境特殊的乡镇来说，如何更好地将相关产业与旅游产业的深度结合，如何将小镇城镇化建设与文化产业的供给侧改革有效统一，如何将提升城镇管理效率这些问题仍待探索和思考，但是乡镇的开发始终要以"人"为核心。

泛娱乐视角下我国文化企业创新的路径研究
——以北京春秋永乐文化传播公司为例

李　锦①

"互联网+"背景下，娱乐元素充斥着我们的生活，对于已经身处互联网时代的人们来说，娱乐无处不在，并且随着娱乐功能的逐渐扩大，所涉及的范围越来越广，大量信息的传播都改变了单向传播的形式，变成多方向、互动式的自由传播，这使泛娱乐产业得到了全面发展的机遇，产业融合现象日益普及，更多的新业态随之出现，很多领域都发生了翻天覆地的变化，潜移默化地影响着人们的生活。随着泛娱乐的概念的提出和应用，构建多元文创业务领域的互动娱乐新生态，已经成为文化企业战略转型的新风尚，泛娱乐产业成为引领文化企业供给侧改革的重要维度。

一、互联网背景下的泛娱乐新潮

（一）泛娱乐的内涵和外延

泛娱乐是基于互联网与移动互联网的多领域共生，以 IP 为核心，进行跨领域、跨平台衍生的粉丝经济。随着近两年 IP 概念越来越火爆，泛娱乐化产业的发展也越来越受到行业和媒介的关注。

泛娱乐是多产业融合的产物。在泛娱乐产业，内容制造属于产业链上游，优质并具有大量粉丝群的原创 IP 都具有极大的开发价值和意义。"互联网+"时代，文化在不断地与相关领域进行融合，各种各样的娱乐形式不再孤立发展，而是共生共融，并通过多种变现渠道，延伸 IP 自身价值，协同构建一个泛娱乐产业生态圈。

泛娱乐是行业发展的需要。以网络为平台，泛娱乐打造出了互动性的社会生态圈及多元化的产业生态链，而且在腾讯、阿里巴巴等互联网企业向泛娱乐化转型的带动下，行业内文化企业纷纷将泛娱乐定为主要开发产业，将娱乐与生活的

---

① 李锦，中国传媒大学经管学部硕士研究生。

界限打破，使娱乐与生活全面结合，既能让人们得到身心上的放松，满足其追求时尚、自我实现等多种心理需求，又能推动企业加快发展，帮助实现企业价值。

泛娱乐具备完整的价值链。从纵向的产业功能分工角度来看，技术研发与应用、文化创意产品的制作与传播、衍生品的制作与推广等环节同样具有价值增值功能，它们从产品或服务运作的逻辑过程考察产业增值过程，表现为娱乐产业的线性价值链，涉及技术研发、策划、生产制作、市场营销等环节。推动各环节的有效链接，关键环节是技术集成、内容制作、产品运营以及版权贸易①。

（二）泛娱乐时代引领文化消费的新形势

泛娱乐产业成为文化消费升级的重要载体。为适应经济增长“新常态”，国家强调要调整产业结构，进一步深化文化体制改革，推动第三产业快速发展，从供给侧角度出发，刺激消费，鼓励创新，培育新型文化业态，带动经济增长。通过体制建设，完善相关机制，规范市场秩序。这些无疑为文化产业的发展提供了新的机遇，也为文化消费创造了更多的可能。

文化消费是在普通的物质消费无法满足人们生活需求的情况下产生的新的消费形式。由于日常生活和工作的巨大压力，人们需要通过各种娱乐形式来放松身心，这就使得文化消费需求快速增加，待开发的市场空间也随之扩大。伴随着互联网的迅猛发展，泛娱乐概念被提出，网络已经不再作为单纯传递信息的工具，而是成为了人们进行消费的主要平台，并且在很大程度上已经成为了人们寻求娱乐的重要阵地，提供了多样化的休闲娱乐方式。不同于过去单一的文化消费结构，由于新的消费热点不断涌现，人们对文化产品和服务要求的日益提升，使得消费内容更趋多元。尤其休闲娱乐消费成为了消费的主要组成部分，由此就需要文化企业提供更加多元化、个性化的文化产品和服务，以满足大众的文化消费需求。

泛娱乐对文化企业提出了供给侧改革新要求。在互联网的影响下，消费主体地位的变化使得文化企业走向了泛娱乐的发展趋势。消费者不再只是单纯地接受外界信息，而是更倾向于进行体验互动式的交流，在此基础上，消费者可以对信息进行反馈，甚至进行二次创造，拥有了更多话语权与主动权，正是在这样的市场转变下，泛娱乐成为了文化企业发展的主要方向。

同时，文化消费已经成为人们一种新的生活方式，这种文化消费的不可或缺性对文化产品和服务的质量与水平提出了更高的要求。在激烈的市场竞争中，文化企业为能长远发展，必须进行战略转型。为了能在市场中取得一席之地，企业

① 周革利，文化产业价值链视角下的建筑策划［J］，建筑与文化，2011。

必须从受众的需求出发，分析受众偏好，提供多样化、高质量的文化产品与服务，丰富文化产品市场，开发新的消费热点，拓宽消费渠道。

二、文化企业在泛娱乐视角下的战略转型与创新

文化现已成为社会保护与发展的重点，文化场域的概念来自于布迪厄的场域理论，他将领域定义为位置间客观关系的一个网络或一个形构，这些位置是经过客观限定的，某个场域在发展的过程中会体现出自己固有的本质①。大众文化消费的需求随着环境的变化而在不断更改，这促使众多文化企业开始进行战略转型与创新。以北京春秋永乐文化传播股份有限公司为例，从最初单纯的票务经营到全产业链布局，其创新性、突破式的发展，极大地推动了泛娱乐视角下的文化消费进程。

北京春秋永乐文化传播股份有限公司（以下均简称为永乐文化）成立于2003年，旗下包括永乐票务、永乐演艺、永乐影业、永乐韩国、永乐科技等子公司。永乐文化主要经营票务业务，但从2013年底开始布局泛娱乐产业链，以强大的科技研发能力为基础，以票务营销、演艺投资和电影发行为入口，打造了“演、影、体”全链条的服务平台，实现了O2O服务的整合。2015年，永乐文化完成了在电影行业的布局，并成为故宫和国家大剧院的独家科技服务提供商。通过创新式的战略转型，永乐文化的票务营销持续稳定增长，并多次主办现场娱乐项目，投资制作了多部影视作品，极大地促进了北京市的文化消费，成为了全国领先的娱乐营销及产业投资平台。

（一）深度整合资源，搭建连接上游IP和终端消费者的桥梁

优质IP的全产业链开发能够带来强大的市场效应，符合受众需求的文化产品和服务是实现企业目标的关键。内容产品的开发需要在激烈的市场环境中不断深挖与整合资源，永乐文化正是这样不断激发自身潜力，创新发展机制，将上游IP与消费者进行有效对接。

2003年开始，永乐文化主营票务业务，并逐渐形成了全国性的营销与运营网络，由于网络购票形式的日渐普及，从2014年开始，票务业务进入了快速增长时期。如今，随着互联网的快速发展，娱乐方式的逐渐增多，永乐文化及时发现市场变化，并抓住机遇扩大业务范围，涉及领域包括经营演出及经纪业务，电影发行及投资、体育、科技、金融等，布局整个文化产业链。其中票务业务是基础，面对C端即消费用户，而其他业务大多做内容制造。

---

① 布尔迪厄、华康德，实践与反思：反思社会学理论［M］，中央编译出版社，1998年版。

永乐文化有完整的价值链条，并在全力打造新的运作模式。旗下的各个全资子公司、控股子公司、参股公司之间并不孤立，而是整合资源，协同发展。永乐文化旗下的永乐韩国可提供艺人、内容赛事等资源，通过永乐演艺进行投资、宣传、报批项目，永乐影业可以电影制作、宣发，永科体育进行项目引进。同时，永乐科技通过大数据分析，提供文体娱乐行业整套票务解决方案，最终永乐文化利用自己的票务平台进行项目销售、宣传，将 IP 变现。

而对于各领域的发展，以演艺产业为例，其产业链也在趋于完善。永乐文化通过多年的发展，积累了丰富的行业资源，包括来自中国大陆、港台、欧美等顶级艺人经纪、演出商和场馆资源等，其运作模式根据网生代消费识别，将 90 后消费群体确定为可预期及稳定的受众，以偶像为核心产品，并围绕核心创意创造价值增值体系，努力搭建消费者与创造者之间的桥梁，利用自身市场地位优势，获得了近千万、实名、精准的消费用户。在此基础上，永乐文化基于自身的市场营销能力及丰富的海内外演唱会运营经验与各类型的舞台剧大型巡演等，将全面展开国际化发展路线，提高核心业务竞争力，与海内外知名机构开展合作，对自身具备的演艺项目进行投资。

（二）研发新科技，打造以优质 IP 为中心的泛娱乐生态圈

以移动互联网为核心的新科技浪潮，彻底改变了我们娱乐的方式，提升了生活质量，由此可见，“互联网 +”是泛娱乐产业发展的助推剂。对于泛娱乐产业的发展，就要求供给方与消费者之间要不断进行沟通，企业要随时了解用户需求的变化，用户再把体验感想反馈给供给方，从而使企业更好地改善产品和服务，加强消费者二次消费的欲望。而互联网的优势就在于，它与其他各产业相结合，使其呈现出更高的连接性和互动性，通过网络大数据的分析与研究，企业便可以及时获取与了解用户需求，对产品与服务进行准确的定位与开发，实时洞悉市场动态等，也就是在泛娱乐产业蓬勃发展的背景下，文化企业也在随其不断地调整发展方向、完善发展战略。

永乐科技公司隶属于永乐文化，拥有业内顶尖技术实力，其重点业务是为故宫、国家大剧院等提供科技服务。永乐文化为故宫做了售检票系统，且为了更好地进行管理，其为故宫制定了南进北出的规划，除此之外，开设了故宫线上售票系统，用户需提前预约，并实名制购买，且无需兑换纸质门票，刷身份证就能进入故宫，这将游客人均购票进入故宫的时间由两小时缩短至二十分钟，极大地提高了对安保管理的效果，并对网上售票数量进行限制，实现了对票务的提前控制，永乐票务计划在 2017 年实现故宫票务的全线上销售。

永乐文化还为国家大剧院提供售检票系统的解决方案，将国家大剧院的自营

售票率提升了三十多点，由不到30%提升至60%左右，提高了工作效率及工作准确度，并且计划在2017年1月推出故宫与国家大剧院的联票，以带动消费，增加收入。永乐文化利用科技贯穿泛娱乐产业，从优质IP的孵化与制造，到消费用户的市场把握，致力于打造泛娱乐生态圈。

（三）以用户为本，努力构建全链条的服务平台

文化企业的发展只靠优质IP是难以维持长久的，成熟的市场定位与运营更是不可或缺的战略要素。布迪厄的场域理论里提出：每个场域都以一个市场为纽带，将场域中象征性商品的生产者和消费者联结起来，例如，艺术这个场域包括画家、艺术品购买商、批评家、博物馆的管理者等①。永乐文化坚持以用户为本的理念，根据市场变化剖析消费者需求，努力构建全方位的服务平台。

为满足北京市民文化消费需求，永乐文化举办了文化惠民活动，并推出文惠卡，持卡用户可以在不同时期享受到不同程度的票价减免的优惠政策，降低了市民的文化消费成本，扩大了用户需求。永乐文化将受众进行精准划分，针对不同的受众群，为其提供符合其要求的文化产品与服务。但站在行业角度来讲，永乐文化指出北京市演出场馆较少，且相关设施有待完善，由于现有演艺场馆的数量少、档期满，导致无法满足消费者的需求，人均收益比例较低。除此之外，演出内容与场馆匹配度也是问题，尤其在北京并不缺乏大型的演出场馆，反而缺少小众的规模较小的演出场地，所以，永乐文化正提倡政府鼓励小剧场的建设，促使从未进过剧场的用户走进剧场，也使走进剧场的用户提高频率。

三、泛娱乐视角下文化企业发展的启示

（一）多业态融合，发展全域数字创意产业

腾讯从社交领域拓展到影视、文学等四大实体业务，阿里巴巴成为龙头电商，这些企业的崛起并不仅仅是因为决策者敏感的市场观察力与果断的决策能力，而是因为凭借企业发展的技术优势，走在了“互联网+”时代的风口，处于时代前沿。由此，对于泛娱乐产业的发展便是顺势推舟，将技术与娱乐结合，亦或与娱乐公司合作，这都使其成为了文化领域主要的参与者与引导者。

泛娱乐产业作为粉丝经济的新形式，成为了文化企业拉动经济增长的重要模式，越来越多的互联网金融企业发现文化产业发展机遇，并利用粉丝经济拉动投

---

① 布迪厄的场域概念，不能理解为被一定边界物包围的领地，也不等同于一般的领域，而是在其中有内含力量的、有生气的、有潜力的存在。他研究了许多场域，如美学场域、法律场域、宗教场域、政治场域、文化场域、教育场域等，每个独立场域都具有一定的相对自主性，不受其他场域规则的直接支配，但每个场域都以一个市场为纽带，将场域中象征性商品的生产者和消费者联结起来。

资效益，利用数据信息资源优势进行分析与研究，从而更及时地把握用户需求，使得这些企业在泛娱乐产业占领一席之地。

相对于数字媒体的快速发展，传统媒体大多走到了瓶颈时期，甚至让人们开始担忧传统媒体在未来生活中是否还能存在。人们更热衷于追求新鲜事物，尝试不同的体验，是因为现有的需求无法得到满足，而这就需要传统媒体觉醒并自救，例如报社仅凭印刷报纸来传递信息，这在当下几乎是无法维持报社存活的，所以许多报业集团推出了自己的数字报网站，而报纸内容也变得更加多样化、个性化，增强了与读者的互动性，从而扩大了用户规模。

（二）全产业链布局，完善文化产品开发体系

泛娱乐产业以互联网为强大的技术支撑，代表着影视、游戏、文学、动漫等多领域的连接与共生，所以对于泛娱乐产业来说，多业态的相互连接与共融共生，形成网状价值链生态圈是泛娱乐产业未来发展的方向①。

从产业链的角度来讲，上游主要是以文学和动漫的粉丝效应来吸引众多用户，由于优质的内容能有效培养用户的忠诚度，所以才有了现在文化企业“内容为王”的口号，着力打造优质 IP。一个好的 IP 需要有完整的产生过程，首先是内容的制作，通过高质量并富有个性化的内容来吸引大众的眼光，进而为营销创造机会与可能。其次是项目运营，利用新媒体等多种运营方式，扩大产品或服务的影响力及影响范围，最终便是用户体验，处于下游的影视能够将 IP 的价值进一步延伸，通过受众体验、游戏等形式实现其价值，并不断地刺激消费，完成 IP 的整个环节，打通全产业链，使每个环节都不再独立发展。所以，产业链是否完整在很大程度上决定着一个文化企业能否在文化产业发展大潮中站稳脚跟。

（三）新技术研发，无缝对接产业链各环节

不仅是娱乐产业需要技术的有力支撑，科技已经渗透到各行各业，并且成为各领域发展不可或缺的关键因素。科技将产业链的各个环节连接起来，并使其互动共融，并在此基础上提供增加产品价值的可能，使产业链良性发展。

泛娱乐产业在互联网的基础上快速发展，内容生产者能够利用大数据、云计算等技术分析市场变化、用户需求，从而更有针对性地进行创作或产品开发。现在，科技实现了让消费者同时成为生产者，直接参与内容创作或者完全成为创作者的身份，使生产者与消费者的界限越来越不明显，而这也促使了泛娱乐产业的多样化、多形式发展。

---

① 贾晶晶，“互联网 +”时代泛娱乐产业发展趋势分析与思考［J］，新闻知识，2015。

（四）文化消费升级，以粉丝经济实现营销精准定位

粉丝经济泛指架构在粉丝和被关注者关系之上的经营性创收行为，是一种通过提升用户黏性并以口碑营销形式获取经济利益与社会效益的商业运作模式①。随着互联网的普及，粉丝经济被广泛地应用于商务服务、文化娱乐、信息科技等各个领域。文化企业通过优质 IP 制造兴趣点，扩大其影响力，吸引更多受众，进而推进品牌化运作，促进文化消费，最终实现 IP 价值的最大化。

强大的粉丝基础是支撑 IP 开发的重要力量，粉丝间的交流与驱动是 IP 价值得以延伸的重要保障。在网络平台上，用户可以愿意为了观看自己喜爱的影视剧付费，或者为游戏中的特殊关卡、人物角色的包装付费，由此文化企业一方面可以尽可能挖掘粉丝的付费意愿，生产更多个性化文化产品，刺激消费升级。另一方面可以再根据大量的数据分析，研究用户需求，并进行精准化定位营销，从而深入挖掘或优化 IP 资源，拓展不同形态下 IP 的付费模式及变现渠道。完成全产业链的项目运作。

结语

泛娱乐产业不仅能够刺激文化消费，推动文化产业的健康可持续发展，最重要的在于它为消费者与生产者之间提供了更多互动的可能，消费者能在这种体验中得到更多精神上的满足，这便实现了文化的真正价值。值得注意的是，在研究泛娱乐对文化市场带来发展机遇的同时，更需要考虑到互联网这把“双刃剑”带来的挑战，由于网络上高复制、低质量的内容产品无处不在，文化资源被盲目开发，体制法规尚不完善，导致文化市场缺少有效的监督，秩序混乱，这就需要文化企业在追赶潮流的同时能够擦亮双眼，时刻保持头脑清醒，警惕过度娱乐对文化发展带来的冲击，以确保能在风险来临时能不乱阵脚，健康发展。

---

① 林丽鹂，粉丝经济，有戏没戏？[J]，《人民日报》，2016。